山东耕地质量评价与应用丛书

阳谷耕地

高祥军　高希华　主编

山东大学出版社

《阳谷耕地》编委会

前　言

继1982年全国第二次土壤普查后，针对全县耕地状况，阳谷县进行了新形势下的调查与分析，掌握了全县耕地的使用情况，摸清了全县不同的土壤类型，明确了不同产量水平下的各养分含量指标，对耕地使用进行了区划和展望，为全县乃至同类地区提供了详实的科学理论依据，具有较高的使用价值，居省内先进水平。

我们以阳谷县国土资源局提供的阳谷县土地利用现状情况为主要依据，对水利、气象、林业、畜牧等部门的资料进行整理统计，通过对全县2066个调查点的系统化验与分析，掌握了三十年来土壤养分的变化趋势。

本书分为两部分，第一部分涵盖八章内容：第一章全面介绍了阳谷县的自然条件、农村经济与农业生产情况和农业基础设施情况；第二章详细记载了土壤类型与分布、土地利用状况和耕地利用与管理情况；第三章详细记载了土壤样品的布点与采集、土壤样品的制备、植株样品的采集与制备和样品分析与质量控制情况；第四章系统分析了土壤有机质和pH、土壤大量元素状况、土壤中量元素状况、土壤微量元素状况和土壤的主要物理性状；第五章系统介绍了耕地地力评价方法、参评因素的选取及其权重确定和耕地地力等级的确定；第六章介绍了六个级别土地的空间分布和面积统计等情况；第七章介绍了利用与改良的耕地资源的现状与特征、耕地改良的实践模式与效果和耕地资源合理利用的对策等内容；第八章记载了系统数据库建设的一系列方法和过程。

第二部分包括阳谷县耕地改良利用分区专题研究、阳谷县陶城铺引黄灌渠沉沙池区土壤次生盐渍化的发生与防治对策和阳谷县粮食生产潜力分析专题报告三篇专题报告，是在结合阳谷县实际的基础上，总结了全县农业生产的经验和存在的问题，对全县下一步的农业发展提出了长远的规划。在本书的编写过程中，受到了省、市领导和社会各界专家的点评，相关部门也为此项工作的开展提供了大量帮助，在此一并表示感谢。由于水平有限，加之时间仓促，错误之处在所难免，敬请各级领导和农业科技战线工作者给予批评指正。

编　者

2012年5月

目　录

第一篇　阳谷县耕地地力评价

第二篇 阳谷县耕地地力评价专题报告

第一篇　阳谷县耕地地力评价

第一章　自然与农业概况

阳谷县地处山东省西部，聊城市南端，位于黄河北岸，处于山东省与河南省交界处，地理位置坐标为东经 115°39′～116°06′、北纬 35°55′～36°19′，南北长42.59km，东西宽42.14km，总面积为 106500hm^2，总耕地面积为 71799.41hm^2。现辖 3 个街道办事处、12个镇、3 个乡，总人口为 78.7 万。县境北接东昌府区，东邻东阿县，西邻莘县，南与河南省台前县、范县接壤，东南部隔黄河同东平县相望。阳谷县委、县政府驻阳谷县城，北偏东至聊城市驻地 45km，东北至省会济南市 150km。黄河自县境南部蜿蜒东去，京杭大运河在县城东部穿境而过。京九铁路贯穿南北，聊商、齐南、蒙馆公路交织其中，境内地势平坦、土壤肥沃、河渠纵横，是典型的微伏平原。

阳谷县历史悠久，公元 596 年(隋文帝开皇十六年)设置阳谷县，隶属济北郡，唐初改属济南道济州。公元 754 年(唐天宝十三年)，济州城为河水冲废，阳谷县隶属济南道郓州，宋属京东路东平府。元属山东东平路，明属山东布政使司兖州府东平州。1936 年，又丁省下设区，阳谷属山东省第六区。1940 年，改属鲁西行署第四专属。1941 年 7 月，鲁西行署并入冀鲁豫行署，属冀鲁豫行署第四专属。1942 年 12 月，改属一专属。1947 年 9月，改属九专属。1949 年 9 月，改属平原省聊城专属。1952 年，平原省撤销，改属山东省聊城地区。1998 年 3 月，聊城撤地设市属聊城市至今。

阳谷县人文荟萃，名胜古迹较多，是驰名中外的《水浒传》《金瓶梅》两部世界名著的主要故事发生地，又是我国古代著名军事家孙膑的诞生地。皇姑蚩尤文化遗址、马湾村龙山文化遗址、红堌堆大汶口文化遗址和景阳冈龙山文化城址等都具有较高的考古研究价值。境内旅游资源十分丰富，景阳冈、狮子楼、古阿井、孙膑阁、迷魂阵、海慧寺、龙山文化城址等 26 处重点名胜古迹享誉中外，每年都吸引大量的国内外游客前来观光旅游。自然优势独特，经济基础较好，发展前景广阔。

第一节　自然条件

一、气候条件

(一)光能资源

阳谷县年平均日照约为2223.3h,日照百分率为52.1%,光能资源比较丰富,光能的生产潜力巨大。光能分布的特点是:年际分布比较均匀,年内变化较大,春夏光照充足,辐射较强,平均每天日照在8h左右。5月平均每天日照接近8.3h,对小麦灌浆成熟十分有利。6月平均每天日照近9h,日辐射量达到全年最高峰,此时夏播作物正处在苗期,不能合理利用光能资源。秋季日照缩短,辐射减弱,9月平均每天日照7h,在不同年份对玉米和秋收作物的灌浆成熟有一定影响。

(二)热量资源

阳谷县年平均气温为13.6℃,最冷月为1月,平均气温为－2.2℃,极端最低气温为－14.3℃,最热月为7月,平均气温为25.7℃,极端最高气温为40.6℃,日平均气温不低于0℃的平均持续天数为292天,活动积温为4996.5℃,不低于10℃的平均持续天数为208天,活动积温为4574.6℃,有效积温为2370.6℃;不低于20℃的平均持续天数为118天,活动积温为3160.7℃,有效积温为616.7℃。最大冻土深度为35cm,全年无霜期平均为207.1天,属暖温带季风气候。阳谷县热量条件可以满足早、中熟品种一年两熟的热量要求,多数年份不能满足晚熟品种一年两熟的热量要求。夏凉年四年一遇,对喜温作物生长有一定影响。春季回暖迅速,秋季降温快,夏季炎热,冬季寒冷,冬夏持续时间长,春秋季节短,年内变化明显,年际变化差异较小。

(三)大气降水

阳谷县年干燥度为1.37,属大陆性半干燥地区。历年平均降水量约为523.9mm,但降水季节分配极不均匀,4～6月平均降水量为44.8mm,水分严重亏缺。7月和8月平均降水量为129.7mm,秋季平均月降水量迅速降至40.3mm,冬季平均月降水量仅为5.8mm。年平均相对湿度为70%,最小相对湿度为8%,最大相对湿度为100%。

(四)气象灾害

阳谷县气象灾害有旱涝、干热风、低温连阴雨、暴雨、冰雹、大风等,均会对农业生产造成不同程度的危害,其中以旱涝对农业生产的危害最大。

干旱和洪涝:干旱是阳谷县最主要的农业气象灾害,本地有"十年九旱"之说。阳谷县在1961～2008年的48年间,旱年有14次,发生频率为29.2%,正常年份有28次,涝年有6次,发生频率为12.5%。统计结果分析表明,旱年多于涝年,且旱年逐渐增加,涝年逐渐减少,旱灾年年都有不同程度的发生,严重威胁着农业生产和人民生活。

冰雹:冰雹是阳谷县主要灾害性天气之一,局地性和季节性都很强,特别是对小麦成熟期、春播作物保苗等威胁很大,常带来灭顶之灾。阳谷县冰雹灾害2～3年一遇,危害损失程度不一。最早出现在4月29日,最晚出现在10月24日,集中在6～8月。冰雹大都出现在下午到傍晚,持续时间一般为10～15min,短的为3～5min。阳谷县冰雹移动路径大都为自西北进入，而由东南移出，个别自东南向西北方向移动。较大一次发生在1985年6月1日，平均直径达3.2cm，造成了张秋、阿城、七级、安镇等地小麦绝产，棉花等春播作物全部损毁。

霜冻及冻害：霜冻是指在温暖的春秋季节，由于强冷空气的侵袭，在植株生长季节里，夜间土壤和植株表面的温度下降到0℃以下，使植株体内的水分形成冰晶，造成了作物受短时间低温冻害。霜冻分为春霜冻和秋霜冻，春霜冻主要危害小麦、春播作物和棉苗，秋霜冻主要危害秋粮作物和棉花。根据霜冻灾害调查统计，由于气候变暖，霜冻灾害出现了减少趋势。严重冻害5～6年发生1次。

病虫害：几十年来，随着气候变暖以及种植业结构的调整，阳谷县发生的病虫害也日趋严重，尽管当今各种病虫害的防治药物数不胜数，但每年发生的病虫害灾情却不容忽视，同时病虫害的发生种类、发生规律也发生了相应变化。究其原因：一是冬暖，虫卵越冬基数大，存活率高；二是风速的加大，有助于小型害虫如小麦蚜虫、红蜘蛛、吸浆虫和病菌的传播，使发生面积不断扩大；三是检疫检验不彻底，疫区病虫害传播造成疫区增加。

干热风：干热风的天气特点是，气温高于30℃，湿度低于30%，并伴有3～4级的偏南风。阳谷县的干热风对小麦的危害主要集中出现在小麦乳熟期，大约在5月下旬至6月初，造成高温逼熟，光合作用降低。易造成小麦炸芒、麦粒瘦小、千粒重下降，平均3～5年发生1次。重干热风2～3年1次，一般持续3～5天。

其他灾害：随着气候变暖和降雨减少，阳谷县冻害和低温连阴雨灾害也呈现出减少的趋势，如阳谷县以前的低温连阴雨灾害平均两年一遇，进入干暖气候后则很少发生。

二、地形、地貌

阳谷县地处黄河泛滥平原，平均海拔高度为39.62m，最高点在县西南的金斗营乡子路堤，海拔高程为44.75m，最低点为县东北部七级镇郝林村，海拔高程为34.5m，最大高低差为10.25m。地势由西南向东北缓倾，平均坡降为1/7000～1/6000。境内自西向东有金线河、羊角河、赵工河、小运河，流向与地貌一致，自南向北或自西南向东北纵贯全境。

历史上黄河曾多次在境内泛滥、改道、冲决，经泥沙淤积，逐渐形成了微度起伏的缓岗、缓平坡地、缓平洼地三种微地貌类型相间的现代平原地形。

（一）缓　岗

缓岗包括河滩高地、沙质河槽地、决口扇形地，全县共51777.8 hm^2，占总面积的48.7%。

(1)河滩高地由古河道漫滩沉积而成，沉积物为沙质、沙壤质。相对地势高，地面坡度较大，径流畅通，不易发生涝灾。潜水埋深一般大于或等于4m，矿化度低于或等于1g/L，土壤为褐化潮土，以沙质土为主，有少量的潮土存在，但因潜水较深易发生干旱，影响适时用水。主要分布在狮子楼街道办事处、李台镇、西湖镇，面积为15189.2hm^2。

(2)沙质河槽地与河滩高地交错存在，有古河道遗迹呈条带状分布，土壤偏沙，地势高，地形复杂。全县均有分布，面积为31066.6hm^2。

(3)决口扇形地由大堤决口时乱流堆积而成，地形起伏不平，以沙土和沙壤为主。在全县分布范围较小，主要分布在寿张镇，面积为5522hm^2。

（二）缓平坡地

缓平坡地由黄河泛滥慢流沉积而成，此种地形分布广，高低差异微小，地势平缓，一般坡降为1/5000～1/3000，个别地段为1/7000，潜水埋深为2～4m，土壤以潮土为主，土质多壤质，受盐化威胁较大，土壤表面有不同程度的盐斑。面积为44082.1hm^2，占总面积的41.4%。

（三）缓平洼地

缓平洼地由静水沉积而成，处于黄河改道的河间地带，地势缓平而低洼，群众称为"漫洼"，潜水埋深较浅，干旱季节在2m左右，汛期接近地表。这种地形在丰水年、丰水季节易积水成灾。洼地质地较重，大部分为中壤土和重壤土，淋洗作用强，不易盐化。但其边缘因补水容易造成盐化土壤。阳谷县有著名的西湖大洼、十五里元镇牛吴大洼、阿城镇的刘什庄大洼和定水镇的北部坡里大洼。面积为10640.2hm^2，占总面积的10%。

三、成土母质

成土母质是构成土壤的物质基础，对土壤的形成发育、分布类型及其属性等都有直接影响。阳谷县的成土母质是黄河冲积物，河流泛滥形成的沉积物经自然分选后，有一定的规律。河流冲积物靠近主流的地方颗粒粗，距决口地带越远，流速越缓，冲积母质的颗粒越细，故有"紧出沙、慢出淤、不紧不慢出两合土"之说。由于沉积次数、各次流速以及乱流、回流等的影响，沉积物分选特别明显，出现了全沙、全淤、壤黏相间的复杂情况，缓岗河槽沉积物偏粗，多为沙质土，缓平坡地多为壤土，低洼地多为中壤土或黏质土。

沙质土缺乏养分，易旱，温度变化大，生物活动受限制，漏水、漏肥，发小苗、不发老苗，农艺性状不好；壤质土通气透水，生物活动强烈，养分含量较高，耕性好，是农业生产上较好的土壤，但由于毛管作用强，若灌溉用水调度不当，易产生盐渍化；黏质土紧实，通透性差，生物活动受限制，潜在养分含量高，释放能力弱，熟化程度低，适耕性差，发老苗、不发小苗。

全县土壤在质地分布上，北部质地较重（中壤、重壤），南部质地较轻，大部分为紧沙、沙壤，少部分为轻壤，中东部大部分为轻壤和中壤土。从土体构型看，质地层次复杂，往往黏壤相间，不仅有全剖面均质，而且有沙壤黏相间，因而各种土壤具有不同的理化性状。

四、水资源

阳谷县水资源包括地下水、地表径流水和过境客水三部分。地下水总储量为$2.724\times10^9 m^3$，其中淡水为$2.39\times10^9 m^3$，咸水为$3.34\times10^8 m^3$。多年平均可利用量为$1.86\times10^8 m^3$；多年平均地表径流总量为$5.5874\times10^7 m^3$，可利用量为$7.1\times10^6 m^3$；过境客水主要源于黄河、金堤河、新金线河和徒骇河四条河流，径流总量为$3.734\times10^{10} m^3$；多年平均客水可供量为$3.16\times10^8 m^3$，可用量为$2.05\times10^9 m^3$。全县可供水资源总量为$5.1077\times10^8 m^3$，可利用量为$3.985\times10^8 m^3$。

县域内以横亘于南部的金堤为界，分属于两个水系及流域。金堤以南为金堤河水系，属黄河流域。金堤以北为徒骇河水系，属海河流域。县境内主要河流有黄河、金堤河、小运河、赵王河、羊角河、新金线河、徒骇河，共计7条河流。黄河流经县东南部，境内长度为

3.3km，水量较大，为全县农业灌溉用水的主要水源；金堤河流经县南部，境内长度为37.5km，为季节性排水河道，因下游排水不畅，雨季时上游客水压力较大，故常于夏秋之间形成洪涝灾害，对两岸农田威胁较大；徒骇河流经县北部，夏秋季水量较大，可灌溉部分农田；小运河、赵王河、羊角河为发源于本地、北流注入徒骇河的季节性排水河；新金线河发源于莘县樱桃园，沿阳谷、莘县边界北流注入徒骇河。全县河网密度为0.17km/km^2，地下水采补基本平衡，全县有效灌溉面积为59086.7hm^2，节水灌溉面积为13333.3hm^2，水质污染较轻，主要污染源为生活用水和工业用水。县城建设有一个大型的污水处理厂，各污染企业也有自己的小型污水处理厂，污染治理较好。

五、生物资源

阳谷县属古老的平原农业区，因长期耕作，原始的自然植被已不复存在。随着农业生产的发展，经人工及自然选择、不断引进，培育了不少新的生物种类。据调查，全县主要生物资源有554种，其中农作物62种(小麦、玉米、谷子、高粱等粮食作物12种，棉花、花生等经济作物10种，白菜、茄子、黄瓜、西葫芦、番茄等蔬菜40种)；杨、榆、槐、柳、桐等树木13种；果树(主要为苹果、桃、梨、杏等)12种；花草类167种(花卉40种、草类127种)；益鸟、益兽及害虫天敌125种；中药材100种；马、牛、羊、鸡、兔等畜禽12种；水生物类63种(鲤、鲢、鲫等鱼类53种，水生植物10种)。生物资源比较丰富，开发前景广阔。

第二节 农村经济与农业生产情况

一、农村经济情况

阳谷县辖3个街道办事处、12个镇、3个乡，即侨润街道办事处、博济桥街道办事、狮子楼街道办事处、闫楼镇、阿城镇、七级镇、安乐镇、定水镇、石佛镇、李台镇、寿张镇、十五里元镇、张秋镇、郭屯镇、西湖镇、大布乡、高庙王乡、金斗营乡。全县共计有人口78.7万，其中农村人口68.6万，人均耕地面积为0.09hm^2，农村社会劳动力资源为41.8万。

2008年，全县生产总值完成130.9亿元，增长13.5%；三大产业比重达到18.38∶58.65∶23.97；境内单位和个人共完成税收14.9亿元，实现了由补贴县向税收贡献县的历史性转变，向国家贡献5.9亿元；完成地方财政收入2.73亿元，增长20%；地方可用财力达到9.8亿元；金融机构存贷款余额分别比年初增加31亿元和18亿元；城镇居民人均可支配收入为13015元，农民人均纯收入达5018元，分别增长10.06%和8.76%。

阳谷县产业以农业为主，以工业和第三产业为辅。企业有凤祥集团、祥光铜业、日辉电缆、景阳冈酒业(均为中国名牌)。阳谷农业资源丰富，是山东省主要产粮区之一，先后被国家和省确定为全国商品粮生产基地县、全国瘦肉型猪养殖基地县、全国食品加工百强县和山东省畜牧强县、山东省放心畜产品基地县。现已形成肉鸡、蔬菜、林果、牧草等四大主导产业，其中肉鸡深加工能力居全国第二位。先后有13种农产品被评为山东名牌产品，无公害蔬菜基地建设初具规模。

农、林、牧、渔业得到全面发展。近年来，全县认真落实支农惠农政策，不断加大投入，促进了农业与农村经济社会全面发展，农业基础地位进一步巩固。2008 年，全县实现农、林、牧、渔业总产值 13.76 亿元，比上年增长 4.36%。其中，实现农业产值 8.81 亿元，增长0.51%；林业产值 724 万元，增长 3.22%；牧业产值 4.44 亿元，增长 12.72%；渔业产值 2081 万元，增长 12.44%。

种植业结构进一步调整优化。2008 年，全县农作物播种面积为 127895.2hm²。其中粮食播种面积为 91180hm²；棉花播种面积为 3726.7hm²；油料作物播种面积为 4673.3hm²；蔬菜播种面积为 27406.7hm²。

近几年，主要农作物喜获丰收，实现了粮食作物小麦、玉米连续 6 年持续增产。2008 年，全县粮食总产量达到 60.1 万吨，比上年增长 0.45%，平均单产为 6586.5kg/hm²，增长 2.09%，其中小麦种植面积达 54667hm²，总产达 35.4 万吨，单产达 6466.5kg/hm²；玉米种植面积为 44743.7hm²，总产达 30.9 万吨，单产达 6895.5kg/hm²。总产和单产再创历史最高水平。棉花总产量为 4403 吨，增长 29.31%；油料作物总产量为 2.01 万吨，减少 6.07%；蔬菜总产量为 135.52 万吨，增长 11.05%；水果产量为 3.83 万吨，增长 25.57%。

林业生产稳步发展。全县造林面积为 338hm²，比上年增长 39.09%，新增育苗面积 202hm²，森林覆盖率达到 24.8%，比上年提高 1 个百分点。

畜牧业形势良好。2008 年，全县肉类总产量为 4.66 万吨，比上年增长 1.53%；蛋类总产量为 3.55 万吨，增长 7.25%；奶类总产量为 2.44 万吨，增长 1.67%。主要畜牧业产品产量呈现较快增长的态势。全县生猪、牛、羊、禽出栏分别为 16.7 万头、2.22 万头、20.53万只和 1802 万只；年末生猪、牛、羊、禽存栏分别为 9.83 万头、3.13 万头、12.08 万只和 515 万只。

渔业生产快速发展。全县水产养殖面积为 590hm²，水产品总量为 5020 吨。

二、农业生产现状

阳谷县土地总面积为 1.065×10^5 hm²，其中农用地面积为 82632.35hm²，建设用地面积为 19083.37 hm²，未利用地面积为 4816.77hm²。在农用地中，耕地面积为 71799.41hm²，园地面积为 2358.64hm²，林地面积为 1880.24hm²，牧草地面积为 191.67hm²，其他农用地面积为 6402.35hm²。

阳谷县农作物总播种面积为 127895.2hm²。

粮食作物播种面积为 91177hm²，总产量为 60.06 万吨。其中夏粮播种面积为 43467hm²，总产量为 28.1 吨，秋粮播种面积为 47710hm²，总产量为 31.96 万吨。其中，谷物播种面积为 44886.8hm²，总产量为 30.93 万吨，谷物中稻谷播种面积为 86.7hm²，总产量为 0.05 万吨；玉米播种面积为 44743.7hm²，总产量为 30.86 万吨；谷子播种面积为 37.73hm²，总产量为 79 吨；高粱播种面积为 18.67hm²，总产量为 76 吨。豆类播种面积为 2059.3hm²，总产量为 0.53 万吨，薯类播种面积为 764.1hm²，总产量为 0.5 万吨。

油料作物播种面积为 4672.3hm²，总产量为 2.01×10^4 吨。其中花生播种面积为 4654.3hm²，总产量为 2×10^4 吨；油菜播种面积为 18hm²，总产量为 50 吨。

棉花播种面积为 3729hm²，总产量为 0.44 万吨。

蔬菜播种面积为 27404.5hm^2，总产量为 135.52 万吨。

瓜类(果用瓜)播种面积为 672.2hm^2，总产量为 3.5 万吨。

其他作物播种面积为 290hm^2。

果园面积为 2799hm^2，水果产量为 3.8 万吨。其中苹果园面积为 947hm^2，苹果产量为 1.65 万吨；梨园面积为 3686hm^2，梨产量为 0.37 万吨；葡萄园面积为 460hm^2，葡萄产量为 0.71 万吨；桃园面积为 349hm^2，桃产量为 0.52 万吨。

农田林网面积为 63003hm^2，森林覆盖率为 24.8%。

大牲畜存栏 33341 头，其中牛 31313 头，马 690 匹，驴 1308 头，骡 30 头；猪存栏 98264 头；羊存栏 120751 只，其中山羊 90567 只，绵羊 30184 只；家禽存栏 5152929 只，其中鸡 5105136 只，鸭 22841 只，鹅 24952 只。

淡水产品养殖面积为 590hm^2。

第三节　农业基础设施情况

阳谷县农田水利建设比较完善，为发展农业生产提供了有利条件，目前全县有效灌溉面积为 58930hm^2，灌溉保证率达 82.6%。

一、农田水利建设情况

(一)水资源状况

阳谷县现有可利用水资源包括当地水资源、客水资源和废水回用资源三大资源。

1. 当地水资源

当地水资源包括当地地表水资源和地下水资源，年平均地下水资源量为 $3.208\times10^9 m^3$，可利用量为 $6.14\times10^8 m^3$。阳谷县年均降水量为 523.9mm，折合水资源量为 $4.84\times10^8 m^3$，年平均地表径流量为 60.5mm，可利用降水量为 463.4mm，折合水资源量为 $4.28\times10^8 m^3$。地下水总量为 $2.724\times10^8 m^3$，年平均可利用 $1.86\times10^8 m^3$。

2. 客水资源

当地过境客水主要源于黄河、金堤河、金线河和徒骇河四条河流。径流总量为 $3.734\times10^{10} m^3$，各年平均客水可提供量为 $3.16\times10^8 m^3$，可用量为 $2.05\times10^8 m^3$。

3. 废水回用资源

阳谷县废水回用资源为跨行业的水工程水量。目前，年平均废水回用可利用量为$6\times10^6 m^3$。

总之，阳谷县全县年可供水资源量为 $3.524\times10^9 m^3$，年可利用水量为 $8.25\times10^8 m^3$。

(二)农业需水量

阳谷县农业现状用水总量为 $2.9\times10^8 m^3$。其中农用灌溉水量为 $1.69\times10^8 m^3$，占农业用水总量的 80.9%；商品菜田用水量为 $2.6\times10^7 m^3$，占用水总量的 12.4%；林、牧、副、渔用水量为 $1.4\times10^7 m^3$，占用水总量的 6.7%。

全县主要农作物需水灌溉情况如表 1-1 至表 1-4 所示。

表 1-1　　小麦需水及灌水定额统计表

项　目	1月	2月	3月	4月	5月	6月	7月	8月	9月	10月	11月	12月	合计
需水量(mm)	24	21	45	83	133	11	0	0	98	43	38	22	518
有效降雨量(mm)	0	0	0	31.8	39.1	13.2	165.3	68.8	18.7	39.1	5.4	0	381.4
余或缺水量(mm)	−24	−21	−45	−51.2	−93.9	2.2	165.3	68.8	−79.3	−3.9	−32.6	−22	−136.6
灌水定额(m^3/hm^2)			600	600	600						600		2400

小麦常年种植面积为 53333.3hm^2，需灌水 1.28×10^8m^3。

表 1-2　　玉米需水及灌水定额统计表

项　目	4月	5月	6月	7月	8月	9月	合计
需水量(mm)			64	107	122	18	311
有效降雨量(mm)	31.8	39.1	13.2	165.3	68.8	18.7	336.9
余或缺水量(mm)	31.8	39.1	−50.8	58.3	−53.2	0.7	25.9
灌水定额(m^3/hm^2)					600		600

玉米常年种植面积为 44666.7hm^2，需灌水 2.7×10^7m^3。

表 1-3　　棉花需水及灌水定额统计表

项　目	3月	4月	5月	6月	7月	8月	9月	合计
需水量(mm)	107	54	56	81	118	154		570
有效降雨量(mm)	0	31.8	39.1	10.2	165.3	68.8	18.7	333.9
余或缺水量(mm)	−107	−22.2	−16.9	−70.8	47.3	−85.2	18.7	236.1
灌水定额(m^3/hm^2)	750			750				1500

棉花常年种植面积为 3333.3hm^2，需灌水 5×10^6m^3。

表 1-4　　春作物需水及灌水定额统计表

项　目	3月	4月	5月	6月	7月	8月	9月	合计
需水量(mm)	21	120	43	61	98	115		458
有效降雨量(mm)	0	31.8	39.1	10.2	165.3	68.8	18.7	
余或缺水量(mm)	−21	−88.2	−3.9	−50.8	67.3	−46.2	18.7	
灌水定额(m^3/hm^2)		750		600				1350

春作物常年种植面积为 6666.7hm^2，需灌水 9×10^6m^3。

总之，全县主要种植作物总灌水量为 1.69×10^8m^3。

(三)农田水利基本建设

阳谷县排灌河渠共计 28 条,总长度为 443.3km,总占地面积为 $1660hm^2$,涉及全县 18 个乡镇(街道办事处),558 个行政村,32 个县乡单位。

主要工程建设为排灌工程和灌溉工程,其中排灌工程有小运河、北运西沟、南运西沟、运河沟、赵店沟、赵王河、聊阳沟、五四青年渠、三八渠、辛庄渠、鹅鸭坡沟、新金线河、老金线河、斜店沟、阳张公路河、羊角河上段中段、金线河南支、鲁坊沟,灌溉工程有陶城铺灌区总干渠、北干渠、南干渠、明堤支干渠、明堤西干渠、七级干渠、韩庄干渠、八里庙干渠。流域面积在 $333.3hm^2$ 以上的河道长度为 405.6km,堤防长度为 227.5km。市管河道长度为 99.7km,堤防长度为 77.4km,县管河道长度为 305.9km。

1. 引黄区建设与灌溉

阳谷县引黄灌区分为陶城铺引黄灌区、七级引黄灌区、韩庄引黄灌区和陶城铺引黄灌区北扩工程建设。

(1)陶城铺大型引黄灌区

陶城铺大型引黄灌区兴建于 1988 年,是山东省黄淮海平原开发项目的重要部分,是世界银行贷款项目。该灌区位于聊城市西南部、阳谷县东南部,控制范围基本上是阳谷县的张秋、八里庙、赵升白、明堤和莘县的仲子庙、道口等 6 处引金堤河灌区,设计灌溉面积为 $7.6\times10^4 hm^2$,其中井灌结合区为 $3.3\times10^4 hm^2$,抗旱补源灌区为 $4.3\times10^4 hm^2$。按行政区域划分,阳谷县灌区为 $4.7\times10^4 hm^2$,莘县为 $2.9\times10^4 hm^2$。

灌区渠首引黄闸位于阳谷县陶城铺东侧黄河凹岸处,此处河势历年变化小,引水条件好,其设计指标以黄河流量为 $373m^3/s$ 为依据确定,该闸按一级建筑物标准设计,钢筋混凝土结构,箱式涵闸,共 4 孔,每孔宽高各 3m,采用钢筋混凝土闸门。闸底高程为 38.91m(大沽高程),闸上水位为 41.41m,闸下水位为 41.21m,引水流量设计为 $50m^3/s$,校核流量为 $70m^3/s$。

该灌区地形为西高东低,引黄渠首位于灌区东侧,干渠输水系统均为逆坡送水,支、斗渠多利用原引金灌区渠道顺坡送水。为保证灌溉用水,根据灌区地形特点,渠首引黄闸下设输沙渠一条,长 1.63km,沿陶城铺村北偏东方向至沉沙池入口。针对沉沙池区的特点,为达到良好的沉沙效果,并结合黄河北金堤淤背防汛的要求,沿北金堤自东向西依次布置Ⅰ、Ⅱ、Ⅲ级沉沙池,沉沙池总面积为 $989hm^2$,使用 20 年以上。在沉沙池出口处设泄水闸及小运河穿涵各一座,下接 2.88km 长的输水渠,输水渠以下分设南、北两条干渠。南干渠长 35.37km,控制灌溉面积为 $3.29\times10^4 hm^2$,其中正式灌区 $1.15\times10^4 hm^2$,抗旱补源区 $2.14\times10^4 hm^2$,并在干渠(干渠桩号 16+434 处)建扬水站一座(南徐扬水站),装机 6 台(1560kW),净扬程为 4.3m,提水流量为 $14.3m^3/s$,控制灌溉面积为 $2.67\times10^4 hm^2$;北干渠长 56.57km(含莘县),控制灌溉面积为 $3.71\times10^4 hm^2$,其中正式灌区为 $1.51\times10^4 hm^2$,抗旱补源灌区为 $2.2\times10^4 hm^2$,并在骆驼巷东(干渠桩号 10+000 处)处建扬水站 1 座(骆驼巷扬水站),装机 8 台(1680kW),提水流量为 $23.11m^3/s$,设计净扬程为 3.3m,控制灌溉面积为 $3.04\times10^4 hm^2$。灌区设有支渠 31 条,长 254.27km;斗渠 596 条,长 921.02km;农渠 2466 条,长 2211km。灌区除上述两座扬水站,还有赵王河周庄、骆驼巷两座渡槽、老金线河对口闸及干渠建筑物 244 座,配套建筑物 2866 座。

灌区内实际年平均引黄河水 $1.8\times10^8m^3$，有效灌溉面积为 $57300hm^2$，区系水利用率达 56%。

(2)七级引黄灌区

七级引黄灌区是位山灌区的一部分，干渠总长 13.5km，干渠建筑物 29 座，其中桥 17 座，闸 10 座，渡槽 1 座，穿北运西沟涵管 1 座。设计灌溉面积为 $1.2\times10^4hm^2$，设计水深为1.8m，流量为 $15m^3/s$。

(3)韩庄引黄灌区

韩庄引黄灌区位于位山灌区三干渠南岸、阳谷县的西北部，西起金线河，东至聊阳路沟，南到大布乡的中心沟北，北至徒骇河、三干渠，干渠全长 22.3km。

扬水站在郭屯韩庄西北约 300m 处，三干渠 11＋300 处南岸，聊城与阳谷县的交界处，扬水站总装机容量为 930kW，设计净扬程为 4.26m，提水能力为 $10.2m^3/s$，设计灌溉阳谷县 $1.02\times10^4hm^2$ 的耕地，同时供给莘县 $4.6m^3/s$ 的水量。

本电灌工程从位山三干渠引水，由一级扬水站提至干渠，利用原有排水沟作支渠，靠二级扬水站从各支渠提水到田间灌溉。灌区可自流灌溉面积为 $3300hm^2$，需一级提水面积为 $6900hm^2$。

2. 泵站建设

阳谷县境内设韩庄泵站、骆驼巷泵站与南徐泵站三处中型泵站，均担任由低洼地向高亢地区逆坡送水的任务。其中韩庄泵站灌区属引黄济津的补偿项目，1982 年建于位山灌区三干渠左岸桩号 11＋300 处，该泵站于 2001 年迁到石佛村西南(韩庄干渠桩号 9＋980 处以东)。骆驼巷泵站与南徐泵站均系世界银行贷款项目陶城铺引黄灌溉工程的重点建筑物，分别建成于 1991 年和 1993 年。

(1)韩庄泵站

韩庄泵站灌区位于阳谷县西北部，西起金线河，东至聊阳沟，南到大布中心沟，北至徒骇河，涉及 96 个自然村、9.5 万人、$1.02\times10^4hm^2$ 耕地(其中定水镇 $0.32\times10^4hm^2$、郭屯镇 $0.15\times10^4hm^2$、石佛镇 $0.29\times10^4hm^2$、大布乡 $0.26\times10^4hm^2$)，占全县耕地面积的 14%。

新建韩庄泵站位于石佛镇政府西 500m 处(韩庄干渠桩号 9＋980 处)，功率为 298W，设计最大净扬程为 3.2m，流量为 $4.5m^3/s$，设计灌溉面积为 $0.6\times10^4hm^2$。

(2)骆驼巷泵站

骆驼巷泵站位于闫楼镇南骆驼巷村东头(北干桩号 10＋000 处)，装机 8 台，功率为 1680kW，设计流量为 $23.1m^3/s$，设计扬程为 3.8m，净扬程为 3.3m，设计控制面积为 $3.04\times10^4hm^2$，

泵站可灌溉阳谷县北部闫楼、大布、侨润、博济桥、狮子楼、西湖等地的大部分耕地。目前全灌区共有沟渠 132 条，总长 546.3km，其中干渠 1 条，支斗渠 62 条，建桥、涵、闸建筑物 180 座，整个灌区渠系基本配套。

(3)南徐泵站

南徐泵站属建设黄淮海平原农业开发和利用外资项目的重点工程，是陶城铺引黄灌区和向莘县送水的关键建筑物。该泵站位于寿张镇南徐村东(南干渠桩号 16＋434 处)。

本工程属于中型Ⅲ级建筑物，设计流量为 14.23m^3/s，设计扬程为 5.67m，净扬程为 4.3m，担负解决阳谷、莘县两县南半部 7 个乡镇 2.67×10^4hm^2 土地的灌溉提水用水。

3. 河流分布

县境内主要河流有黄河、金堤河、小运河、赵王河、羊角河、新金线河、徒骇河等 7 条河流，担负全县主要灌排工程。

(1)黄河以阳谷县东南部穿境而过，县域全长 3.104km，上至北金堤河河南台前临黄大堤交界，下至东阿县中屯村边出境。河道内有陶城铺险工一处，长 1.1km，其上有护滩工程 360m，险工坝岸 16 段，堤防建筑物有涵闸 2 座，黄河水进入该河段骤然缩窄，水位表现偏高，流速加大，形成曲形河道，河道比降为 1.2/1000，河床每年淤积抬高，滩面较窄，一般高出 3～5m，为典型的地上悬河，为全河险段之一，是全县引黄灌渠的重要地段。

(2)小运河是阳谷县境内京杭大运河的支流，上起张秋镇张秋闸，向北过阿城、七级由崔庄北穿涵过三干渠出县境，在苏里井南入赵王河，河道长 39.85km，流域面积为 3.31×10^4hm^2，按"1964 年雨型"排涝标准设计，河流宽 6～15m，边坡比为 1∶2，排涝水深 3～3.5m，排涝流量为 24.5m^3/s，共有泄洪闸 7 座、节制闸 4 座、引水闸 2 座、穿涵 2 座、渡槽 1 座。

(3)金堤河是黄河下游的支流，源于河南省滑县耿二庄处，北金堤与之平行，在莘县古城附近入境，沿金堤东北向河南省台前县张庄东入黄河，全长 158.62km，总流域面积为 5.074×10^5hm^2，其中阳谷河段长 43km，流域面积为 7784hm^2。阳谷境内沿金堤河有 52 个骑堤村，其中涝洪区内有 6 个自然村(3634.9hm^2 耕地)。

金堤河流域上宽下窄，地势自西南倾向东北，河源至河口高差 30m，比降平缓，一般为 1/6000～1/5000。现行河段有穿金堤泄水闸 4 处，分设在明堤、赵升白、八里庙、张秋。

(4)徒骇河属于海河流域，从西南向东北呈窄长带状，在阳谷李丙东入境，经双楼、王把式、坡里、邵楼北出境，县境内全长 12km，流域面积为 99800hm^2，流经处地势西南部高、东北部低，起点处文明寨地面高程为 46.35m，出境处邵楼地面高程为 36m。境内有赵王河、小运河、金线河、羊角河 4 条支流，总流域面积为 88300hm^2，这 4 条支流为阳谷县主要排水河道，降雨径流均由县境入徒骇河。

(5)金线河位于莘县、阳谷两县边界，是徒骇河上游的主要支流，它上起莘县樱桃园，下至阳谷县李丙东村西北入徒骇河，河道全长 55.36km，流域面积为 51800hm^2，阳谷段河长 26km，流域面积为 25870hm^2。

(6)羊角河分为上段、中段、下段，阳谷县境内为上中段，其中上段原为底宽仅 1m 的排水沟，起于大布乡小迷魂阵村，止于郭屯镇宋堤口入徒骇河，流经大布、石佛、定水与郭屯，全长 17km，流域面积为 5680hm^2。羊角河中段自阳谷石佛西至位山三干渠韩庄西北，长 11.5km，排涝流量为 13.6m^3/s。担负着阳谷县石佛、郭屯、定水 3500hm^2 的排涝任务，是阳谷县境内的骨干排水河道。

(7)赵王河是阳谷县中部、聊城市南部的主要排水河道，它上起阳谷县赵升白村，向北经四棚东、国庄东、闫楼西、安乐镇东，再北行于孟屯东穿过三干渠，通过聊城南部，于四河头入徒骇河，全长 51km，流域面积为 69250hm^2(包括小运河 33100hm^2)。县境内长 37.66km，流域面积为 31870hm^2。按"1964 年雨型"排涝标准设计，河道底宽 5～32m，排涝流量为 125m^3/s。

4. 灌溉工程建设

阳谷县灌溉工程主要分为引黄灌溉、引金堤河灌溉和地下水灌溉三种类型。目前引黄灌溉是全县主要的灌溉方式，占全县灌溉面积的75%以上。阳谷县引黄灌溉主要为陶城铺引黄灌溉，分陶城铺引黄总干渠、引黄南干渠和引黄北干渠，总长74.38km，设计灌溉面积达 $5.33\times10^4 hm^2$。引金堤河灌溉分别为明堤闸、八里庙闸、张秋闸、赵升白闸，平均年引河水灌溉面积为 $1.01\times10^4 hm^2$。在地下水井灌建设上，全县共有机井10456眼，灌溉面积为 $3.49\times10^4 hm^2$。

阳谷县境内的排灌干渠大部分和支渠全部为土渠，田间灌溉方式少部分沿用传统的大水漫灌灌溉方式，漫灌到田间大部分采用小白龙方式。随着农田水利建设的完善，"U"形渠和防渗干渠不断扩大，进一步提高农业水资源的利用率，不同灌溉形势下各种农作物灌溉指标如表1-5所示。

表1-5 不同灌溉形势下各种农作物灌溉指标统计表

名称	冬小麦			夏玉米			棉花			花生		
	漫灌	小白龙	低压管道	漫灌	小白龙	低压管道	漫灌	小白龙	低压管道	漫灌	小白龙	低压管道
灌水次数(次)	4	4	4	2	2	2	5	5	5	3	3	3
亩灌溉用水量(m^3)	100	80	50	100	80	50	100	80	50	100	80	50
渠系水利用系数(%)	45	50	80	45	50	80	45	50	80	45	50	80
田间水利用系数(%)	85	85	90	85	85	90	80	80	90	85	80	90

二、农业机械

阳谷县拥有农业机械总动力为1217389kW，其中柴油发动机动力为11390.54kW，汽油发动机动力为1602kW，电动机动力为76733kW。拥有拖拉机10700台，动力为222875kW，拖拉机配套农具9116部；排灌动力机械72417台，动力为629405kW；机动喷雾(粉)机1965台，动力为1602kW；联合收割机1104台，动力为49949kW，其中小麦联合收割机908台，玉米联合收割机196台，割晒机1671台，其他收割机械1203台，秸秆粉碎还田机1193台；农产品初加工动力机械140台，动力为2100kW。农用运输车25608台，动力为234216kW。

阳谷县农业机械化作业程度较高，其中机耕面积为 $46220hm^2$，机播面积为 $55280hm^2$，机电灌溉面积为 $178100hm^2$，机械植保面积为 $26100hm^2$，机收面积为 $60720hm^2$，农机化经营总收入达 1.7356×10^8 元。

第二章　土壤与耕地资源状况

第一节　土壤类型与分布

一、土壤类型

(一)土壤类型

阳谷县土壤分类按照第二次土壤普查和国家级分类标准，共分潮土、盐土2个土类；4个亚类，分别为典型潮土、脱潮土、盐化潮土、盐土；8个土属，分别为壤质潮土、黏壤质潮土、壤质脱潮土、黏壤质脱潮土、黏质脱潮土、氯化物盐化潮土、硫酸盐盐化潮土、苏打氯化物碱化潮土、硫酸盐氯化物草甸盐土；86个土种，命名与县级土壤志命名相同。按土壤表层质地分为松沙土(面积很小)、紧沙土(俗称"白沙土"，占总面积的0.18%)、沙壤土(俗称"白土"，占总面积的20.19%)、轻壤土(俗称"两合土"，占总面积的63.8%)、中壤土(俗称"小红土"，占总面积的14.61%)、重壤土(俗称"面淤土"，占总面积的1.6%)、黏土(俗称"狗头淤"，占总面积的0.04%)。

阳谷县土壤与第二次土壤普查时相比，随着农田基本建设、水利工程的改善，盐碱化土地面积逐年减小，绝大部分土壤均能进行种植耕作生产，经培肥改造均能成为较理想的基本农田。

(二)阳谷县土壤类型分类与国家级分类归属对照统计情况(见表2-1)

表2-1　　阳谷县第二次土壤普查土种名称归属对应表

国家命名					县级命名	
土类名称	亚类名称	土属名称			土种	
		连续命名(国家名)	俗名	省土属	县级土种代码	土壤发生学命名
潮土	典型潮土	壤质潮土	轻白土	202	Cb2 2/8	厚壤心白沙土
				202	Cb2 3/8	厚壤心白土
				202	Cb2 3/14	厚黏心白土
				202	Cb2 3/16	厚黏腰白土
				202	Cb2 3/18	厚黏底白土
				202	Cb2 3/19	沙均质白土

续表

国家命名					县级命名	
土类名称	亚类名称	土属名称			土种	
		连续命名(国家名)	俗名	省土属	县级土种代码	土壤发生学命名
潮土	典型潮土	壤质潮土	轻白土	202	Cb2 4/2	厚沙心两合土
				202	Cb2 4/4	厚沙腰两合土
				202	Cb2 4/6	厚沙底两合土
				202	Cb2 4/13	薄黏心两合土
				202	Cb2 4/14	厚黏心两合土
				202	Cb2 4/15	薄黏腰两合土
				202	Cb2 4/16	厚黏腰两合土
				202	Cb2 4/18	厚黏底两合土
				202	Cb2 4/19	壤均质两合土
		黏壤质潮土	两合土	203	Cb2 5/2	厚沙心小红土
				203	Cb2 5/4	厚沙腰小红土
				203	Cb2 5/13	薄黏心小红土
				203	Cb2 5/14	厚黏心小红土
				203	Cb2 5/16	厚黏腰小红土
				203	Cb2 5/18	厚黏底小红土
				203	Cb2 5/19	壤均质小红土
		黏质潮土	小红土	204	Cb2 6/2	厚沙心面淤土
				204	Cb2 6/4	厚沙腰面淤土
				204	Cb2 6/6	厚沙底面淤土
				204	Cb2 6/8	厚壤心面淤土
				204	Cb2 6/9	薄壤腰面淤土
				204	Cb2 6/19	黏均质面淤土
				204	Cb2 7/8	厚壤心狗头淤
	脱潮土	壤质脱潮土	岗轻白土	211	Ca1 3/8	岗厚壤心白土
				211	Ca1 3/10	岗厚壤腰白土
				211	Ca1 3/14	岗厚黏心白土
				211	Ca1 3/16	岗厚黏腰白土
				211	Ca1 3/17	岗薄黏底白土
				211	Ca1 3/18	岗厚黏底白土

续表

国家命名					县级命名	
土类名称	亚类名称	土属名称			土种	
		连续命名(国家名)	俗名	省土属	县级土种代码	土壤发生学命名
潮土	脱潮土	壤质脱潮土	岗轻白土	211	Ca1 3/19	岗沙均质白土
				211	Ca1 4/2	岗厚沙心两合土
				211	Ca1 4/4	岗厚沙腰两合土
				211	Ca1 4/5	岗薄沙底两合土
				211	Ca1 4/6	岗厚沙底两合土
				211	Ca1 4/13	岗薄黏心两合土
				211	Ca1 4/14	岗厚黏心两合土
				211	Ca1 4/15	岗薄黏腰两合土
				211	Ca1 4/16	岗厚黏腰两合土
				211	Ca1 4/17	岗薄黏底两合土
				211	Ca1 4/18	岗厚黏底两合土
				211	Ca1 4/19	岗壤均质两合土
		黏壤质脱潮土	岗两合土	212	Ca1 5/2	岗厚沙心小红土
				212	Ca1 5/14	岗厚黏心小红土
				212	Ca1 5/16	岗厚黏腰小红土
	盐化潮土	氯化物盐化潮土	油盐潮	231	Cc5 3(一)/16	轻盐化厚黏腰白土
		硫酸盐盐化潮土	白化潮土	232	Cc5 3(一)/8	轻盐化厚壤心白土
				232	Cc5 3(一)/14	轻盐化厚黏心白土
				232	Cc5 3(二)/14	中盐化厚黏心白土
				232	Cc5 3(一)/18	轻盐化厚黏底白土
				232	Cc5 3(二)/18	中盐化厚黏底白土
				232	Cc5 3(一)/19	轻盐化沙均质白土
				232	Cc5 3(二)/19	中盐化沙均质白土
				232	Cc5 4(一)/2	轻盐化厚沙心两合土
				232	Cc5 4(二)/2	中盐化厚沙心两合土
				232	Cc5 4(三)/2	重盐化厚沙心两合土
				232	Cc5 4(一)/4	轻盐化厚沙腰两合土
				232	Cc5 4(二)/4	中盐化厚沙腰两合土
				232	Cc5 4(一)/6	轻盐化厚沙底两合土

续表

国家命名					县级命名	
土类名称	亚类名称	土属名称			土种	
		连续命名(国家名)	俗名	省土属	县级土种代码	土壤发生学命名
潮土	盐化潮土	硫酸盐盐化潮土	白化潮土	232	Cc5 4(一)/14	轻盐化厚黏心两合土
				232	Cc5 4(二)/14	中盐化厚黏心两合土
				232	Cc5 4(一)/15	轻盐化薄黏腰两合土
				232	Cc5 4(一)/16	轻盐化厚黏腰两合土
				232	Cc5 4(二)/16	中盐化厚黏腰两合土
				232	Cc5 4(一)/18	轻盐化厚黏底两合土
				232	Cc5 4(二)/18	中盐化厚黏底两合土
				232	Cc5 4(一)/19	轻盐化壤均质两合土
				232	Cc5 4(二)/19	中盐化壤均质两合土
				232	Cc5 5(三)/2	重盐化厚沙心小红土
				232	Cc5 5(一)/14	轻盐化厚黏心小红土
				232	Cc5 5(二)/14	中黏化厚黏心小红土
				232	Cc5 5(三)/14	重盐化厚黏心小红土
				232	Cc5 5(一)/16	轻盐化厚黏腰小红土
				232	Cc5 5(一)/19	轻盐化壤均质小红土
盐土(草甸盐土)	草甸盐土(典型草甸盐土)	硫酸盐氯化物草甸盐土	青盐土	252	Da1 3/19	白盐沙均质白土
				252	Da1 4/2	白碱厚沙心两合土
				252	Da1 4/4	白盐厚沙腰两合土
				252	Da1 4/14	白碱厚黏心两合土
				252	Da1 4/16	白盐厚黏腰两合土
				252	Da1 4/19	白碱壤均质两合土

（三）土壤类型分类检索

土壤类型分类检索如表 2-2 所示。

表 2-2　　　　　　阳谷县土壤分类检索表

土类		亚类		土属		土种				变种		
					划分依据	划分依据				划分依据		
代号	名称	代号	名称	代号	潜水及盐类状况	代号	土体构型	代号	表层质地	代号	粮食产量（kg/667m²）	棉花产量（kg/667m²）
C	潮土	a	褐土化潮土	1	褐土化潮土	1	浅位薄层沙质	1	飞沙(松沙土)	1	<300	<30
						2	浅位厚层沙质	2	白沙土(紧沙土)	2	300～350	30～50
		b	潮土	1	潮土	3	中位薄层沙质	3	白土(沙壤土)	3	350～400	50～80
						4	中位厚层沙质	4	两合土(轻壤土)	4	>400	>80
		c	盐化潮土	5	盐化潮土 （一）轻度 （二）中度 （三）重度	5	深位薄层沙质	5	小红土(中壤土)			
						6	深位厚层沙质	6	面淤土(重壤土)			
						7	浅位薄层壤质	7	淤土(黏土)			
						8	浅位厚层壤质					
						9	中位薄层壤质					
						10	中位厚层壤质					
D	盐土	a	潮盐土	1	白潮盐土（白硷）	11	深位薄层壤质					
						12	深位厚层壤质					
						13	浅位薄层黏质					
						14	浅位厚层黏质					
				2	油潮盐土（油硷）	15	中位薄层黏质					
						16	中位厚层黏质					
						17	深位薄层黏质					
						18	深位厚层黏质					
						19	全剖面均质					

（四）主要土壤类型面积

阳谷县主要土壤类型面积分布状况如表 2-3 所示。

表 2-3 阳谷县土种分类面积表

<table>
<tr><th colspan="5">国家命名</th><th colspan="2">县级命名</th><th rowspan="3">面积（hm²）</th><th rowspan="3">占总面积的百分比（%）</th></tr>
<tr><th rowspan="2">土类名称</th><th rowspan="2">亚类名称</th><th colspan="3">土属名称</th><th colspan="2">土种</th></tr>
<tr><th>连续命名（国家名）</th><th>俗名</th><th>省土属代码</th><th>县级土种代码</th><th>土壤发生学命名</th></tr>
<tr><td rowspan="24">潮土</td><td rowspan="24">典型潮土</td><td rowspan="15">壤质潮土</td><td rowspan="15">轻白土</td><td rowspan="15">202</td><td>Cb2 2/8</td><td>厚壤心白沙土</td><td>40.6</td><td>0.04</td></tr>
<tr><td>Cb2 3/8</td><td>厚壤心白土</td><td>273.6</td><td>0.26</td></tr>
<tr><td>Cb2 3/14</td><td>厚黏心白土</td><td>309.0</td><td>0.29</td></tr>
<tr><td>Cb2 3/16</td><td>厚黏腰白土</td><td>469.7</td><td>0.45</td></tr>
<tr><td>Cb2 3/18</td><td>厚黏底白土</td><td>164.2</td><td>0.16</td></tr>
<tr><td>Cb2 3/19</td><td>沙均质白土</td><td>5746.9</td><td>5.48</td></tr>
<tr><td>Cb2 4/2</td><td>厚沙心两合土</td><td>959.2</td><td>0.91</td></tr>
<tr><td>Cb2 4/4</td><td>厚沙腰两合土</td><td>9942</td><td>9.48</td></tr>
<tr><td>Cb2 4/6</td><td>厚沙底两合土</td><td>1318.8</td><td>1.26</td></tr>
<tr><td>Cb2 4/13</td><td>薄黏心两合土</td><td>43.6</td><td>0.04</td></tr>
<tr><td>Cb2 4/14</td><td>厚黏心两合土</td><td>8576.3</td><td>8.18</td></tr>
<tr><td>Cb2 4/15</td><td>薄黏腰两合土</td><td>460.2</td><td>0.44</td></tr>
<tr><td>Cb2 4/16</td><td>厚黏腰两合土</td><td>3834.4</td><td>3.66</td></tr>
<tr><td>Cb2 4/18</td><td>厚黏底两合土</td><td>256.8</td><td>0.24</td></tr>
<tr><td>Cb2 4/19</td><td>壤均质两合土</td><td>153.8</td><td>0.15</td></tr>
<tr><td colspan="5">合　计</td><td>32549.1</td><td>31.04</td></tr>
<tr><td rowspan="7">黏壤质潮土</td><td rowspan="7">两合土</td><td rowspan="7">203</td><td>Cb2 5/2</td><td>厚沙心小红土</td><td>198.3</td><td>0.19</td></tr>
<tr><td>Cb2 5/4</td><td>厚沙腰小红土</td><td>218.6</td><td>0.21</td></tr>
<tr><td>Cb2 5/13</td><td>薄黏心小红土</td><td>77.3</td><td>0.07</td></tr>
<tr><td>Cb2 5/14</td><td>厚黏心小红土</td><td>10365.6</td><td>9.89</td></tr>
<tr><td>Cb2 5/16</td><td>厚黏腰小红土</td><td>432.2</td><td>0.41</td></tr>
<tr><td>Cb2 5/18</td><td>厚黏底小红土</td><td>6.1</td><td>0.01</td></tr>
<tr><td>Cb2 5/19</td><td>壤均质小红土</td><td>132.9</td><td>0.13</td></tr>
<tr><td colspan="5">合　计</td><td>11431</td><td>10.91</td></tr>
</table>

续表

国家命名					县级命名		面积(hm^2)	占总面积的百分比(%)
土类名称	亚类名称	土属名称			土种			
		连续命名(国家名)	俗名	省土属代码	县级土种代码	土壤发生学命名		
潮土	典型潮土	黏质潮土	小红土	204	Cb2 6/2	厚沙心面淤土	15.8	0.02
					Cb2 6/4	厚沙腰面淤土	322.7	0.31
					Cb2 6/6	厚沙底面淤土	867.6	0.83
					Cb2 6/8	厚壤心面淤土	114.7	0.11
					Cb2 6/9	薄壤腰面淤土	47.9	0.05
					Cb2 6/19	黏均质面淤土	330.1	0.31
					Cb2 7/8	厚壤心狗头淤	44.7	0.04
		合计					1743.5	1.67
	合计						45723.6	43.62
潮土	脱潮土	壤质脱潮土	岗轻白土	211	Ca1 3/8	岗厚壤心白土	1237.5	1.18
					Ca1 3/10	岗厚壤腰白土	144.6	0.14
					Ca1 3/14	岗厚黏心白土	353.3	0.34
					Ca1 3/16	岗厚黏腰白土	1221.5	1.16
					Ca1 3/17	岗薄黏底白土	75.4	0.07
					Ca1 3/18	岗厚黏底白土	24.9	0.02
					Ca1 3/19	岗沙均质白土	6467.5	6.17
					Ca1 4/2	岗厚沙心两合土	3110.8	2.97
					Ca1 4/4	岗厚沙腰两合土	7397	7.06
					Ca1 4/5	岗薄沙底两合土	294.3	0.28
					Ca1 4/6	岗厚沙底两合土	4612.5	4.4
					Ca1 4/13	岗薄黏心两合土	24	0.02
					Ca1 4/14	岗厚黏心两合土	7763	7.41
					Ca1 4/15	岗薄黏腰两合土	79	0.08
					Ca1 4/16	岗厚黏腰两合土	2607.5	2.49
					Ca1 4/17	岗薄黏底两合土	212	0.2
					Ca1 4/18	岗厚黏底两合土	321.1	0.31
					Ca1 4/19	岗壤均质两合土	1360.1	1.3
		合　计					37306	35.6

续表

国家命名					县级命名		面积（hm^2）	占总面积的百分比（%）
土类名称	亚类名称	土属名称			土种			
		连续命名（国家名）	俗名	省土属代码	县级土种代码	土壤发生学命名		
潮土	脱潮土	黏壤质脱潮土	岗两合土	212	Ca1 5/2	岗厚沙心小红土	86	0.08
					Ca1 5/14	岗厚黏心小红土	934.4	0.89
					Ca1 5/16	岗厚黏腰小红土	765.5	0.7
		合　计					1785.9	1.7
	总　计						39091.9	37.3
潮土	盐化潮土	氯化物盐化潮土	油盐潮土	231	Cc5 3(一)/16	轻盐化厚黏腰白土	228.4	0.21
		硫酸盐盐化潮土	白盐潮土	232	Cc5 3(一)/8	轻盐化厚壤心白土	507.5	0.48
					Cc5 3(一)/14	轻盐化厚黏心白土	294.6	0.28
					Cc5 3(二)/14	中盐化厚黏心白土	38.8	0.04
					Cc5 3(一)/18	轻盐化厚黏底白土	334.4	0.32
					Cc5 3(二)/18	中盐化厚黏底白土	75.9	0.07
					Cc5 3(一)/19	轻盐化沙均质白土	1364.9	1.3
					Cc5 3(二)/19	中盐化沙均质白土	68.4	0.07
					Cc5 4(一)/2	轻盐化厚沙心两合土	1158	1.1
					Cc5 4(二)/2	中盐化厚沙心两合土	187.8	0.18
					Cc5 4(三)/2	重盐化厚沙心两合土	588.1	0.56
					Cc5 4(一)/4	轻盐化厚沙腰两合土	2784.7	2.66
					Cc5 4(二)/4	中盐化厚沙腰两合土	2857	2.73
					Cc5 4(一)/6	轻盐化厚沙底两合土	593.9	0.57
					Cc5 4(一)/14	轻盐化厚黏心两合土	2154.1	2.05
					Cc5 4(二)/14	中盐化厚黏心两合土	245.8	0.23
					Cc5 4(一)/15	轻盐化薄黏腰两合土	200.6	0.19
					Cc5 4(一)/16	轻盐化厚黏腰两合土	1281.2	1.22
					Cc5 4(二)/16	中盐化厚黏腰两合土	1249.3	1.19
					Cc5 4(一)/18	轻盐化厚黏底两合土	229.6	0.22
					Cc5 4(二)/18	中盐化厚黏底两合土	144.3	0.14
					Cc5 4(一)/19	轻盐化壤均质两合土	101.7	0.1

续表

国家命名					县级命名		面积（hm^2）	占总面积的百分比（%）
土类名称	亚类名称	土属名称			土种			
		连续命名（国家名）	俗名	省土属代码	县级土种代码	土壤发生学命名		
潮土	盐化潮土	硫酸盐盐化潮土	白盐潮土	232	Cc5 4(二)/19	中盐化壤均质两合土	30.2	0.03
					Cc5 5(三)/2	重盐化厚沙心小红土	39.5	0.04
					Cc5 5(一)/14	轻盐化厚黏心小红土	526.2	0.5
					Cc5 5(二)/14	中黏化厚黏心小红土	785.1	0.75
					Cc5 5(三)/14	重盐化厚黏心小红土	55.8	0.05
					Cc5 5(一)/16	轻盐化厚黏腰小红土	415.4	0.4
					Cc5 5(一)/19	轻盐化壤均质小红土	91.6	0.09
					小 计		18404.4	17.56
		总 计					18632.8	17.77
盐土（草甸盐土）	草甸盐土（典型草甸盐土）	硫酸盐氯化物草甸盐土	青盐土	252	Da1 3/19	白盐沙均质白土	93.7	0.09
					Da1 4/2	白碱厚沙心两合土	191	0.18
					Da1 4/4	白盐厚沙腰两合土	643.7	0.61
					Da1 4/14	白碱厚黏心两合土	113.3	0.11
					Da1 4/16	白盐厚黏腰两合土	326.8	0.31
					Da1 4/19	白碱壤均质两合土	7.6	0.01
总 计							1376.1	1.31

二、主要土壤类型特征与分布特点

（一）潮 土

土壤是地球陆地表面能够生长植物的表层，是一种宝贵的自然资源，仅占全球面积的十分之一。土壤在不同的成土因素影响下，不断发育、发展、变化，形成不同的土壤类型。

阳谷县位于黄河中下游，由于受黄河多次决口与冲积的影响，形成了微伏平原地带。土壤母质为黄河冲积物，受地下潜水影响，形成了典型的潮土区。在成土过程中，由于河流多次冲积、沉积，又因流速不同、成土母质颗粒粗细不一，使阳谷县土壤不仅在水平分布上有差异，而且在上下层次排列上也各有不同，各发生层次质地和色泽不一，表层质地沙、壤、黏均有，土体构型伴有不同质地、不同厚度的夹层，受耕作、潜水影响，上层颜色较深，下层较浅，中下部土层有明显的锈纹、锈斑和假菌丝体。土壤呈中性至微碱性，pH 为 7.3～8.6。

潜水的活动直接影响着潮土发育，所以潜水位的高低和作用时间的长短，使潮土向不同的方向发育，当潜水出流加强、水位下降、淋溶作用占主导地位时，便逐渐向褐土化潮土发育。当潜水出流减弱、水位上升、对表土的作用加强并起主要作用时，表土积盐，就逐渐发育成盐化潮土。

1. 脱潮土（褐土化潮土）亚类

脱潮土在阳谷县有 2 个属：壤质脱潮土、黏壤质脱潮土，分为 21 个土种，面积为 39091.9hm²，占总面积的 37.3%，其中面积较大的为岗沙均质白土和岗厚黏心两合土。脱潮土主要分布在地势高亢的博济桥街道办事处、侨润街道办事处、寿张镇、十五里元镇南部、张秋镇西部及闫楼镇、安乐镇和郭屯镇的赵王河两岸。这种土壤处在地势较高的河滩高地上，海拔在 38m 以上，表层质地较轻，潜水埋层较深，一般在 2.5～3m，表土淋溶作用强，一般无盐渍化和渍涝威胁，土体 60cm 内有明显的假菌丝体和黏化层，100cm 左右有锈纹、锈斑，土壤呈微碱性，土壤表层易耕作管理，保肥、供肥性能良好，适宜种植多种作物，但应注意合理灌溉，防止干旱发生。

主要土种为：

（1）岗厚黏心两合土（Ca1 4/14）：面积为 7763hm²，占全县总面积的 7.41%，主要分布在岗地中洼地边缘，如侨润街道办事处的韩洼、八里营一带，大布乡的王园、羊皮店一带。

这种土壤耕层质地较轻，40～90cm 有一厚黏土层。耕作管理方便，保水、保肥，适宜各种作物生长。与该土种类似的还有 Ca1 5/14、Ca1 4/15、Ca1 4/16、Ca1 5/16。

（2）岗沙均质白土（Ca1 3/19）：面积为 6467.5hm²，占总面积的 6.17%，主要分布在岗地上部，如大布乡的王胡同、郭海、宁仓一带，寿张镇的潘庄、黄庄、官庄一带。

该类土壤全剖面属沙质土，通气透水性强，漏水、漏肥，土壤肥力较低，是较差的土壤。应扩大耐瘠作物如棉花、花生、地瓜的种植，注意多施有机肥以培肥地力，氮肥以追施为主，结合磷、钾肥，配施微量元素肥料。与该土种类似的有 Ca1 4/2、Ca1 5/2。

2. 典型潮土亚类

典型潮土亚类在阳谷县分布有 3 个土属，分别为壤质潮土、黏壤质潮土、黏质潮土。共有 29 个土种，分布最广，面积较大，共有 45723.6hm²，占总面积的 43.62%。以西湖镇、高庙王乡、十五里元镇北部、张秋镇东部、石佛镇、阿城镇、安乐镇、七级镇、郭屯镇及定水镇分布较多。典型潮土主要处在微缓平坡地中下部，常与盐化潮土呈复区分布，海拔高程在 36m 以上，潜水埋深为 2～3m，矿化度为 1～2g/L。由于潜水的垂直运动，土体内氧化还原反应过程交替进行，一般在 60cm 上下出现锈纹、锈斑。地下水参与成土过程，当地下水下降，对表土作用减弱，地上水淋溶作用加强并占优势时，典型潮土便向褐土化潮土发育。当潜水上升，对表土作用增大并起主导作用时，表土积盐逐渐形成盐化潮土。所以对典型潮土来讲，用水必须十分注意，稍有不慎，潜水上升，土壤便有次生盐渍化的危险。因而，在水利建设上应谨慎从事，要有灌有排，控制灌水量，严防地下水上升。

阳谷县典型潮土大部分表层质地为轻壤质、中壤质，耕作管理方便，适宜种植多种作物，是较理想的土壤，其主要土种类型为：

（1）厚沙腰两合土（Cb2 4/4）：面积为 9942hm²，占总面积的 9.48%，主要分布在二坡地上，如闫楼镇的胡马、赵堂、石堂、吴海一带，阿城镇的朱庄、薛庄、乔楼以北至安乐镇的三官庙、范庄以南，七级镇的南辛庄，郎湾、沈家庄到西刘庄、上闸、大翟庄、大杨一带，西湖镇的东部俞楼、段桥以南至狮子楼街道办事处的张楼、钟海。

另外，构型为 Cb2 4/5、Cb2 4/4、Cb2 4/6、Cb2 6/6 的土种类型性质基本属这类土壤，但厚沙腰间合土土壤沙层出现在 100cm 以下，较上属土壤稍好一些。该土体上部为轻壤质土，通气透水，疏松易耕，但养分含量低，且 60cm 以下是沙壤土，漏水、漏肥。应注意增施有机肥，培肥地力，科学灌水，防止次生盐渍化。

(2)沙均质白土(Cb2 3/19)：面积为 5746.9hm^2，占总面积的 5.48%，主要分布在高庙王乡的中孔、仓上、郭庄一带，李台镇的甄台、何垓、王堤、张店一带，石佛镇沙土集以北至冯营、王皋如、青杨李一带。

与此土种类型类似的还有 Cb2 4/2、Cb2 5/2、Cb2 6/2，后两种耕层质地较黏重，适耕期短。这类土壤构型偏沙，易漏水、漏肥，在施肥上要注意少量多次，增施有机肥，培肥地力。

(3)厚黏心两合土(Cb2 4/14)：面积为 8576.3hm^2，占总面积的 8.18%，主要分布在高庙王乡南部，金斗营乡北部，大布乡郭子落、灵王庙、王海滨至定水镇的薛庄、郑庄一带，七级镇郎湾以南至阿城镇夏堂一带。

Cb2 4/4，Cb2 5/14、Cb2 3/14、Cb2 4/15 的土种与该土种在农业利用上类似。该类土壤是生产上理想的土壤，保肥性较好，耕层适宜，底层有心土黏层，蓄保能力强，但注意防止大水漫灌。

(4)黏均质面淤土($Cb_2$6/19)：面积为 330.1hm^2，占总面积的 0.31%，主要分布在定水镇波里大洼。

全剖面质地均较黏重，通气、透水性差，耕性差，由于土质黏重，不利根系下扎，保水、保肥性能好，在利用上应注意深翻，增施有机肥，在肥料利用上可重施基肥，增施磷肥，多施有机肥，并秸秆还田。

3. 盐化潮土亚类

盐化潮土发育在浅平洼地和河槽地上，由潮土演变而来。形成盐化潮土的原因是：地下水位高，而潜水中又带有大量的无机盐分，春季土壤的蒸发量大，使潜水以毛管水形态上升，盐分积聚在地表；土壤表层质地一般为沙质和壤质，心土层无黏质夹层，土地高洼不平，高处蒸发剧烈，形成土壤盐化；人为因素，主要是灌水不合理，排灌不配套，灌排一条沟，抬高了地下水位；另外，施用有机肥较少、耕作粗放等因素，使土壤结构变坏，毛管作用增强，引起地表积盐。

阳谷县盐化潮土有 2 个土属：氯化物盐化潮土、硫酸盐盐化潮土，共有 29 个土种，面积为 18632.8hm^2，占总面积 17.77%，主要分布在西湖镇、定水镇、阿城镇东部、七级镇北部、郭屯镇东部、石佛镇北部等地块上。

因盐化潮土多分布于缓平坡地上，海拔高程为 35m，潜水埋深为 1.5～2m，矿化度为 1～3g/L，耕层含盐量较高。其盐分组成中，以氯化物、硫酸盐为主，并含有一定量的重碳酸盐。这类土壤当前农业利用情况一般为一年两作，以种植小麦、玉米、棉花为主。改良利用措施为：应注意渠系配套，合理灌溉，及时排水，防止地下水位上升，同时平整地面，增施有机肥，培肥地力，增施过磷酸钙对土壤改良具有良好效果，还可种植绿肥和牧草，秸秆还田改良效果特别明显。

主要土种为：

(1)中盐化厚沙腰两合土(Cc5 4(二)/4)：面积为2857hm²，占总面积的2.73%，主要分布在郭屯镇的九都杨、邓楼，石佛镇的前洪、后洪庄以及七级镇的东金庄、清法寺、南焦庄。

该土壤全剖面质地偏轻，毛管作用强。在强烈的毛管作用下，含盐分的地下水上升到地表，经蒸发，水去盐留，积聚地表，危害作物生长，缺苗严重的达二三成。应加强排水，防止地下水位升高，合理浇水，淋洗地表积盐，对作物精细管理，增施有机肥和磷肥，增肥地力，选用耐盐品种。

(2)轻盐化厚黏心两合土(Cc5 4(一)/4)：面积为2784.7hm²，占总面积的2.66%，主要分布在石佛镇徐楼西、马庄、陈庄、韩庄、熬盐场、鱼林赵以北、大布乡鹅鸭坡及金斗营乡吴台以西等地。

该土种土体构型较好，保肥、保水，疏松易耕，但在利用上应注意加强排水，合理用水，谨防地下水位继续升高。注意增施有机肥，增肥地力。速效磷含量较低，要增施磷肥。

(二)盐　土

盐土在阳谷县主要分布在缓平洼地或缓平坡地上。经过普查，在阳谷县只有1个草甸盐土亚类，1个土属(硫酸盐氯化物草甸盐土)，6个土种，面积为1376.1hm²，占总面积的1.31%。主要分布在西湖镇东西聂、阿城镇的武将台、石佛镇的白碱坡、大布乡鹅鸭坡一带，其他乡镇(街道办事处)也有零星分布，但面积极少。

硫酸盐氯化物草甸盐土的形成与盐化潮土基本相同，即盐化潮土的某些条件进一步变坏(如地下水位进一步升高1.5～2m，矿化度升高到3～5g/L)，排灌一条沟，灌水无保障，盐化潮土即可发展变为盐土，但目前生产上已基本控制，经逐步改良，成为具有一定生产能力的粮田。

该类盐土地表有白色盐霜或盐结皮，干燥失水，表土松散，只能生长芦草、碱蓬等植物。盐分组成以硫酸盐为主，并含有相当量的氯化物和少量的重碳酸盐，20cm土壤中盐分含量达5～11g/kg，从而限制了各种代换速效养分的效能，使作物不能正常吸水出苗和发育生长，造成缺苗断垄，植株生长不良，影响产量。这类土壤应加强农田水利基础建设，引黄与地下水并用，多施有机肥，增施过磷酸钙，经改良可以成为生产粮棉的土壤。

第二节　土地利用状况

一、土地利用状况

2008年，阳谷县土地总面积为106500m²，其中农用地为82632.35hm²，占77.58%；建设用地为19083.37hm²，占17.91%；未利用地为4816.77hm²，占4.51%(见图2-1)。各乡镇(街道办事处)土地面积如表2-4所示。

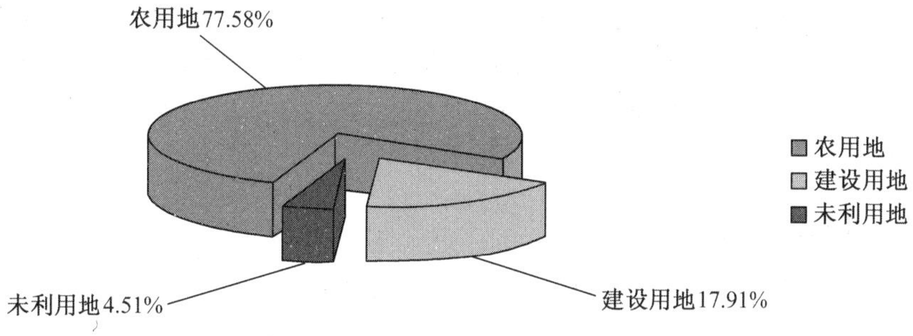

图 2-1　阳谷县土地利用一级分类构成图

表 2-4　　阳谷县各乡镇(街道办事处)土地面积信息表

乡镇(街道办事处)	总面积(hm²)	总人口(人)	占总土地面积的比例(%)	人均占有面积(hm²)
博济桥街道办事处	3846.57	57165	3.61	0.07
狮子楼街道办事处	3003.17	36020	2.82	0.08
侨润街道办事处	4221.62	54585	3.96	0.08
闫楼镇	6594.58	51691	6.19	0.13
阿城镇	11556.63	67515	10.85	0.17
七级镇	7334.78	39949	6.89	0.18
安乐镇	6666.71	38348	6.26	0.17
石佛镇	5770.58	36820	5.42	0.16
定水镇	5833.07	29207	5.48	0.2
李台镇	4343.97	36400	4.08	0.12
寿张镇	6855.23	71054	6.44	0.1
十五里元镇	5596.17	46826	5.25	0.12
张秋镇	6620.66	49305	6.22	0.13
郭屯镇	5486.43	30205	5.15	0.18
大布乡	5722.45	36326	5.37	0.16
西湖镇	7115.25	37423	6.68	0.19
高庙王乡	6137.09	39637	5.76	0.15
金斗营乡	3795.03	28266	3.56	0.13
合计	106500	786742	100	0.14

阳谷县各乡镇(街道办事处)的土地面积不尽相同,从占土地面积的比重看,所占比重最大的是阿城镇,面积为 11556.63hm²,约占全县土地面积的 10.85%;其次是七级镇,面

积为 7334.78hm^2，约占全县土地面积的 6.89%；所占比重最小的是狮子楼街道办事处，面积为 3003.17hm^2，占 2.82%。人均占有量也有明显差距，人均占有土地面积最大的是定水镇，为 0.2hm^2；其次是西湖镇，为 0.19hm^2；人均占有土地面积最小的是博济桥街道办事处，面积为 0.07hm^2。

二、农用地利用状况

全县农用地总面积为 82632.35hm^2，其中耕地面积为 71799.41hm^2，占农用地总面积的 86.89%；园地面积为 2358.64hm^2，占农用地总面积的 2.85%；林地面积为 1880.24hm^2，占农用地总面积的 2.28%；牧草面积为 191.67hm^2，占农用地总面积的 0.23%；其他农用地面积为 6402.35hm^2，占农用地总面积的 7.75%。农用地利用结构如图 2-2 所示。各乡镇（街道办事处）农用地利用面积比例统计如表 2-5 所示。

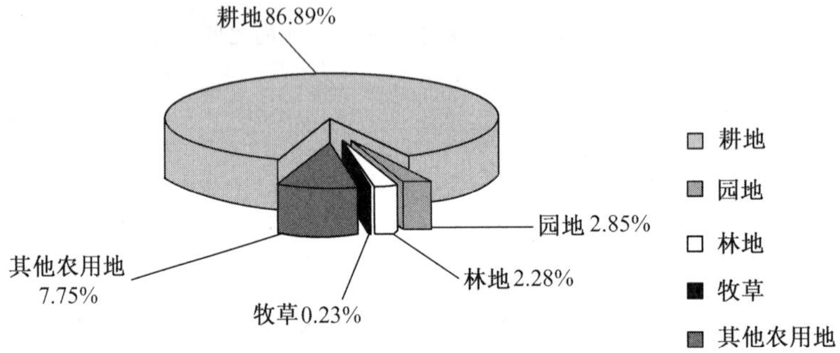

图 2-2　阳谷县农用地组成图

表 2-5　阳谷县各乡镇（街道办事处）农用地面积信息表

乡镇（街道办事处）	总面积（hm^2）	总人口（人）	占农用地总土地面积的比例（%）	人均占有面积（hm^2）
博济桥街道办事处	2633.78	57165	3.19	0.05
狮子楼街道办事处	1945.12	36020	2.35	0.05
侨润街道办事处	3041.77	54585	3.68	0.06
闫楼镇	5110.01	51691	6.18	0.1
阿城镇	9190.35	67515	11.12	0.14
七级镇	5798.38	39949	7.02	0.15
安乐镇	5417.43	38348	6.56	0.14
石佛镇	4640.05	36820	5.62	0.13
定水镇	4760.49	29207	5.76	0.16

续表

乡镇(街道办事处)	总面积(hm^2)	总人口(人)	占农用地总土地面积的比例(%)	人均占有面积(hm^2)
李台镇	3386.85	36400	4.1	0.09
寿张镇	5138.47	71054	6.22	0.07
十五里元镇	4315.76	46826	5.22	0.09
张秋镇	4543.79	49305	5.5	0.09
郭屯镇	4473.74	30205	5.41	0.15
大布乡	4563.64	36326	5.52	0.13
西湖镇	5771.28	37423	6.98	0.15
高庙王乡	5047.39	39637	6.11	0.13
金斗营乡	2854.05	28266	3.45	0.1
合计	82632.35	786742	100	0.11

阳谷县各乡镇(街道办事处)的农用地面积差别很大,从占阳谷县农用地面积的比重看,所占比重最大的是阿城镇,约占全县农用地面积的 11.12%,面积为 9190.35hm^2;所占比重最小的是狮子楼街道办事处,为 2.35%,面积为 1945.12hm^2。人均占有量也有明显差距,人均占有农用地面积最大的是定水镇,为 0.16hm^2;人均占有农用地面积最小的是狮子楼街道办事处和博济桥街道办事处,面积均为 0.05hm^2。

(一)耕　地

全县总耕地面积为 71799.41hm^2,其中水浇地面积为 68888.64hm^2,占总耕地面积的 95.95%;菜地面积为 2521.11hm^2,占总耕地面积的 3.51%;灌溉水田面积为 79.01hm^2,占总耕地面积的 0.11%;旱地面积为 310.65hm^2,占总耕地面积的 0.43%。

耕地利用情况如图 2-3 所示。各乡镇(街道办事处)耕地面积比例统计如表 2-6 所示。

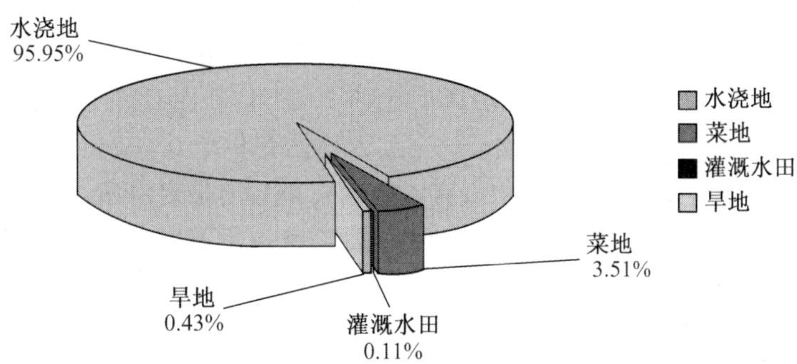

图 2-3　阳谷县耕地组成图

表 2-6　　阳谷县各乡镇(街道办事处)耕地面积信息表

乡镇 (街道办事处)	总面积(hm^2)	总人口(人)	占总耕地面积的 比例(%)	人均占有面积 (hm^2)
博济桥街道办事处	2345.65	57165	3.27	0.04
狮子楼街道办事处	1655.91	36020	2.31	0.05
侨润街道办事处	2701.22	54585	3.76	0.05
闫楼镇	4616.81	51691	6.43	0.09
阿城镇	7968.58	67515	11.1	0.12
七级镇	4855.5	39949	6.76	0.12
安乐镇	4598.61	38348	6.4	0.12
石佛镇	3823.34	36820	5.33	0.1
定水镇	4258.75	29207	5.93	0.15
李台镇	2929.27	36400	4.08	0.08
寿张镇	4199.14	71054	5.85	0.06
十五里元镇	3679.9	46826	5.13	0.08
张秋镇	4033.38	49305	5.62	0.08
郭屯镇	3823.15	30205	5.32	0.13
大布乡	4126.2	36326	5.75	0.11
西湖镇	5140.38	37423	7.16	0.14
高庙王乡	4609.92	39637	6.42	0.12
金斗营乡	2433.69	28266	3.39	0.09
合计	71799.41	786742	100	0.09

阳谷县各乡镇(街道办事处)的耕地面积不尽相同,从占阳谷县耕地面积的比重看,所占比重最大的是阿城镇,面积为 7968.58hm^2,约占全县总耕地面积的 11.1%;其次是西湖镇,面积为 5140.38hm^2,约占全县耕地面积的 7.16%;所占比重最小的是狮子楼街道办事处,为 2.31%,面积为 1655.91hm^2。全县人均占有耕地 0.05hm^2,但各乡镇(街道办事处)人均占有量也有明显差距,人均占有耕地面积最大的是定水镇,为 0.15hm^2;其次是西湖镇,为 0.14hm^2;人均占有耕地面积最小的是博济桥街道办事处,面积为 0.04hm^2。

(二)园　地

全县园地总面积为 2358.64hm^2,果园面积为 2280.18hm^2,占园地总面积的96.67%,其中可调整果园面积为 1169.73hm^2,占果园面积的 51.3%,桑园面积为38.33hm^2,占园地总面积的 1.63%;其他园地面积为 2.68hm^2,占园地总面积的 1.7%。

园地利用情况如图 2-4 所示。各乡镇(街道办事处)园地面积比例统计如表 2-7 所示。

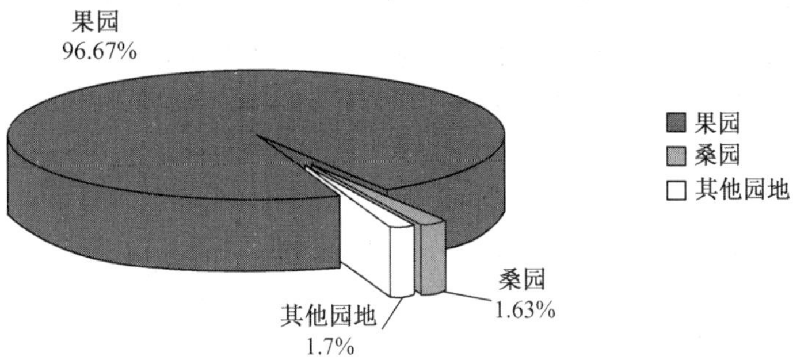

图 2-4 阳谷县园地组成图

表 2-7 阳谷县各乡镇(街道办事处)园地面积信息表

乡镇 (街道办事处)	总面积(hm^2)	总人口(人)	占园地总面积的 比例(%)	人均占有面积 (hm^2)
博济桥街道办事处	82.45	57165	3.5	0.0014
狮子楼街道办事处	66.19	36020	2.81	0.0018
侨润街道办事处	33.8	54585	1.43	0.0006
闫楼镇	107.09	51691	4.54	0.0021
阿城镇	171.3	67515	7.26	0.0025
七级镇	183	39949	7.76	0.0046
安乐镇	194.28	38348	8.23	0.0051
石佛镇	169.77	36820	7.2	0.0046
定水镇	50.92	29207	2.16	0.0017
李台镇	49.12	36400	2.08	0.0013
寿张镇	508.65	71054	21.57	0.0072
十五里元镇	250.42	46826	10.62	0.0053
张秋镇	30.42	49305	1.29	0.0006
郭屯镇	157.28	30205	6.67	0.0052
大布乡	65.09	36326	2.76	0.0018
西湖镇	61.11	37423	2.59	0.0016
高庙王乡	76.74	39637	3.25	0.0019
金斗营乡	101	28266	4.28	0.0036
合计	2358.64	786742	100	0.003

阳谷县各乡镇(街道办事处)的园地面积不尽相同,从占阳谷县园地面积的比重看,所

占比重最大的是寿张镇，约占全县园地总面积的 21.57%，面积为 508.65hm²；所占比重最小的是张秋镇，为 1.29%，面积为 30.42hm²。人均占有量也有明显差距，人均占有园地面积最大的是寿张镇，为 0.0072hm²；人均占有园地面积最小的是侨润街道办事处和张秋镇，面积为 0.0006hm²。

（三）林　地

全县林地总面积为 1880.24hm²，其中有林地面积为 1023.28hm²，占林地总面积的 54.42%；未成林造林地面积为 562.3hm²，占林地总面积的 29.1%；苗圃面积为 19.6hm²，占林地总面积的 15.67%。

林地利用情况如图 2-5 所示。各乡镇（街道办事处）林地面积及比例如表 2-8 所示。

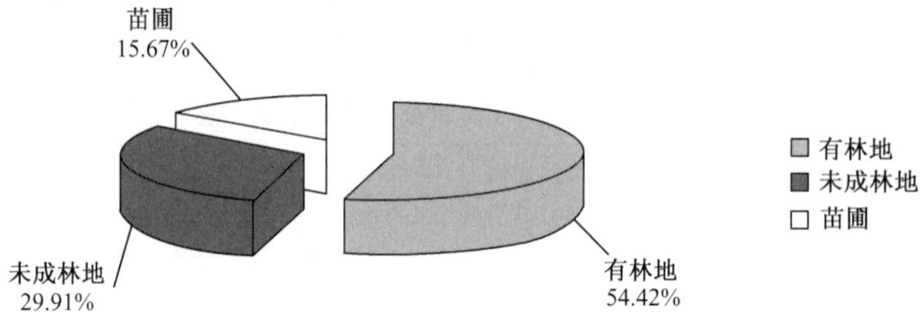

图 2-5　阳谷县园地组成图

表 2-8　阳谷县各乡镇（街道办事处）林地面积信息表

乡镇（街道办事处）	总面积（hm²）	总人口（人）	占园地总面积的比例（%）	人均占有面积（hm²）
博济桥街道办事处	72.32	71054	3.85	0.001
狮子楼街道办事处	47.44	46826	2.52	0.001
侨润街道办事处	70.83	38348	3.77	0.0018
闫楼镇	87.06	30205	4.63	0.0029
阿城镇	175.18	39949	9.32	0.0044
七级镇	149.31	36820	7.94	0.0041
安乐镇	107.31	28266	5.71	0.0038
石佛镇	162.78	67515	8.66	0.0024
定水镇	104.97	51691	5.58	0.002
李台镇	111.19	39637	5.91	0.0028
寿张镇	149.55	36020	7.95	0.0042
十五里元镇	105.78	36326	5.63	0.0029
张秋镇	111.4	29207	5.92	0.0038
郭屯镇	89.7	57165	4.77	0.0016

续表

乡镇（街道办事处）	总面积(hm²)	总人口(人)	占园地总面积的比例(%)	人均占有面积(hm²)
大布乡	92.24	37423	4.91	0.0025
西湖镇	77.23	36400	4.11	0.0021
高庙王乡	53.85	54585	2.86	0.001
金斗营乡	112.1	49305	5.96	0.0023
合计	1880.24	786742	100	0.0024

阳谷县各乡镇（街道办事处）的林地面积不尽相同，从占阳谷县林地面积的比重看，所占比重最大的是阿城镇，占全县林地总面积的 9.32%，面积为 175.18hm²；其次是石佛镇，占全县林地总面积的 8.66%，面积为 162.78hm²；所占比重最小的是狮子楼街道办事处，为 2.52%，面积为 47.44hm²。人均占有量也有明显差距，人均占有林地面积最大的是阿城镇，为 0.0044hm²；人均占有林地面积最小的是高庙王乡，面积为 0.00067hm²。

（四）牧草和其他农用地

牧草和其他农用地总面积为 6594.06hm²，其中牧草地面积为 191.67hm²，占总面积的 2.91%；畜禽饲养地面积为 373.85hm²，占总面积的 5.67%。农村道路用地面积为 2246.96hm²，占总面积的 34.08%；坑塘水面面积为 755.49hm²，占总面积的 11.45%；养殖水面面积为 129.38hm²，占总面积的 1.96%；农田水利用地面积为 2440.94hm²，占总面积的 37.02%；晒谷场等用地面积为 455.77hm²，占总面积的 6.91%（见图 2-6 和表 2-9）。

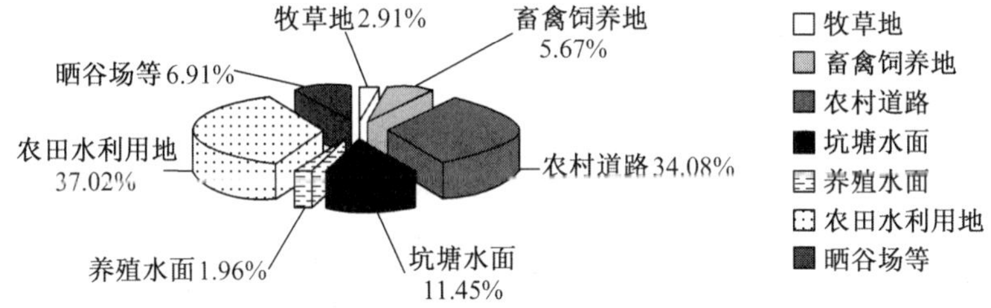

图 2-6 阳谷县牧草及其他农用地构成图

表 2-9 阳谷县牧草和其他农用地信息表

乡镇（街道办事处）	总面积(hm²)	总人口(人)	占牧草和其他用地总面积的比例(%)	人均占有面积(hm²)
博济桥街道办事处	172.47	71054	2.61	0.0024
狮子楼街道办事处	171.01	46826	2.59	0.0037
侨润街道办事处	202.45	38348	3.07	0.0053

续表

乡镇	总面积(hm^2)	总人口(人)	占牧草和其他用地总面积的比例(%)	人均占有面积(hm^2)
闫楼镇	350.66	30205	5.32	0.0116
阿城镇	897.33	39949	13.61	0.0225
七级镇	566.52	36820	8.59	0.0154
安乐镇	568.68	28266	8.62	0.0201
石佛镇	355.99	67515	5.4	0.0053
定水镇	307.74	51691	4.67	0.006
李台镇	185.9	39637	2.82	0.0047
寿张镇	391.02	36020	5.93	0.0109
十五里元镇	326.64	36326	4.95	0.009
张秋镇	293.9	29207	4.46	0.0101
郭屯镇	442.84	57165	6.72	0.0077
大布乡	274.61	37423	4.16	0.0073
西湖镇	564.41	36400	8.56	0.0155
高庙王乡	420.41	54585	6.38	0.0077
金斗营乡	101.48	49305	1.54	0.0021
合计	6594.06	786742	100	0.0083

阳谷县各乡镇(街道办事处)的牧草和其他农用地面积不尽相同,从占阳谷县牧草和其他农用地面积的比重看,所占比重最大的是阿城镇,占全县牧草和其他农用地总面积的13.61%,面积为 897.33hm^2;其次和安乐镇,占全县牧草和其他农用地总面积的8.62%,面积为 568.68hm^2;所占比重最小的是金斗营乡,为 1.54%,面积为 101.48hm^2。人均占有量也有明显差距,人均占有牧草和其他农用地面积最大的是阿城镇,为0.0225hm^2;人均占有牧草和其他农用地面积最小的是金斗营乡,面积为 0.0021hm^2。

三、建设用地状况

全县建设用地总面积为 19083.37hm^2,占全县土地总面积的 17.91%,其中居民点及独立工矿用地面积为 15807.8hm^2,占建设用地总面积的 82.84%;交通运输用地面积为 1562.67hm^2,占建设用地总面积的 8.19%;水利设施用地面积为 1712.90hm^2,占建设用地总面积的 8.97%。

建设用地状况如图 2-7 所示。各乡镇(街道办事处)建设用地面积及比例如表 2-10 所示。

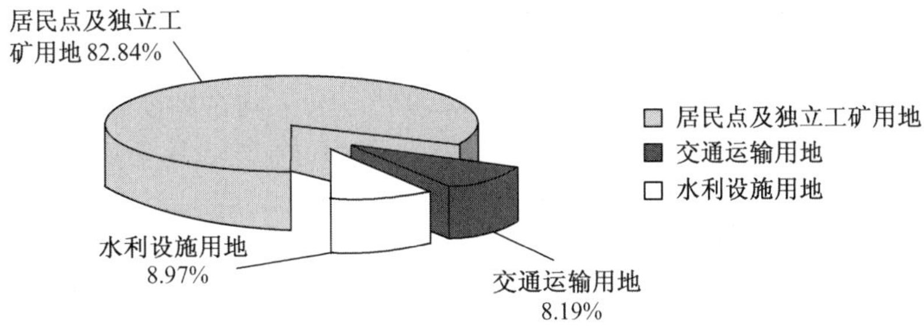

图 2-7　阳谷县建设用地构成图

表 2-10　　阳谷县建设用地信息表

乡镇（街道办事处）	总面积（hm²/人）	总人口（人）	占建设用地总面积的比例（%）	人均占有面积（hm²）
博济桥街道办事处	1125.85	57165	5.9	0.02
狮子楼街道办事处	996.39	36020	5.22	0.028
侨润街道办事处	1074.46	54585	5.63	0.02
闫楼镇	1262.05	51691	6.61	0.024
阿城镇	1794.33	67515	9.4	0.027
七级镇	1103.46	39949	5.78	0.028
安乐镇	989.32	38348	5.19	0.026
石佛镇	941.43	36820	4.93	0.026
定水镇	847.71	29207	4.44	0.029
李台镇	789.34	36400	4.14	0.022
寿张镇	1508.14	71054	7.9	0.021
十五里元镇	937.59	46826	4.92	0.02
张秋镇	1286.39	49305	6.74	0.026
郭屯镇	736.34	30205	3.86	0.024
大布乡	984.54	36326	5.16	0.027
西湖镇	1099.19	37423	5.76	0.029
高庙王乡	878.68	39637	4.6	0.022
金斗营乡	728.16	28266	3.82	0.026
合计	19083.37	786742	100	0.024

阳谷县各乡镇（街道办事处）的建设用地面积不尽相同，从占阳谷县建设用地面积的

比重看，所占比重最大的是阿城镇，占全县建设用地总面积的 9.4%，面积为 1794.33hm²；其次是寿张镇，占全县建设用地总面积的 7.92%，面积为 1508.14hm²；所占比重最小的是金斗营乡，为 3.82%，面积为 728.16hm²。人均占有量也有明显差距，人均占有建设用地面积最大的是定水镇，为 0.029hm²；人均占有建设用地面积最小的是博济桥街道办事处、侨润街道办事处和十五里元镇，面积为 0.02hm²。

（一）居民点及独立工矿用地

全县居民点及独立工矿用地面积为 15807.8hm²，占全县建设用地总面积的 82.84%，其中建制镇用地面积为 1996.96hm²，占建设用地总面积的 12.63%；农村居民点面积为 11917.67hm²，占建设用地总面积的 75.39%；独立工矿用地面积为 1845.49hm²，占建设用地总面积的 11.68%；特殊用地面积为 47.68hm²，占建设用地总面积的 0.3%。

居民点及独立工矿用地构成情况如图 2-8 所示。

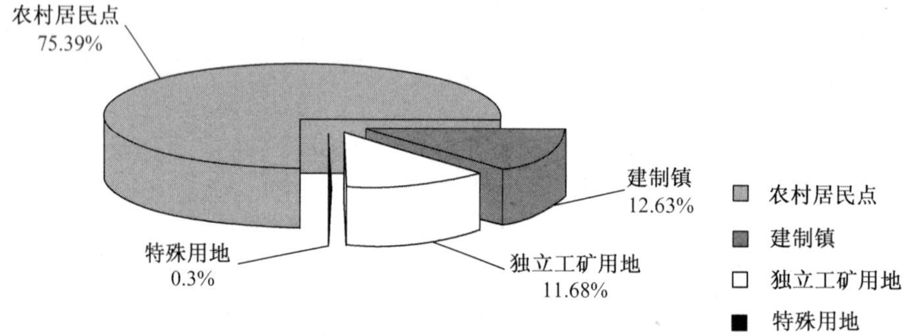

图 2-8 阳谷县居民点及独立工矿用地

（二）交通运输用地

全县共有交通运输用地 1562.67hm²，其中铁路建设用地面积为 194.52hm²，占全县交通运输用地总面积的 12.4%；公路用地面积为 1368.15hm²，占全县交通运输用地总面积的 87.6%。

交通建设用地构成情况如图 2-9 所示。

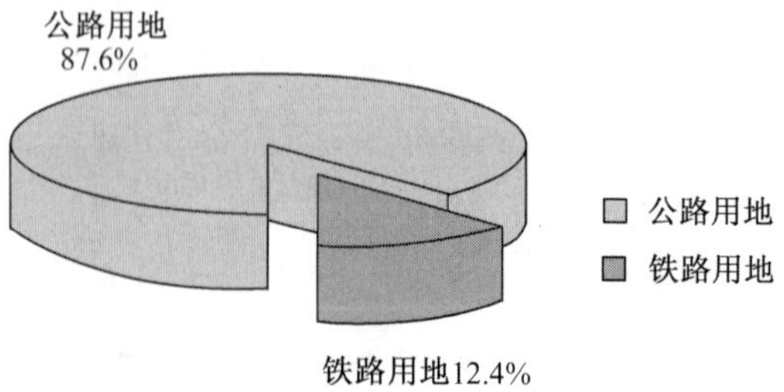

图 2-9 阳谷县交通运输用地构成图

（三）水利设施用地

全县共有水利设施用地 1712.9hm²，全部为水工建筑用地。

（四）未利用地状况

全县未利用地总面积为 4816.77hm²，占土地总面积的 4.51%，其中未利用土地面积为 264.7hm²，占未利用地总面积的 5.5%；河流水面及沉沙池等面积为 4552.07hm²，占未利用地面积的 94.5%。未建设用地状况如图 2-10 所示。

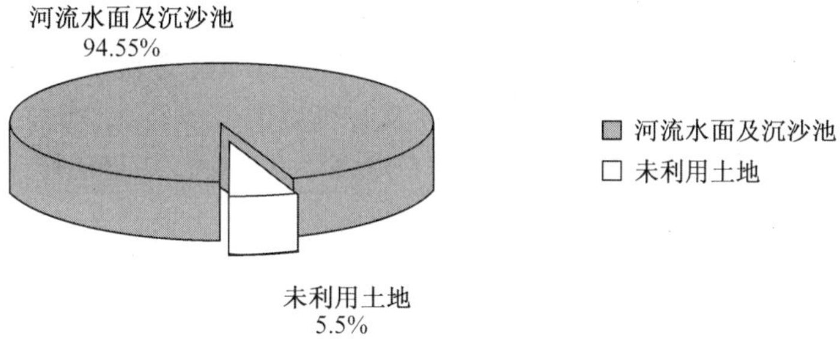

图 2-10　阳谷县未利用地构成图

第三节　耕地利用与管理

一、耕地利用现状及分布

阳谷县耕地面积信息如表 2-11 所示。

表 2-11　阳谷县耕地面积信息表

项　目	耕地面积（hm²）	土地总面积（hm²）	耕地占总面积比例（%）	总人口（人）	人均占有耕地（hm²）
阳谷县	71799.41	106500	67.42	786742	0.09

二、耕地维护与保养

至目前为止，阳谷县进行了两次土壤普查。1959 年，进行了第一次土壤普查，分析了阳谷县的各种土地利用类型，总结了当时农业生产的先进经验，以“工业学大庆，农业学大寨”的指导思想，对当时的土地平整、兴修水利、以农家肥为主、用养地结合和氮素化肥的施用起到了积极的推动作用。1980 年，全国进行了第二次土壤普查，系统地总结了第一次土壤普查以来的经验教训，摸清了全县土壤类型、分布规律、土体构型状况，详细分析了各种土壤的成土因素，找到了存在的问题，并修改了改良利用方向，认真总结了当时创高产田土壤的基本条件，确定了土壤培肥目标和措施，为其后的配方施肥、土壤改良、地力培肥提供了科学依据，推动了磷、钾肥和有机肥的应用，实现了农产品产量和质量的进一步提高。

耕地维护和保养主要措施为：

第一，通过大搞农田基础设施建设，完善排灌系统，改善了土壤的水、肥、气、热状况，尤其是土壤水分状况，不仅满足了农作物的需水要求，而且加强了土壤中矿物质营养的溶解、水解及氧化作用，促进了有机质含量的提高。经调查，目前全县有效灌溉面积为58930hm^2，灌溉保证率为82.6%。

第二，人们通过优良的耕作方式，如伏耕晒垡、冬季深耕、冬季镇压，发展机耕、深耕松土等措施，疏松了土壤，改善了土壤结构，提高了土壤的蓄水能力和通气性，促进了微生物的活动，加速了土壤中矿物质养分的风化释放及有机质的分解转化，增加了土壤养分，更好地满足了作物生长发育的需要。通过因土安排，由一年一作、一年两作或两年三作制改为合理轮作换茬、间种套种，利用作物的不同生物学特征，对土壤微生物区系、微生物能源物质、土壤腐殖质的积累分解进行了合理调节，改善了土壤水、肥、气、热状况，使土壤培肥，中低产田面积逐年减小。

第三，改变了传统施肥习惯，由20世纪50～60年代氮肥施用时期发展为20世纪70～80年代氮、磷配合施肥时期，再发展到20世纪90年代到21世纪初的氮、磷、钾配合施用时期，以至目前的大力增施有机肥、化学肥料和微肥，发展绿肥，大搞秸秆还田等先进的培肥技术，科学施用化肥，因土施肥，因作物施肥，化肥深施，氮、磷、钾配施等，不仅改善了土壤的物理性状，调节了土壤的耕性，促进了土壤肥力发展的平衡，而且提高了肥料利用率，降低了成本，土地综合生产能力不断加强。

第四，通过对盐碱地进行修筑台田、平整土地、灌水压碱、挖沟排碱、增施有机肥、合理耕作等措施，为排盐脱盐和防止返盐创造了良好的条件，使盐化土壤和盐土逐步得到改良，产量不断提高。

通过采取以上措施，不仅改变了土壤结构、质地，培肥了土壤，而且还加速了土壤的脱盐过程，甚至使原来的积盐过程向脱盐过程发展。尽管如此，个别地块排灌仍不合理，存在着次生盐渍化的情况；盲目扩大复种指数，掠夺式的土地经营，时常引起土壤有机质的相对降低，理化性状变差，水、肥、气、热失调，使土壤肥力提升不明显。另外，随着中小型工业生产的发展，工业污水对土壤污染呈加重趋势，使土壤中有毒物质增加；化学肥料、杀虫药剂及除草剂的广泛应用，对土壤的理化性状也产生不利影响，在一定程度上影响了三品生产和现代农业的发展。

三、耕地障碍因素分析

阳谷县地处黄河下游平原，黄河冲积物为全县的成土母质。通过调查分析可知，全县还有近10%的耕地属于低产田，探讨地块的障碍性因子，提出切实可行的培肥改良措施，对阳谷县现代农业发展具有深远的历史意义。目前，主要障碍因子为：

(1)个别地块盐碱危害偏重，部分地块发生了不同程度的次生盐渍化。全县共有轻重不同的盐碱地15907.4hm^2，占可利用面积的18.4%。其中重盐碱地块有1870hm^2，由于土壤含盐量高，作物不能正常出苗，有的虽能出苗，但生长弱甚至又被碱死，使产量受到很大影响。另外，菜地、园地过量施肥，沉沙池区由于侧渗，造成盐分积累而发生次生盐渍化。全县地下水矿化度共分五级，其中弱矿化水和矿化水总面积为 64260.47hm^2，占全县总耕地面积的89.5%；强矿化水和盐水总面积为 5887.55hm^2，占全县总耕地面积的8.2%，是耕地发生盐碱及次生盐渍化危害的主要区域。

(2)养分含量偏低，个别因子成为限制因素。根据测土配方施肥项目实施以来所采土壤农化样品分析，目前全县土壤养分平均含量：有机质为 13.2g/kg，碱解氮为 79mg/kg，有效磷为 23.7mg/kg，速效钾为 121mg/kg，pH 为 7.5，全氮为 0.86g/kg，有效铁为 12.9mg/kg，有效铜为 1.45mg/kg，有效锰为 8.2mg/kg，有效钼为 0.11mg/kg，有效锌为 1.45mg/kg，有效硼为 0.82mg/kg。其中，速效钾及部分中微量元素含量偏低，成为提高产量的限制因子。

(3)氮、磷、钾比例失调，面源污染较重。阳谷县自 20 世纪 70 年代施用化肥以来，土壤中氮、磷元素含量不断提升。另外，阳谷县部分地块钾元素含量普遍不足，虽呈上升趋势，但相对含量仍然偏低，成为制约全县农业发展的瓶颈性因素之一。同时由于化肥的不合理施用，造成土壤板结、次生盐渍化，再加上中小型企业污染物排放，造成了不同程度的面源污染。

(4)土体构型不良，不利于耕作。全县有漏型地 16358.61hm^2，占可利用面积的19.3%，不利于水土保持，不利于产量提高。另外，还有少量淤洼黏重、不利于耕作、不利于农作物生长的土壤。这些土壤如耕作、灌溉措施不当，很难获得高产，且极易引起盐渍化。

(5)复种指数偏高，不利于土壤培肥。重用轻养现象长期存在，使土地越种越薄，尤其在人少地多的地方，伴随着农业生产成本的不断提高，投入相对降低，土壤的生产能力不断下降。

(6)降水分布不均，造成旱涝灾害。阳谷县雨量相对偏少，且集中在 7～8 月，常造成春旱、夏涝、晚秋又旱的局面，加之部分地区水源不足、水利设施不够完善，部分农田不能满足作物各生育期需水要求，不能雨热同步灌溉，影响作物生长。

(7)有机肥投入不足，忽视微肥的施用。随着化学肥料的广泛施用，农民对其过度依赖，过度施用大量元素肥料，造成土壤理化性状的改变。土壤有机质、微量元素不足问题日益凸显，不能适应现代农业高产创建的要求。

以上问题的存在，极大地制约了阳谷县农业生产的进一步发展，有待更好地协调解决。

四、耕地施肥状况分析

(一)有机肥施用现状

目前，耕地施入的有机物质即有机肥主要来源：一是作物根茬残留，二是人工实施秸秆还田，三是增施有机肥。

作物根茬残留占作物生物重量的比例很小，一般大田微乎其微，不再进行统计。

秸秆还田是目前耕地有机物还田的主要方式。小麦秸秆还田面积较大，2008 年，小麦秸秆还田用量面积达 5.26×10^4 hm^2，占全县小麦播种面积(5.47×10^4 hm^2)的 96.2%，其中，留麦茬(茬高 0～10cm)还田面积(0.69×10^4 hm^2)占 13.1%，高麦茬(茬高 10

～30cm)还田面积($3.07\times10^4hm^2$)占 58.4%,全部还田面积为 $1.5\times10^4hm^2$,总还田有机物量达 1.593045×10^8kg,平均每公顷还田量为 2914.5kg。

2008 年,实施玉米全部秸秆还田面积为 $1.56\times10^4hm^2$,占玉米总播面积的 34.6%,大部分以机械粉碎方式还田,总还田有机物量达 1.5795×10^8kg,平均每公顷还田量为 3515kg。

阳谷县测土配方施肥调查表明,大田施用有机肥比例占 16.7%,菜田施用有机肥比例为 100%,果园施用有机肥比例为 96.7%(见表 2-12)。大部分地块以秸秆还田为主,整年不施积制的有机肥,主要原因:一是大部分劳动力外出打工,收入可观,积制有机肥的积极性不高,致使大部分良田不施有机肥;二是即使有农家肥、畜禽类粪肥,但随着农业结构调整,多施入了大棚蔬菜地。

表 2-12　有机肥施用情况调查表

类型	总样本数	施用有机肥样本数	不施用样本数	施用有机肥样本数占总样本数的比例(%)	施用有机肥样本的平均用量(kg/hm^2)
大田	3243	542	2701	16.7	18000
菜田	855	855	0	100	27000
果园	821	794	27	96.7	22500

总之,目前全县有机肥施入量不足,平均每公顷年施入有机物质总量为 4447.5kg。在目前有机肥积制不足的情况下,作物秸秆还田是一项积极、有效、培肥地力的增产措施,应大力推广,还田时要注意调整碳氮比,配施适量氮肥,还要注意还田细度和还田量,以免造成负面影响。

(二)化肥施用现状

经统计,2008 年全县化肥施用实物量是 16.4 万吨,其中氮肥用量为 9.06 万吨,磷肥用量为 3.23 万吨,钾肥用量为 0.74 万吨,复合复混肥用量为 3.37 万吨。养分折纯总用量为 4.81 万吨,其中氮肥折纯用量为 2.62 万吨,磷肥折纯用量为 0.84 吨,钾肥折纯用量为 0.31 吨,复合复混肥折纯用量为 1.08 万吨。

氮肥主要施用品种为尿素、碳酸氢铵及含氮复合复混肥。

磷肥主要施用品种为过磷酸钙和含磷复合肥(磷酸二铵)。

钾肥主要施用品种为进口氯化钾、硫酸钾和当地小企业生产的钾肥。

复合复混肥主要为磷酸二铵、硝酸磷肥及各种氮、磷、钾不同含量的复混肥、BB 肥和配方肥。

目前,阳谷县主要种植的作物为小麦、玉米和蔬菜,常年播种面积和产量分别为:小麦 $54670hm^2$,35.3 万吨;玉米 $44667hm^2$,30.2 万吨;蔬菜 $27404hm^2$,135 万吨。

经调查,小麦平均每亩基施复合肥 48.5kg,施用变幅为 30～60kg,返青至拔节期平均每亩基施尿素 23.7kg,变幅为 15～40kg。

玉米平均每亩施肥 52.4kg,变幅为 35～70kg,主要施用肥料为复合复混肥和尿素(所占比例为 1∶1.5)。施用方式、方法不均:部分地块采取小喇叭口期至大喇叭口期"一炮轰"施肥方式，占 30%；部分采取"三攻"追肥法，即苗期、大喇叭口期和吐丝期追肥，占 30%左右；大部分地块采取"二次"追肥方法，即大喇叭口期和抽雄吐丝期追肥，该部分占种植面积的 40%左右。

蔬菜施肥主要以复合肥、复混肥和冲施肥为主，平均每亩施肥 144kg，氮、磷、钾肥所占比例为 2∶1∶1.5，施肥方式以基肥和冲施肥为主，分配比例为 1∶18。

调查表明，随着化肥的大量施用，作物产量并不因化肥施用量的增加而增加，呈报酬递减，个别高产地块出现增肥不增产的现象，致使目前高产创建较难，中产田效益低。总结其主要原因：一是肥料结构不合理、有机肥施用量偏低、化肥品种单一，普遍过量追施氮、磷肥，忽视钾肥和微量元素肥料。从小麦施肥情况来看，氮、磷、钾比例为 1∶0.5∶0.2，与小麦吸收比例(1∶0.33∶1)相比，显然是磷多、钾少。玉米施肥比例为 1∶0.3∶0.25，与玉米吸收比例(1∶0.48∶0.8)相比，显然是磷、钾不足。二是肥料利用率低，肥效差。目前，据有关资料介绍，我国化肥的当季利用率：氮肥为 30%～35%，磷肥为 10%～20%，钾肥为 35%～50%，化肥平均当季利用率为 30%左右，而发达国家则为 50%～60%。由于化肥利用率低，不仅加剧了化肥供求的矛盾，而且造成了极大的浪费，还加重了环境污染。因此，调整化肥施肥结构比例，增施有机肥，改变施肥方式是当前提高化肥利用率，实现农业增产、增效、低碳的根本措施。

(三)历年肥料投入与产量增加变化趋势

肥料是农业生产的重要资源，肥料对作物产量的贡献率为 40%～60%。随着农业肥料的不断投入，作物单产基本呈上升趋势。根据阳谷县统计部门提供的资料，1998～2008 年的施肥情况如表 2-13 所示，各种肥料增减变化如图 2-11 所示。

表 2-13　　阳谷县历年来肥料投入情况

年份	合计(折纯、吨)	农用化肥施用量(折纯、吨)			
		氮肥	磷肥	钾肥	复合肥
1998	42977	24098	11564	2530	4785
1999	46295	25988	12962	2054	5291
2000	42944	25226	10524	1951	5243
2001	42340	24636	10469	2026	5209
2002	43497				
2003	36836	18969	10855	2207	4805
2004	45769	25527	11177	2039	7026
2005	47571	26896	9540	1944	9191
2006	45519	23004	8413	2950	11152
2007	53431	29505	8662	2581	12683
2008	48120	26194	8037	3076	10813

注：2002 年部分数据缺失。

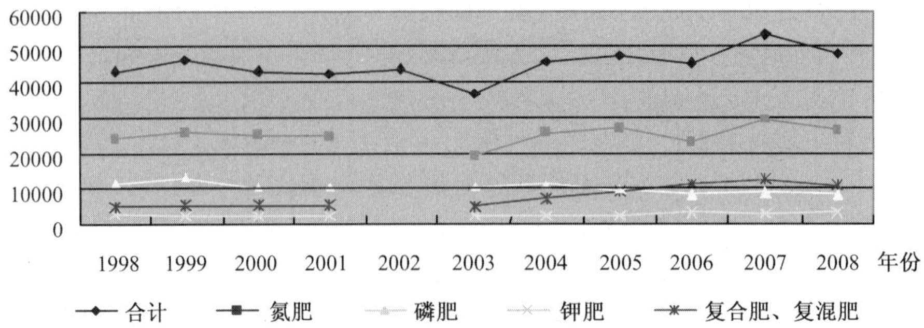

图 2-11 阳谷县历年来肥料用量变化趋势图

从肥料施用来看，化肥施用量逐年递增。2001 年，全县化肥施用折纯为 4.23 万吨，至 2008 年，全县化肥施用折纯为 4.81 万吨，8 年间化肥施用折纯量增加了 0.58 万吨，平均每年增加 0.07 万吨，增长率为 1.7%。从肥料施用品种上来看，氮肥施用稳中有升，磷肥施用各年不平衡，呈持平或稍降趋势，钾肥施用量呈增加趋势，复合肥、复混肥增长比例较大，呈翻番趋势，BB 肥、配方肥及复合肥、复混肥是目前阳谷县肥料施用的发展趋势和方向。

据统计，阳谷县 1980 年小麦产量为 1650kg/hm^2，玉米产量为 2820kg/hm^2，总产量为 13.02 万吨，平均单产为 2175kg/hm^2。2008 年，小麦单产为 6367.5kg/hm^2，玉米单产为 6675kg/hm^2，粮食产量为 63.74 万吨，平均单产为 6504kg/hm^2。平均年增长 208.5kg/hm^2，增长率为 9.6%。产量的提高一方面得益于农作物品种的更新、农田水利建设，另一方面得益于地力水平的提高、化肥品种的增多、施肥量的增加。据统计，近几年粮食产量比较稳定，但很难有大的突破。田间试验示范证明，2007 年阳谷县实施配方施肥项目以来，对粮食的增产作用达 5%～15%。

阳谷县粮食产量变化如表 2-14 所示，播种面积变化趋势如图 2-12 所示，单产变化趋势如图 2-13 所示，总产变化趋势如图 2-14 所示。

表 2-14 阳谷县粮食产量情况

年份	播种面积(hm^2)	单产(kg/hm^2)	总产量(万吨)
1998	95522	4815	45.99
1999	94392	5310	50.12
2000	81620	5430	44.32
2001	77363	5580	43.17
2002	75557	5460	41.25
2003	66810	5370	35.88
2004	67154	5835	39.18
2005	86275	6285	54.22
2006	85236	6375	54.34
2007	92725	6450	59.81
2008	91127	6586.5	60.02

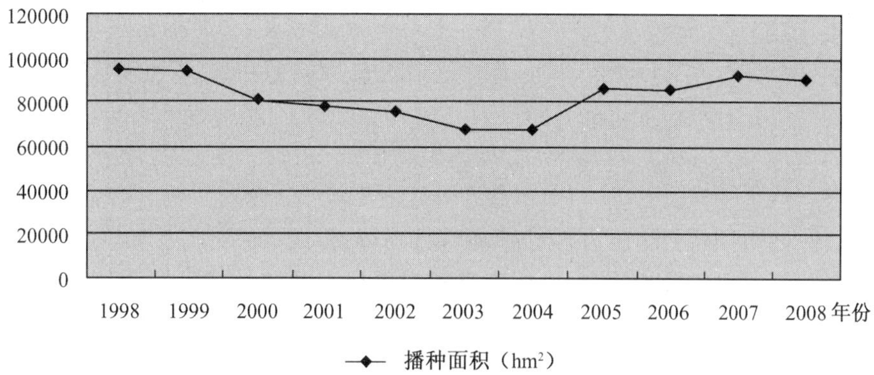

图 2-12　阳谷县播种面积变化趋势图

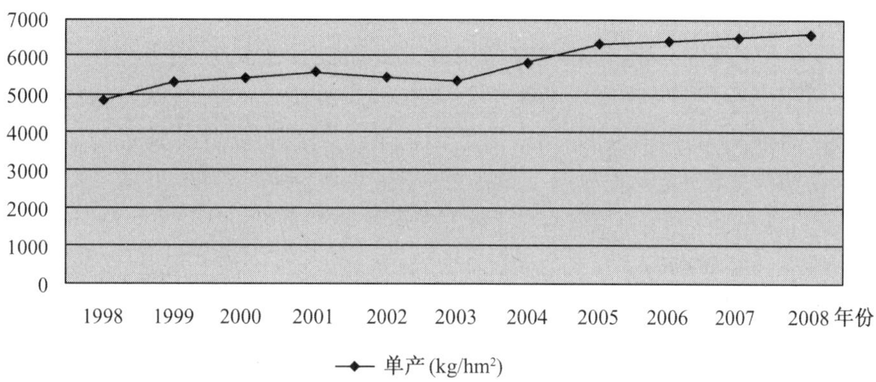

图 2-13　阳谷县单产变化趋势图

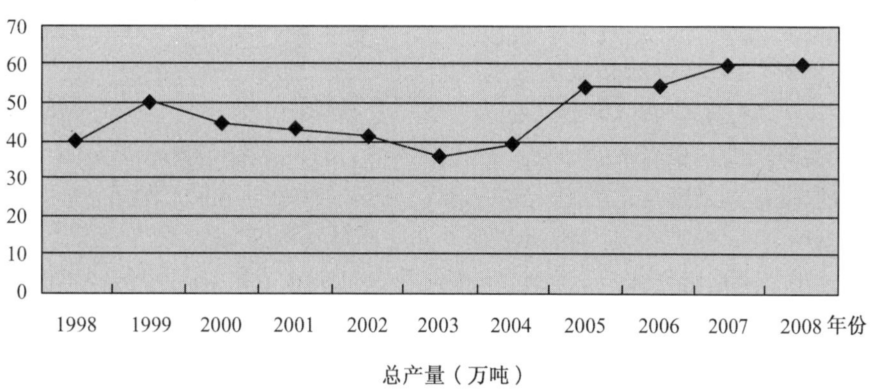

图 2-14　阳谷县总产变化趋势图

(四)施肥实践中存在的主要问题与建议、对策

1. 主要问题

经调查分析，阳谷县目前在肥料施用中还存在较多问题和误区，主要表现为以下几方面：一是“重用地、轻养地，重化肥、轻有机肥”的现象比较严重。有机肥与化肥同等重要，不可替代，优势互补，有机肥料、无机肥料和生物肥配合作用，对作物稳产、高产，培肥地力，增强农业后劲，改善农田生态环境，缓解化肥比例失调，发展“产品”具有重要的意义。为了更好地保持和提高土壤肥力，发扬重视有机肥的传统，使农业可持续发展、低碳环境保护与高产创建达到完美的结合，当前应重视提倡研发有机、无机、生物相结合的新型肥料。二是盲目性、随众性是当前肥料施用中的普遍问题。施肥上的盲目性、随众性是当前最大的误区。农民不是以产定肥、按需配肥，而是市场有什么肥料买什么肥料，买啥用啥，有啥上啥，随机性较大，主要是受传统观念的束缚、施肥原理的缺乏和缺乏以产定肥及施肥重要性的认识，单纯片面追求低投入、高产出，造成用肥不对路、产量低、效益差的结果。在生产实践中，存在的普遍问题是：农民无论种什么作物都施同种、同量肥料；无论氮、磷、钾有效含量多少，都施同等重量的肥料；对所种植的作物及本地土壤条件状况根本不了解，盲目随众习惯施肥。三是化肥与农药相混淆。化肥不是农药，不能将化肥与农药同等对待。农药是由工厂生产、用于农业生产杀灭有害病虫草害的制剂，是农业生产的保障。施用化肥的目的是提供作物营养，用以满足作物平衡营养和制造有机物的需求。化肥施入土壤后不能为作物直接吸收利用，而需溶解于土壤溶液或吸附于土壤胶体后方能被作物吸收利用。当今的主要化肥品种一些来自天然矿物的转化，如由磷矿粉生产磷肥，由天然钾矿提炼钾肥，氮肥则都是合成氨及其加工制品。因此，不应将化肥与农药同等对待。正确施用化肥能促进作物生长，增强抵抗力，减少农药的用量。农药使用也要选择高效、低毒、无残留的制剂，减轻对农作物的污染。化肥与农药是性质不同的两类农用化学品，对发展节能减排、低碳农业影响重大。四是肥料利用率低，肥效差。目前化肥的当季利用率：氮素为30%～35%，磷素为10%～20%，钾素为35%～50%，平均当季化肥利用率为30%左右，而发达国家为50%～60%。由于化肥利用率低，不但加剧了化肥数量不足的矛盾，而且造成极大的人力、财力、物力的浪费，还污染了环境。通过配方施肥，调整氮、磷、钾用量比例，增施有机肥和微量元素肥料，改变施肥方式，最大限度地提高肥料利用率、降低生产成本是现代农业发展的必然趋势。五是施肥方法不当。目前市场上出现的一些所谓的新型肥料，相当多的产品科技含量不高，增产效果不稳定，甚至不增产。施肥方法要改进，提倡有机肥与化肥配合施用；基肥、底肥、种肥与苗后追肥相结合，氮肥深施，磷肥分层施用，钾肥按需施用，微量元素肥料可进行叶面喷施，大力提倡化肥与有机肥、无机肥混合施用。六是肥料结构不合理，土壤养分比例失衡。肥料品种结构不合理主要表现在有机肥与化肥生产施用数量及比例不相适应。农业生产实践表明，有机肥投入仍然不足，相对投入量少，不适应现代农业发展需要。肥料品种结构不合理主要表现在氮、磷、钾化肥比例不协调；中微量元素锌、硼、锰等营养元素的施用量少。另外，单纯施用化肥易造成土壤板结，土壤结构变差，生产力降低，农民习惯重施氮、磷肥，轻视钾肥施用，忽视中微量元素的施用，这也是造成肥料结构不合理、养分失调的主要原因。

2. 建议、对策

一是用地与养地结合，投入要大于产出，不断培肥地力。要使作物—土壤—肥料形成物质和能量的良性循环，必须坚持用养结合，投入要大于产出，至少相平衡。破坏或消耗了土壤肥力，就意味着降低了农业再生产的能力。二是有机与无机结合，肥效优势互补，提高肥料利用率。实施配方施肥必须以有机肥为基础。土壤有机质是土壤肥沃程度的重要指标。增施有机肥可以增加有机质含量，改善土壤理化生物性状，提高土壤保水、保肥能力，增强土壤微生物活性，促进化肥利用率的提高，是农业长期措施。合理施用化肥，努力提高化肥当季利用率，降低生产成本，达到高产、高效的目的。因此，必须坚持多种形式的有机肥料投入，切实进行测土配方施肥，达到作物营养平衡，才能够培肥地力，提高土地产出综合效益，最终实现农业可持续发展。三是大量、中量、微量元素配合。各种营养元素的配合是配方施肥的重要内容，随着产量的不断提高，在耕地高度集约利用的情况下，必须进一步增强氮、磷、钾肥的相互配合，并补充必要的中微量元素，使作物达到平衡营养，才能获得高产、稳产。

第三章　样品的采集与分析

第一节　土壤样品的布点与采集

土壤样品的采集是耕地地力评价的一个重要环节，采集有代表性的样品是如实反映土壤地力客观情况的先决条件。因此，应选择有代表性的土壤进行采样，并根据不同的分析项目采用相关的采集和处理方法。

一、土壤样品的布点

（一）布点的原则

阳谷县耕地地力评价采样样点共计 2066 个，样点的分布首先考虑到全县不同土壤类型、不同利用现状和不同产量水平，布点具有广泛的代表性、均匀性，同时避免了任何可能改变土壤样品性质的因素，如路边、田埂、沟边、肥堆等特殊部位。

（二）布点的方法

将土壤图、基本农田保护规划图、土地利用现状图和行政区域图叠加，形成取样单元以及布点草图。根据不同的土质、不同的土壤种类和不同的规程要求，结合阳谷县实际，确定采样点的总数量为 2066 个。根据采样单元的个数、面积大小和总采样点的数量，在各采样单元中，根据种植制度、种植作物种类和产量水平等因素，确定布点数量和点位，并在图上标注采集编号。经统计，每一采样单元代表面积为 34.53hm^2。

二、土壤样品的采集

（一）采样前的准备

首先，采样人员熟悉草图中取样点的位置，划分好采集路线，调整好定位仪。其次，准备好取土用的取土器、土钻、方便袋、橡胶圈、标签、小桶等用品，同时准备好调查用的基本情况调查表、施肥情况调查表以及铅笔、橡皮、小刀等。确定采样时间：大田及果园土样，在 9 月 20～30 日秋作物收获后、整地施肥前进行采集；蔬菜保护地土样，在 6 月 15～25 日主导蔬菜收获后的晾棚期间采集；露天蔬菜地在主导蔬菜收获后、下茬蔬菜施肥前采集。

（二）样品的采集

土壤样品的采集是土壤分析工作的一个重要环节，是直接影响分析结果和结论是否正确的一个先决条件。由于土壤，特别是农业土壤本身的差异很大，采集误差要比分析误差大得多。因此，必须采集有代表性的样品。为保证样品的代表性，主要采取以下技术措施控制采样误差：

（1）采样前进行现场勘察和有关资料的收集，根据土壤类型、肥力等级和地形等因素将采样范围划分为若干个采集单元，每个采样单元的土壤要尽可能均匀一致。

（2）要保证有足够的采样点，使之能够代表采样单元的土壤特性。采样点的多少，取决于采样范围的大小、研究对象和复杂程度所要求的精密度等因素，一般按照每个土样15～20个点进行采集。

（3）由于受人类生产活动的影响，耕层土壤差异更为显著。不均匀的施肥、不同的施肥方式和耕作方式都会造成土壤的局部差异，而这种差异往往带有一定的方向性。因此，采样时应沿着一定的路线，按照随机、等量和多点混合的原则进行采样。

一是按"S"形布点采样能较好地克服耕作、施肥等农艺措施造成的误差。但在地形变化小、地力较均匀、采样单元面积小的近正方形的地块上，也可采用"梅花"形布点取样。

二是掌握采样点的分布均匀，从总体上控制整个采样区，避免在堆过肥料的地方和田埂、沟边及特殊地形等处采样。

三是控制每个采样点的取土深度，采样量应均匀一致，土样的上层与下层的比例要相同。土钻应垂直于地面，入土至20cm的深度。为加快采样速度，主要采用取土器进行取样，取样时先用取土器垂直于地面挖出20cm深的剖面，然后用木板将靠取土器的土面刮去1cm左右，再用取土器垂直挖出约5cm厚的土面，在此土面上每点采取2～3 cm厚的土为一个采样点，多个采样点混合为一个土样。

四是掌握一个混合土样为1kg左右。采集的样品数量太多时，可用四分法将多余的土壤弃去，直至1kg。方法是将采集的土壤样品放在塑料布上，掰碎、混匀，除去石砾和根、叶、虫体，铺成四方形，画对角线将土样分成四份，把对角的两份分别合成一份，保留一份，弃去一份。如取的土样仍然还多，可再用四分法，直到所需数量为止。

五是将采集的样品放入样品袋（方便袋），用铅笔写好标签，内外各具一张，注明采样的地点、日期、采样深度、土壤名称、编号及采样人等。

（三）田间调查

1. 调查内容

保证每个采样点都详细地记载取样时间，地点（包括乡镇、村、农户名和GPS定位），土壤类型（具体到土类、亚类、土属和土种），土体构型，耕层深度，地下水位，肥力水平，排灌能力，障碍因素，侵蚀程度，地形部位，土壤质地类型，种植程度，秸秆利用，农田建设质量，灌溉方式，种植方式，盐渍化程度，年降水量，上季作物名称及田间生长日期，本季作物名称及田间生长日期，作物产量，年度化肥施用情况，年度有机肥施用情况，灌溉次数和灌溉量等数据信息。

2. 调查方式

采取与农民面对面现场调查的方式。

第二节　土壤样品的制备

一、风　干

野外采回的土壤样品要及时放在样品盘上，摊成薄薄的一层，置于干净整洁的室内通风处自然风干，压好标签，以免混杂。风干过程中经常翻动土样，并将大块捏碎，一是加速干燥，二是以免完全干燥后结成硬块难以磨细，同时剔除土壤以外的侵入体。

二、粉碎过筛

风干后的土样倒在制样板上，用木棍碾细，并将植物残体、石块等侵入体和新生体剔除干净。使之全部通过2mm孔径筛，未过筛的土粒要重新碾压过筛，直到全部样品通过2mm孔径筛为止。充分混匀后，装入牛皮纸样品袋中备用，袋内外都放一标签，写明编号、采样地点、土壤名称、采样深度、样品粒径、采样日期、采样人及制样时间、制样人等项目。通过2mm孔径筛的土样可供pH、盐分、交换性能及有效养分项目的测定。将通过2mm孔径筛的土样用四分法取出一部分继续碾磨，使之全部通过0.25mm孔径筛，可供有机质、全氮等项目测定。将通过0.25mm孔径筛的土样用四分法取出一部分继续碾磨，使之全部通过0.149mm孔径筛，可供土壤矿质微量元素和土壤重金属分析等项目的测定，处理好的样品按编号存放在塑料瓶中备用。

制备好的样品集中在样品室进行妥善储存，避免日晒、高温、潮湿和酸碱等气体的污染。样品全部分析工作结束，分析数据核实无误后，试样还要保存3～12个月，以备查询。对“3414”试验等有价值、需要长期保存的样品，重新写好标签并保存于广口瓶中，用蜡封好瓶口以备查用。

进行颗粒分析试样的处理与储存时，先将风干土样反复碾碎，使之全部通过2mm孔径筛，留在筛上的碎石称量后保存，同时将过筛的土样称量，以计算石砾质量百分数，然后将土样混匀后盛于广口瓶内，以备颗粒分析及其他物理性质测定之用。

第三节　植株样品的采集与制备

植株样品主要包括植物组织和籽粒果实组织两类样品，植物组织样品主要用于营养诊断和生物体指标等研究；籽粒果实组织样品主要用于品质分析。对各类样品的采集和处理方法需根据分项项目、分析目的和精度要求，以及植物种类和生长条件而定。植物样品分析的可靠性受样品数量、采集方法及植株部位的影响，采样的同时要做到样品具有代表性、典型性、适时性。采样量一般为0.5～1kg。

一、采样前准备工作

植株样品的采集同样选择具有采样经验、明确采样方法和要领、对采样区域农业环境熟悉的技术人员负责采样，同时要具备采样区域的地形图、土壤分布图、污染源分布图、粮食作物分布图、交通行政图等，准备好采样工具、采样袋、采样记录用品等。标签内容要注明采样序号、采样地点、样品名称、作物名称、成土母质、前茬作物及施肥量，果树要记载树龄、长势、载果数量等。

二、植物组织样品的采集和制备

（一）植株采样方法

植株组织样品采集时，首先要选定样株，样株必须有充分的代表性。通常同采集土样一样，按照一定路线在采样区内多点采取，组成混合样品。每一个平均样品的植株数目，应以作物种类、种植密度、株形大小、株龄或生育期以及要求的精密度而定。选择样株时，群体密度、植株长相、长势、生育期等条件要基本一致，株体过大、过小，或受病虫害、有机械损伤以及田边路旁的植株都不能采集。对缺素和作毒害诊断植株采集时，注意样株的典型性，同时采集附近有对比意义的正常典型植株作为对照，使分析结果能在互比的情况下说明问题。

植株选定后，首先选取取样的部位和组织器官。掌握的原则为所选部位和组织器官具有最大指示意义，其在该生育期对某种养分的丰缺最为敏感。大田作物苗期采集整个地上部分；在生殖生长开始时期，采集主茎或主枝顶部所长成的健壮叶或功能叶；开始结实后，营养体中的养分变化很大，不宜再做叶分析，一般谷类作物在授粉后即不再采集作营养诊断用的样品。果树和林木等多年作物的营养诊断通常采用叶分析或不带叶柄的叶片分析，个别果树和葡萄等则常做叶柄分析。营养诊断的具体采样方法和样株数目可参考表 3-1。对植株组织的采集方法没有强调标准化，但在一定范围内要采用统一的采集规定，以通过求测得的真实结果找出分析因子。

为了掌握施肥等措施对产品品质的影响，样品采集要在成熟期采取茎秆、籽粒、果实或块茎、块根等样品。

植物体内各种物质，特别是活动性成分如硝态氮、氨基态氮、还原糖等，都处于不断转移和代谢变化之中，不仅在不同生育期的含量有很大的变化，而且在一天之中也有显著的差别。因此，在分期采样时，取样时间应一致，通常以上午 8～10 时为宜。因为此时段植物的生理活动已趋活跃，地下部的根系吸收速率与地上部正趋于上升的光合作用强度接近动态平衡，此时植物组织中的养分储量最能反映根系养分吸收与植物同化需要的相对关系，因此，最具有营养诊断的意义。

表 3-1　　　　作物营养诊断的采样方法

作物种类	大田作物		
	生育期	采样部位	采样株数
小麦	幼苗期(株高＜30cm)	全部地上部分	50～100
	抽穗前(抽穗后不再取样)	最上的 4 个叶片	50～100
玉米	幼苗期(株高＜30cm)	全部地上部分	15～25
	抽雄以前	轮生叶下充分发育的叶片	15～25
	从抽雄至吐丝	穗位叶(或其上下紧挨叶)中部 1/3 的叶片	15～25
大豆或其他豆类	苗期(株高＜30cm)	全部地上部分	20～30
	始花前	顶部充分发育的 2～3 片叶片	20～30
花生	花期以前或花期时	主茎或侧枝的成熟叶,包括叶柄	40～50
棉花	初花或现第一批蕾时	主茎最新的成熟叶片	30～40

蔬菜作物

作物种类	生育期	采样部位	采样株数
球类作物(大白菜、甘蓝等)	结球以前	轮生叶中心最先成熟的叶	10～20
	结球时	外包叶的中脉	10～20
叶菜作物(菠菜、生菜等)	生长中期	最近成熟的叶	35～55
芹菜	生长中期	最近成熟的叶柄	15～30
根菜作物(胡萝卜、洋葱、甜菜)等	根式球膨大以前	中心成熟的叶	20～30
大田	早花期或以前	顶端第三或第四叶片	20～25
温室	坐果时以前	幼株:邻近第二和第三簇处的叶片	20～25
		老株:第四到第六簇处的叶片	20～25
瓜果(西瓜、黄瓜、甜瓜)	生长早期、坐果前	主茎基部附近成熟的叶	20～30
豌豆	始花前或始花时	顶部第三节处的叶片或叶柄	30～60
菜豆	苗期(株高＜30cm)	全部地上部分	20～30
	开花初期或开花前	顶部充分发育的 2 或 3 张叶片	20～30

水果和核果

作物种类	生育期	采样部位	采样株数
葡萄	终花期	靠近果丛叶的叶柄	60～100
核桃	开花后 6～8 周	成长枝条上复叶的中部 12 对小叶	30～35

续表

水果和核果			
作物种类	生育期	采样部位	采样株数
草莓	生长中期	最近充分展开的成熟叶片	50～75
桃、李、杏、梅、樱桃、梨、苹果	生长中期	当年生枝条基部或短枝的叶包括叶柄	50～100

（二）植株样品的制备

测定植物体内易起变化的成分（如硝态氮、氨基态氮、无机磷、维生素等）须用新鲜样品，测定不易起变化的成分可用干燥样品。

1. 新鲜样品的制备

对采回的植物样品如分不同器官（如叶片、叶鞘或叶柄、茎、果实等部分）测定，则立即将其剪开，以免养分运转。植物样品带有泥土、灰尘或沾有施用的肥料、农药，首先需要洗涤，这对微量元素（如铁、锰等）的分析尤为重要。植物组织样品在尚未萎蔫时刷洗，以免某些易溶养分（如钾、钙、水溶性糖等）会从已死的组织中被洗出。洗涤方法为：采用湿布或毛刷仔细擦净表面玷污物；取样很多时，用水冲洗后尽快擦干。微量元素分析用的样品须用0.1%～0.3%去垢剂溶液洗涤，再用纯水淋净，不能用过多的水长时间地浸洗，以防钾、钙等易溶养分的损失。分析时将洗净的鲜样剪碎混匀后，立即用称量瓶或铝匙等称样，放在瓷研钵中加适当溶剂或再用石英砂研磨，进行浸提测定。

鲜样如需短期保存，可放在冰箱中（－5℃）冷藏，以抑制其生理变化。对测定水溶性糖用的新鲜样品也可采用蒸气处理后烘干保存。

2. 干燥样品的制备

干燥样品的分析结果需换算为鲜样的含量。鲜样经洗净擦干后应立即称其鲜重，干燥后再称干重，计算含水量进行折算。

对新鲜样品做到尽快干燥，以减少其化学和生物的变化。一般需分两步干燥：先将鲜样在80℃～90℃鼓风干燥箱中烘15～30min（松软组织的烘15min，致密坚实组织的烘30min），然后降温至65℃，逐尽水分，干燥时间视鲜样的水分含量而定，通常为12～24h。玉米、高粱等多汁硬皮的茎秆不易烘干，可用锋利的刀劈开，但勿使其汁液流出。

干燥的样品用研钵或带刀的磨样机进行粉碎，并使其全部过筛，过筛后的样品充分混匀，保存于磨口的广口瓶中，内外均应贴放标签。

样品在粉碎及储存过程中，将会吸收一些空气中的水分。因此，在精密分析中，称样前应把已粉碎的样品在65℃（12～24h）或90℃（2h）环境中再次烘干。

三、籽粒样品的采集和制备

（一）籽粒样品的采集

（1）从个别植株上采样：从谷类或豆类作物个别植株上采取种子样品时，要考虑栽培条件的一致性。种子脱粒后，去杂、混匀，按四分法缩分为平均样品，称样重量为25～50g。

（2）从试验小区或大田采样：可按土壤样品的采集方法，按“S”形取样，面积小的情况按“梅花”形，选定样株收获后脱粒、混匀，用四分法缩分，取得250g左右的样品，大粒种子如花生、大豆、棉籽、向日葵等采取500g左右。采样时选取完全成熟的种子，因为不成熟的种子的化学成分有明显差异。

(3)从成批收获物中取样，在保证样品有代表性的原则下，可在散装堆中设点随机取样，或从包装中随机抽取原始样品，再按四分法或分样器缩分至1kg左右。

(二)籽粒样品的制备

将采取的籽粒样品风干去杂和挑去不完善的籽粒，用磨样机或研钵磨碎，使之全部通过0.5～1mm筛，储于广口瓶中，贴好标签备用。

油料作物中的大粒种子，应去掉厚的果壳或种皮，果壳和种仁分别制备。棉籽种皮不易剥掉，可用锋利的小刀将种子切为两半，取出种仁，分别保存。为了防止油料作物种子磨碎过程中损失油分，可在70℃～80℃干燥箱内干燥15～18h取出，在瓷研钵中用杵击碎，不能研磨。

四、瓜果样品的采集和制备

(一)瓜果样品的采集

瓜果，主要是指果实、果浆和块根、块茎等。瓜果的成熟期延续很长，主要在成熟期采样，根据需要在成熟过程中采2～3次样品。每次应在试验区或地块中按“S”形或对角线布设采样点，采样点一般不少于10个。树形较大的果树采样时，应在果树的上、中、下、内、外部及果实着生方位(东南西北)均匀采摘果实1kg左右。将各点充分混合，装入袋内粘贴标签，扎紧口袋。水果样品采摘时要考虑树龄、长势、载果树量等。较小的瓜果如青椒之类不少于40个，番茄、洋葱、马铃薯等不少于20个，黄瓜、茄子、胡萝卜、小萝卜不少于15个，较大的瓜果如西瓜、大萝卜等不少于10个。数量多时，可切取果实的1/4组成平均样品，总重以1kg左右为宜。蔬菜样品特别是叶菜类如需用鲜样进行测定，采样时连根带土一起挖出，用湿布或塑料袋装好，防止萎蔫。采集根部样品时，在抖落泥土或洗净泥土过程中应尽量保持根系的完整性。

(二)瓜果样品的制备

瓜果样品的分析通常用新鲜样品。采回的样品应刷洗、擦干。大的瓜果或样品数量多时，均匀地切取其中一部分，但要使所取部分中各种组织的比例与全部样品的相当。将样品切成小块，用高速组织捣浆机打成匀浆，多点药匙取称样。多汁的样品可用纱布挤出大部分汁液，残渣粉碎后与汁液一起混匀、称样。

新鲜瓜果样品的保存采用冷藏法。欲制成干样保存，则必须快速干燥，以保持样品的成分不变。快速干燥的主要方法是将样品磨碎后高温通风干燥；打碎的鲜样先在110℃～120℃的鼓风干燥箱中烘20～30min，降温后再在60℃～70℃中烘至变脆、易磨成粉末为止，烘干的时间不宜太长，一般为5～10h。

第四节　样品分析与质量控制

一、样品的分析项目与方法

根据《耕地地力调查与质量评价技术规程》测试分析项目的要求，本次耕地地力调查与质量评价要求分析项目土壤性状共计18项，分析化验方法如表3-2所示。

表3-2　耕地地力调查分析项目测定方法

分析项目（土壤样品）	测定方法
土壤容重	环刀法
土壤空隙度	环刀法
pH	玻璃电极法
有机质	油浴加热—重铬酸钾氧化容量法
有效磷	碳酸氢钠浸提—钼锑抗比色法
速效钾	乙酸铵浸提—火焰光度法
全氮	凯氏蒸馏法
土壤水解性氮	碱解扩散法
缓效钾	硝酸浸提—火焰光度法
有效铜、有效锌、有效铁、有效锰	DTPA浸提—原子吸收分光光度计法
有效钼	草酸—草酸铵浸提—极谱法
水溶性硼	姜黄素比色法
有效态硫	碳酸氢钠浸提—原子吸收分光光度计法
交换性钙、交换性镁	乙酸铵交换—原子吸收分光光度计法

二、化验室的质量控制

化验室的质量控制包括化验室基本条件的控制、化验室的维持与控制、化验室检测工作误差的控制、化验室内的质量控制与化验室间的质量控制。

（一）化验室基本条件的控制

1. 化验设施

（1）化验室布局

阳谷县化验室使用面积为220m^2，设有样品处理室、样品保存室、天平室、分析室、浸提室、危险品样品储藏室、数据处理室、办公室等十余室。

样品处理室有自然和强制通风设备，工作室温度保持在5℃～30℃。样品研磨安排强制通风、除尘。

样品保存室主要用于存放土样、植株样品和参比样，一般保存3～6个月或更长时间，对肥料田间试验的基础土壤样品应长期保存。

储藏室是化验室备用物品储藏的场所，主要是备用化学试剂和仪器设备、备件等，采取独立存放。

浸提室配置了空调，主要用于样品浸提、稀释、显色等，一般控制在恒温（25℃～30℃）。

分析室配置了空调，主要放置原子吸收分光光度计（强排风）、火焰光度计（强排风）、紫外线可见分光光度计、酸度计等仪器，以便于分析操作，主要使用仪器配置有计算机，用于数据自动采集，还配有通风设施，便于废气排放。

危险品储藏室设于化验室大楼以外，主要存放易燃、易爆和剧毒危险品，并加固有防渗、防爆、防盗设施。

浸提室、分析室等均设有上下水管，配置防溅洒防护装置，如洗眼器、淋浴喷头等。

各工作室中电器安装齐全，备有不同规格、不同类型的用电接口，分别设有三相和两相用电接口，保证各配套仪器的正常操作用电。

(2)化验室环境条件

环境温度为15℃～35℃，相对湿度为20％～75％，电源电压在220V左右，噪声低于70dB，含尘量低于0.28mg/m^3。天平室、仪器室振动在4级以下，振动速度低于0.2mm/s，满足各自规定的环境条件。化验室房屋结构耐火，采光好，供水和排水都满足需要，有良好的通风条件。化验室内仪器设备布局合理，便于操作，能保证仪器和人身安全，同时还能保证检测工作不受外部环境影响，检测的废液、废水等有害物质对周围环境不产生不利影响。

2. 仪器设备

通过省招标项目购买原子吸收分光光度计1台、紫外可见分光光度计2台、火焰光度计2台、酸度计4台、电导率仪1台、定氮仪2台、电子天平3架、各种恒温振荡器、纯水机、恒温鼓风干燥箱、电热恒温培养箱、马弗炉、真空干燥箱、消煮炉、样品粉碎机、冰箱、计算机等共计30台套，能满足各项次的化验检测。

3. 人　员

要高质量地完成检测工作，应进行有效的人员配置。阳谷县化验室有16名人员，设有主要负责人、技术负责人、质量负责人、检验员、后勤人员，可保证水、电、气的正常供应与优良的环境卫生条件，使检测人员能够全身心地投入到化验检测工作当中，同时做到了对专业人员定期培训、定期考核，确保了人员素质。

(二)化验室检测工作误差的控制

化验室检测工作误差分为采样误差和测量误差。要消除检测工作误差，首先要控制采样误差，其次要正确地进行有效数字的修正和计算。只有掌握误差理论，才有可能减小检测误差。由于土壤、肥料、植物样品的不均匀性，要完全克服采样误差是不可能的，但可以采取各种有效措施，按操作规程正确地进行样品的采集、储存和制备，将采样误差降到最低。

化验室所得检测数据都不是真值。由于分析方法、测量仪器、所用试剂和检测人员主观条件等方面的原因，测定结果不可能和真值完全一致。分析工作中所用的各种量器和量具都有各自的误差，在测量过程中还会引入人为误差，因此，测量数据只是近似值。要正确了解检测误差的来源、产生的原因以及误差出现的规律，才有助于找出操作中最弱的环节，从而有可能通过调节操作的精密度以提高检测质量。化验室按操作类型分为系统误差和偶然误差，消除系统误差采取参比样或标准样校对，消除偶然误差采取多次重复取其平均值。

（三）化验室的维持与控制

1. 仪器设备

应购买已获产品质量认证的专业厂家生产的产品。对检测准确性和有效性有影响的仪器设备，做到定期校核、检定。属强制性检定的，应定期送法定机构检定，属非强制性检定但有检定规程的，一般应定期送检或自检，自检也应达标并考核合格。

2. 计量器具

应购置有《制造计量器具许可证》的产品，按周期进行检定，计量器具责任到人，有固定人员保管并按期检定。

3. 化验用水

化验用水应符合国标 GB/T 6682－2008《分析实验室用水规格和试验方法》的标准，离子水用于分析的试验用水分为 3 个级别：超纯水、一级水、二级水，化学试验用水可用测定电导率法进行控制。

4. 标准物质

标准物质按需要全部购买符合国务院有关业务主管部门批准分析纯、化学纯并授权生产附有标准物质证书且在有效期内的产品。确保标准物质和实验用品能满足检测工作的需要，并处于受控和良好的技术状态，标准物质及实验用品由专人进行管理，并建立有关规章制度。

（四）化验室内的质量控制

1. 标准物质的应用

在化验室质量控制过程中，质量控制方法很多，主要采用增加标准物质进行质量控制。在用标准曲线法进行样品分析时，通常都用纯试剂、纯水溶液作为标准，严格按照国家有关标准配置、使用和保存。在样品分析中，随时插入几个标准物质同时测定，如果标准物质的分析结果在标准值之内，表明这批样品的检测结果是可靠的。如果化验结果不符合要求，需重做。

2. 空白试验

空白试验就是样品在不含该测定成分的情况下，按照与试样分析同样的操作过程和条件进行分析试验，得到空白值，然后从试样分析结果中扣除空白值，从而校正由于试剂或水不纯等原因所引起的误差，得到比较准确的分析结果。因每次试验所用试剂都不完全相同，具体的条件也有差别，所以每批试验都进行空白样品试验，一般做 3 个平行，以防止空白被污染造成整批检验结果不准确。进行空白试验，能有效控制由试剂和器皿引入杂质所造成的系统误差，空白值的重复性直接全面反映化验室和检测人员的检测水平。

3. 精密度控制

精密度采取平行测定的允许差来控制。在化验监测过程中都做了三次平行，取其中最接近的两个数值的平均值作为测定值，计算结果要按照有效数字运算规则进行合理修正，从而得到正确的检测结果。平均测试结果要符合规定的允许差，最终结果以其平均值报出，如果平行测试结果超过规定的允许差，需再加测一次，取符合规定允许差的测定值报出。如果多组平行测试结果超过规定的允许差，应考虑整批重作。

4. 准确度控制

准确度一般采用标准样品作为控制手段。通常情况下，每批样品或每 50 个样品加测标准样品一个，其测试结果与标准样品标准差的差值应控制在标准偏差(S)范围内。

采用参比样品控制与标准样品控制一样，首先采用与标准样品校准或组织多个化验室进行定值。在土壤测试中，一般用标准样品控制微量分析，用参比样品控制常量分析。如果样品(或参比样品)测试结果超差，则应对整个测试过程进行检查，找出超差原因再重新测试。同时，加标回收试验也经常用作准确度控制。

5. 干扰的消除或减弱

干扰对检测质量影响极大。在化验过程中，随时注意干扰的存在并及时设法排除。主要采取的方法为：可采用物理或化学方法分离被测物质或除去干扰物质；利用氧化还原反应，使试液中的干扰物转化为不干扰的形态；加入络合剂掩蔽干扰离子；采用有机溶剂的萃取及反萃取消除干扰；采用标准加入法消除干扰；采用其他分析方法避开干扰。

6. 其他措施

化验室内的质量控制除上述日常工作，还需要由质量管理人员对检测结果的准确度、重复性和复现性进行控制，对检测结果的合理性进行判断。

(1)准确度控制

用标样作为密码样，每年至少考核 1 次，同时参加上级部门组织的化验室能力验证和考核。

(2)重复性控制

按不同类别随机抽取样品，制成双样同批抽查；随机抽取已检样，编成密码跨批抽查；同(跨)批抽查的样品数量应控制在样品总数的 3%～5%。

(3)复现性控制

室内互检：安排同一化验室不同人员进行双人比对。

室外互检：分送同一样品到不同化验室，按同一方法进行检测。

方法比对：对同一检测项目，选用具有可比性的不同方法进行比对。

(4)检测结果的合理性判断

检测结果的合理性判断是质量控制的辅助手段，其依据主要来源于有关专业知识。对土壤测试时，其合理性判断主要依据是：土壤元素(养分含量)的空间分布规律，主要是不同类型、不同区域的土壤背景值和土壤养分含量范围不能超标，否则进行异常判断；土壤元素(养分含量)的垂直分布规律，主要是土壤元素(养分含量)在不同海拔高度或不同剖面层次的分布要符合分布规律，避免差异出现；土壤元素(养分含量)与成土母质的关系，在不同母质上发育的土壤养分含量有其相关性；土壤元素(养分含量)与地形、地貌的关系,在不同地貌类型上各元素之间分布也有规律;土壤元素(养分含量)与利用状况的关系,根据不同耕作、种植、施肥情况进行判断;各检测项目之间的相互关系,各营养成分之间有一定的规律,有的成正相关,有的成反相关。

检测结果的合理性判断只能作为复验或外检的依据,而不能作为最终结果的判定依据,最终结果需权衡诸多因素同时进行确定。

(五)化验室间的质量控制

化验室间的质量控制是在做好化验室内部质量控制的基础上进行的一项外部质量控制手段,是评价化验室的测试系统和检测能力的一种行之有效的化验室质量控制方法。化验室的质量控制的主要方法是能力验证,即主管单位统一组织发放质控样品,确定分析项目、分析方法及注意事项等,各化验室按要求时间完成并报出结果,主管单位根据结果评出结论,给予优秀、合格、不合格。

为了保证化验室的分析质量,首先要进行人员的业务培训,然后再利用标准样品进行考核,考核合格的化验室人员才能开展分析化验工作。仪器要通过检定或比对,保证量值传递的准确性。精密度一般采用平行测定的允许差来控制,通常情况下,土壤样品需做10%～30%的平行,5个样品以下的,应增加为100%的平行。准确度一般采用标准样品为控制手段,通常情况下,每批样品或每50个样品加测标准样品一个,其测试结果与标准样品标准差的差值,应控制在1～2倍标准差(S)范围内。

第四章　土壤的理化性状及评价

通过对阳谷县2066个点的耕地有机质、pH和各种营养元素的检测以及物理、化学属性的调查分析，摸清了全县不同土壤类型、不同土壤质地在不同产量水平下各个营养元素的含量及面积分布状况，获取了大量的可靠数据信息，为全县耕地地力评价创造了良好条件。为便于对照、比较、分析各营养元素丰缺状况及分级标准，现将省级土壤养分分级标准状况制表，如表4-1所示。

表4-1　山东省土壤养分图分级评价标准

项目										
有机质	级别	1	2	3	4	5	6	7		
(g/kg)	分级标准	>20	15～20	12～15	10～12	8～10	6～8	<6		
碱解氮	级别	1	2	3	4	5	6	7	8	
(mg/kg)	分级标准	>150	120～150	90～120	75～90	60～75	45～60	30～45	<30	
有效磷	级别	1	2	3	4	5	6	7	8	9
(mg/kg)	分级标准	>120	80～120	50～80	30～50	20～30	15～20	10～15	5～10	<5
速效钾	级别	1	2	3	4	5	6	7	8	
(mg/kg)	分级标准	>300	200～300	150～200	120～150	100～120	75～100	50～75	<50	
有效硼	级别	1	2	3	4	5				
(mg/kg)	分级标准	>2	1～2	0.5～1	0.2～0.5	<0.2				
有效锰	级别	1	2	3	4	5				
(mg/kg)	分级标准	>30	15～30	5～15	1～5	<1				
有效锌	级别	1	2	3	4	5				
(mg/kg)	分级标准	>3	1～3	0.5～1	0.3～0.5	<0.3				
有效铜	级别	1	2	3	4	5				
(mg/kg)	分级标准	>1.8	1～1.8	0.2～1	0.1～0.2	<0.1				
有效铁	级别	1	2	3	4	5				
(mg/kg)	分级标准	>20	10～20	4.5～10	2.5～4.5	<2.5				
pH	级别	1	2	3	4	5	6			
	分级标准	>8.5	7.5～8.5	6.5～7.5	5.5～6.5	4.5～5.5	<4.5			
全氮	级别	1	2	3	4	5	6	7		
(g/kg)	分级标准	>1.5	1.2～1.5	1～1.2	0.75～1	0.5～0.75	0.3～0.5	<0.3		

续表

项目		1	2	3	4	5	6	7	8	9
交换性钙	级别	1	2	3	4	5	6	7	8	9
(mg/kg)	分级标准	6000	4000～6000	3000～4000	2500～3000	2000～2500	1500～2000	1000～1500	500～1000	<500
交换性镁	级别	1	2	3	4	5	6	7		
(mg/kg)	分级标准	600	400～600	300～400	250～300	200～250	150～200	<150		
有效硫	级别	1	2	3	4	5	6	7		
(mg/kg)	分级标准	100	75～100	60～75	45～60	30～45	15～30	<15		

第一节 土壤有机质和pH

一、土壤有机质

土壤有机质是土壤的重要组成部分，有机质含量状况是土壤肥力高低的重要标志，与土壤的演变、肥力水平和许多属性都有密切的关系。土壤有机质是土壤中各种营养元素，特别是氮、磷及中微量元素的重要来源，是构成土壤胶体的重要物质。由于有机质具有胶体特征，能够吸附较多的代换离子，可使土壤具有较好的蓄保能力。有机质能增加土壤团粒结构，改善土壤的理化性状，因此，对减轻土壤面源污染具有重大意义。对耕作土壤来说，培肥的中心环节是增施各种有机肥料、实行秸秆还田、保持和提高土壤有机质含量。

(一)耕层土壤有机质含量及分级

本次耕地地力调查共化验分析耕层土样有机质2062个，平均含量为13.3g/kg，变幅为6.4～29g/kg，标准偏差为2.34，比第二次土壤普查的7.9g/kg提高了5.4g/kg，平均年递增0.15g/kg，年递增率为1.75%。

其中土壤有机质含量在10g/kg以下的占6.89%，处省级4级水平，大部分土壤有机质含量集中在10～20g/kg，所占的比例为92.48%，占全部土样的比例最多，处省级2、3级水平，有机质含量在20g/kg以上的占0.63%，处省级1级水平。

阳谷县位于暖温带半湿润季风气候区，干湿交替明显，夏季湿热，冬季干冷，其生物、气候条件有利于有机质的分解，致使土壤有机质含量较低，但由于近年来实施秸秆还田、培施有机肥等措施，使有机质提升了5.4g/kg。

检测数据表明，不同土壤质地有机质含量状况为：重壤土>中壤土>轻壤土>沙壤土，不同产量水平有机质含量状况为：高产田>中产田>低产田。

全县有机质含量及所占面积比例如表4-2所示。

表4-2 耕层土壤有机质各级别面积

级 别	1	2	3	4	5	6	7
分级标准(g/kg)	>20	15～20	12～15	10～12	8～10	6～8	<6
样本个数	13	427	1045	435	135	7	0

续表

级　别	1	2	3	4	5	6	7
分级标准(g/kg)	＞20	15～20	12～15	10～12	8～10	6～8	＜6
样本个数	13	427	1045	435	135	7	0
面积(hm^2)	449.73	14771.74	36150.99	15048.5	4670.22	242.16	0
占总耕地比例(%)	0.63	20.71	50.68	21.1	6.55	0.34	0
标准偏差	2.29	1.09	0.84	0.593	0.5	0.35	0

(二)增加土壤有机质含量的途径

土壤有机质的含量取决于有机质腐质化过程和有机质矿质化过程,腐质化过程大于矿质化过程时,有机质含量会逐步增加,反之,将会逐步降低。土壤有机质矿质化过程主要受土壤温度、湿度、通气状况、有机质含量等因素的影响。一般来说,土壤温度低、通气性差、湿度大时,土壤有机质矿化量较低;相反,土壤温度高、通气性好、湿度适中则有利于有机质矿化,可直接为当季作物生长提供速效养分。土壤有机质腐质化过程是有机质积累过程,即为通过各种方式施入土壤中的有机物质在土壤微生物的作用下分解成简单的有机化合物,又在微生物的作用下通过缩合作用形成腐殖质,施入的有机物越多,形成的腐殖质越多,通过矿化作用分解有机质的能力越强,为作物提供养分的能力就越强。所以,在农业生产上增加有机质的施入量是人为增加土壤有机质含量的主要途径,其主要方法有秸秆还田、增施有机肥和施用有机、无机复混肥三种。

二、土壤 pH

土壤酸碱度是土壤重要的基本性质之一,是土壤形成过程和熟化培肥过程的一个重要指标。土壤酸碱度对土壤养分的形态和有效性、土壤的理化性质、微生物活动以及植物生长发育都有很大影响,是较为重要的土壤属性。

本次调查中,阳谷县共测定耕层土壤 pH 样点 1455 个,pH 多为 7.3～8.6,标准偏差为 0.31,处于国家 3 级水平的居多。pH 在 6.5～7.5 的样点为 1117 个,总面积为 54762.43hm^2,占总耕地面积的 76.77%,属国家 3 级水平,pH 在 7.5～8.5 的样点为 328 个,总面积为 10608.64 hm^2,占总耕地面积的 22.45%,属国家 2 级水平,pH 高于 8.5 的样点为 10 个,总面积为 490.26hm^2,占总耕地面积的 0.69%,属国家 1 级水平。全县大部分耕地土壤呈中性至微碱性,适合多种作物生长,各级别面积情况如表 4-3 所示。

表 4-3　土壤 pH 状况及分级

级　别	1	2	3	4	5	6
分级标准	＞8.5	7.5～8.5	6.5～7.5	5.5～6.5	4.5～5.5	＜4.5
样本个数	10	328	1117	0	0	0
面积(hm^2)	490.26	16080.64	54762.43			
占总耕地比例(%)	0.69	22.54	76.77			

第二节 土壤大量元素状况

一、土壤氮素

土壤氮可分为有机态和无机态两大部分，两者之和称为“土壤全氮”。由于成土条件不同，不同类型以及同一类型中的不同土壤之间，全氮含量的差异很大。一般来说，矿质土壤的全氮含量为0.1～1g/kg，有机土壤的全氮含量则达10g/kg或更高。

氮素是作物生长的重要营养元素之一，土壤氮素在土壤肥力中起着相当重要的作用。研究表明，即使在施用大量氮肥的情况下，作物中积累的氮素仍有50%来自土壤，在某些土壤上这个数字更高。分析土壤全氮及其各种形态氮的含量是评价土壤肥力、拟定合理施用氮肥的主要根据。

(一)耕层土壤全氮含量及分级

此次地力评价共测定耕层土壤全氮样点1161个，土壤全氮含量的变幅为0.06～1.59g/kg，平均为0.81g/kg，标准偏差为0.15。比第二次土壤普查的0.64g/kg提高了0.17g/kg，平均年递增0.004g/kg，年增长率为0.6%。60.72%的土壤全氮含量为0.75～1g/kg，属国家4级水平，30.15%的土壤全氮含量为0.5～0.75g/kg，属国家5级水平，耕层土壤全氮含量分布与有机质含量分布相似，呈正相关，有机质含量高的地带，全氮含量也高。全县耕层土壤全氮分为7级，各含量级别面积如表4-4所示。

表4-4 耕层全氮含量各级别面积

级别	1	2	3	4	5	6	7
分级标准(g/kg)	>1.5	1.2～1.5	1～1.2	0.75～1	0.5～0.75	0.3～0.5	<0.3
样本个数	2	16	80	705	350	6	2
耕地面积(hm^2)	122.88	983.06	4915.3	43316.11	21504.45	368.65	122.88
占总耕地比例(%)	0.17	1.37	6.89	60.72	30.15	0.52	0.17
标准偏差	0.014	0.093	0.055	0.05	0.061	0.027	0.007

(二)耕层土壤碱解氮含量及分级

土壤中的氮素主要以有机态存在，约占土壤全氮量的90%，而这些含量的土壤氮素主要以大分子化合物的形式存在于土壤有机质中，作物很难吸收利用，属迟效性氮。其余部分则以小分子有机态或铵态、硝态和亚硝态等形式的无机态存在，一般占土壤全氮10%以下，可以被作物直接吸收利用。

土壤中铵态氮和硝态氮是被作物直接吸收利用的无机态氮，也称“速效氮”，常用碱解法测定其含量，故称“碱解氮”。它的含量水平常作为衡量供氮强度的指标。耕层土壤碱解氮含量与全氮含量有一定的相关性，但受人为施肥影响较大。

本次调查共测定耕层碱解氮样品1932个，碱解氮含量变幅为43～338mg/kg，平均为84.6mg/kg，标准偏差为25.48，比第二次普查的58.3mg/kg提高了26.3mg/kg，平均年递增 0.94mg/kg,年增长率为 1.6%。

全县碱解氮含量高于 150mg/kg 的面积为 1033.82hm^2,占总耕地面积的 1.45%,属国家 1 级水平;碱解氮含量为 120～150mg/kg 的面积为 3101.45hm^2 占总耕地面积的 4.35%,属国家 2 级水平;碱解氮含量为 90～120mg/kg 的面积为 17759.49hm^2,占总耕地面积的 24.9%,属国家 3 级水平;碱解氮含量为 75～90mg/kg 的面积为 21710.15hm^2,属国家 4 级水平;碱解氮含量为 60～75mg/kg 的面积为 21931.68hm^2,占总耕地面积的 30.75%,属国家 5 级水平;碱解氮含量为 45～60mg/kg 的面积为 5649.07hm^2,占总耕地面积的 7.92%,属国家 6 级水平;碱解氮含量为 30～45mg/kg 的面积为 147.69hm^2,占总耕地面积的 0.21%,属国家 7 级水平。全县耕层土壤碱解氮共分为 8 个级别,其含量级别面积如表 4-5 所示。

表 4-5 耕层土壤碱解氮各级别面积

级 别	1	2	3	4	5	6	7	8
分级标准(mg/kg)	>150	120～150	90～120	75～90	60～75	45～60	30～45	<30
样本个数	28	84	481	588	594	153	4	0
面积(hm^2)	1033.82	3101.45	17759.49	21710.15	21931.68	5649.07	147.69	0
占总耕地比例(%)	1.45	4.35	24.9	30.43	30.75	7.92	0.21	0
标准偏差	66.2	7.24	8.21	4.27	4.18	3.53	0.96	0

二、土壤磷素

耕层土壤中的磷一般以无机态磷和有机态磷存在,通常有机态磷占全磷量的 20%～50%,无机态磷占全磷的 50%～80%,无机态磷主要存在形态为难溶性磷、相容性磷和弱酸性磷。其中易溶性磷酸盐和土壤胶体中吸附的磷酸根离子、有机态磷中易矿化的部分称为"土壤有效磷",占土壤总磷量的 10%左右。土壤有效磷含量高低是衡量土壤肥力水平的另一个重要指标。

本次调查共测定耕层土壤有效磷样品 2060 个,土壤有效磷含量变幅为 0.3～140.5mg/kg,平均为 23.8mg/kg,标准偏差为 14.4,比第二次土壤普查的 7.6mg/kg 提高了 16.2mg/kg,平均年递增 0.6mg/kg,递增率为 7.6%。

有效磷含量高于 120mg/kg 的面积为 277.02hm^2,占总耕地面积的 0.39%,属国家 1 级水平;有效磷含量为 80～120mg/kg 的面积为 761.81hm^2,占总耕地面积的 1.07%,属国家 2 级水平;有效磷含量为 50～80mg/kg 的面积为 1488.99hm^2,占总耕地面积的2.09%,属国家 3 级水平;有效磷含量为 30～50mg/kg 的面积为 11600.32hm^2,占总耕地面积的 16.26%,属国家 4 级水平;有效磷含量为 20～30mg/kg 的面积为 25070.55hm^2,占总耕地面积的 35.15%,属国家 5 级水平;有效磷含量为 15～20mg/kg 的面积为15166.99hm^2,占总耕地面积的 21.26%,属国家 6 级水平;有效磷含量为 10～15mg/kg的面积为 11842.72hm^2,占总耕地面积的 16.6%,属国家 7 级水平;有效磷含量为 5～15mg/kg 的面积为4328.48hm^2,占总耕地面积的 6.07%,属国家 8 级水平;有效磷含量低于5mg/kg的面积为769.44hm²，占总耕地面积的1.12%，属国家9级水平。

近三十年来由于注重了磷肥特别是磷酸二铵的施用，加大了磷素在施肥中的比例，土壤有效磷含量显著增加。尽管如此，目前仍有一部分地块有效磷含量不能满足农作物高产的需要。耕层土壤有效磷可分为9级，其含量级别面积如表4-6所示。

表4-6 耕层土壤有效磷各级别面积

级别	1	2	3	4	5	6	7	8	9
分级标准(mg/kg)	>120	80～120	50～80	30～50	20～30	15～20	10～15	5～10	<5
样本个数	8	22	43	335	724	438	342	125	23
面积(hm²)	277.02	761.81	1488.99	11600.32	25070.55	15166.99	11842.72	4328.48	796.44
占总耕地比例(%)	0.39	1.07	2.09	16.26	35.15	21.26	16.6	6.07	1.12
标准偏差	7.37	11.13	7.77	4.97	2.73	1.47	1.43	1.21	1.21

三、土壤钾素

土壤中的钾一般分为矿物态钾、缓效性钾和速效性钾三部分。矿物态钾一般占土壤全钾的96%左右，存在于矿物晶格如钾长石、云母中，在短期内不能被植物利用，需经过物理、化学过程才能被缓慢释放，补充到缓效性钾和速效性钾中。土壤缓效钾是潜在的供钾能力体现，进一步分解进入土壤溶液中或被吸附成为土壤速效钾，土壤中速效钾和缓效钾处于动态平衡状态。

(一)速效钾

速效钾包括被土壤胶体吸附的钾和土壤溶液中的钾，一般占全钾的1%～2%，能在短期内被作物吸收。本次地力评价对全县2059个样点进行了速效钾测试，其平均速效钾含量为122mg/kg，变幅为12～423mg/kg，标准偏差为32.7，比第二次土壤普查的76mg/kg提高了46mg/kg，平均年递增1.65mg/kg，递增率为2.2%。

速效钾含量高于300mg/kg的面积为138.57hm²，占总耕地面积的0.19%，属国家1级水平；速效钾含量为200～300mg/kg的面积为1766.88hm²，占总耕地面积的2.48%，属国家2级水平；速效钾含量为150～200mg/kg的面积为7968.27hm²，占总耕地面积的11.17%，属国家3级水平；速效钾含量为120～150mg/kg的面积为20613.57hm²，占总耕地面积的28.9%，属国家4级水平；速效钾含量为100～120mg/kg的面积为25013.43hm²，占总耕地面积的35.7%，属国家5级水平；速效钾含量为75～100mg/kg的面积为14204.31hm²，占总耕地面积的19.91%，属国家6级水平；速效钾含量为50～75mg/kg的面积为1281.85hm²，占总耕地面积的1.8%，属国家7级水平；速效钾含量低于50mg/kg的面积为346.45hm²，占总耕地面积的0.49%，属国家8级水平。

分析表明土壤速效钾含量与质地类型关系密切，随着质地的加重，速效钾含量升高，一般为：黏土>重壤>中壤>沙壤>沙土。耕层土壤速效钾含量分为8级，各级别面积如表4-7所示。

表 4-7　　耕层土壤速效钾各级别面积

级　别	1	2	3	4	5	6	7	8
分级标准(mg/kg)	>300	200～300	150～200	120～150	100～120	75～100	50～75	<50
样本个数	4	51	230	595	722	410	37	10
耕地面积(hm^2)	138.57	1766.88	7968.27	20613.57	25013.43	14204.31	1281.85	346.45
占总耕地比例(%)	0.19	2.48	11.17	28.9	35.07	19.91	1.8	0.49
标准偏差	57.45	22.46	13.71	8.24	5.75	6.5	4.81	7.77

(二)缓效性钾

缓效性钾不能被作物直接利用,但它是速效性钾的直接后备,在不施钾的情况下,土壤缓效钾是作物钾素的主要来源。当土壤中速效钾含量减少时,缓效性钾即可逐步给予补充,使土壤各类钾的含量达到新的平衡。本次地力评价对 1158 个样品进行统计,平均含量为 758mg/kg,主要处于分级标准中的 4 级水平,变幅为 65～2265mg/kg,标准偏差为 190.61,耕层土壤缓效性钾含量不同级别面积分布如表 4-8 所示。

表 4-8　　耕层土壤缓效性钾含量各级别面积

级　别	1	2	3	4	5	6
分级标准(mg/kg)	>1200	900～1200	750～900	500～750	300～500	<300
样本个数	32	147	306	635	33	5
面积(hm^2)	1971.21	9055.27	18849.74	39116.29	2032.82	308
占总耕地比例(%)	2.76	12.69	26.42	54.84	2.85	0.43
标准偏差	244.1	83.36	41.01	62.44	31.98	101.68

四、各乡镇(街道办事处)耕地大量营养元素含量及分析

阳谷县各乡镇(街道办事处)耕地土壤养分水平不尽相同,评价主要针对有机质、全氮、碱解氮、有效磷和速效钾等 5 种营养元素进行分析,具体数据如表 4-9 所示。

表 4-9　　各乡镇(街道办事处)营养元素平均含量及所处国家级别统计表

乡镇(街道办事处)	有机质		全氮		碱解氮		有效磷		速效钾	
	平均含量(g/kg)	国家级别	平均含量(g/kg)	国家级别	平均含量(mg/kg)	国家级别	平均含量(mg/kg)	国家级别	平均含量(mg/kg)	国家级别
博济桥街道办事处	13.3	3	0.85	4	78	4	24.4	5	104	5
狮子楼街道办事处	14	3	0.94	4	82	5	29.7	6	110	6

续表

乡镇（街道办事处）	有机质		全氮		碱解氮		有效磷		速效钾	
	平均含量(g/kg)	国家级别	平均含量(g/kg)	国家级别	平均含量(mg/kg)	国家级别	平均含量(mg/kg)	国家级别	平均含量(mg/kg)	国家级别
侨润街道办事处	12.7	3	0.77	4	86	5	21.9	5	110	6
闫楼镇	12	3	0.73	5	75	5	22	5	125	5
阿城镇	13	3	0.77	4	91	3	20.1	5	136	4
七级镇	13.2	3	0.75	5	108	3	27	5	114	5
安乐镇	13.1	3	0.81	4	92	3	25.7	5	130	4
石佛镇	12.8	3	0.81	4	79	5	24.4	5	112	5
定水镇	14.4	3	0.84	4	99	3	26.2	5	132	4
李台镇	12.1	4	0.81	5	73	5	20.2	5	108	5
寿张镇	12.6	3	0.74	4	84	4	21.2	5	115	5
十五里元镇	13.9	3	0.74	5	83	5	22.8	5	121	5
张秋镇	13	3	0.75	4	81	5	20.1	5	130	5
郭屯镇	14.1	3	0.86	4	84	4	24.7	5	128	4
大布乡	12.2	4	0.76	4	75	5	23.2	5	112	5
西湖镇	14.8	3	0.96	4	91	3	25.9	5	144	4
高庙王乡	14	3	0.94	4	83	4	26.8	5	123	5
金斗营乡	12.7	3	0.8	4	74	4	19.7	5	112	5
平均值	13.2		0.81		84		23.7		120	

从统计分析数据来看，阳谷县有机质平均含量为 13.3g/kg，西湖镇有机质含量最高，含量为 14.8g/kg，其次为定水镇，含量为 14.4g/kg，有机质含量最低的为闫楼镇，含量为 12g/kg。

全氮平均含量为 0.81g/kg，西湖镇全氮含量最为丰富，含量为 0.96g/kg，其次为狮子楼街道办事处和高庙王乡，含量均为 0.94g/kg，全氮含量最低的为闫楼镇，含量为 0.73g/kg。

碱解氮平均含量为 84mg/kg，七级镇碱解氮含量最高，含量为 108mg/kg，其次为定水镇，含量为 99mg/kg，碱解氮含量最低的为李台镇，含量为 73mg/kg。

有效磷平均含量为 23.7mg/kg，狮子楼街道办事处有效磷含量最高，含量为 29.7mg/kg，其次为七级镇，含量为 27mg/kg，含量最低的为金斗营乡，含量为 19.7mg/kg。

速效钾平均含量为 120mg/kg，西湖镇速效钾含量最高，含量为 144mg/kg，其次为阿城镇，含量为 136mg/kg，速效钾含量最低的为博济桥街道办事处，含量为 104mg/kg。

从各营养元素所处国家级别来看，阳谷县有机质主要处于国家 3 级水平，部分处于 4 级水平；全氮主要处于国家 4 级水平，部分处于 5 级水平；碱解氮主要处于国家 5 级水平，但 3 级和 4 级也有相当大的比例；有效磷主要处于国家 5 级水平，极少量处于 6 级水平；速效钾主要处于国家 5 级水平，部分处于 4 级水平，少量处于 5 级水平。

（一）各乡镇（街道办事处）有机质面积及分析

阳谷县各乡镇（街道办事处）有机质分级面积如表 4-10 所示。

表 4-10 各乡镇（街道办事处）有机质分级面积统计表 单位：hm^2

级　别	1	2	3	4	5	6	7
博济桥街道办事处	0	449.67	1556.55	657.21	34.59	0	0
狮子楼街道办事处	69.18	518.85	1314.42	311.31	69.18	0	0
侨润街道办事处	0	830.16	2075.4	1072.29	518.85	0	0
闫楼镇	0	311.31	1591.14	1314.42	588.03	34.59	0
阿城镇	34.59	657.21	2905.56	899.34	276.72	34.59	0
七级镇	34.59	103.77	2213.76	380.49	34.59	0	0
安乐镇	0	449.67	2490.48	795.57	103.77	0	0
石佛镇	69.18	518.85	1418.19	1176.06	380.49	34.59	0
定水镇	34.59	1556.55	2006.22	380.49	103.77	0	0
李台镇	0	518.85	1176.06	1487.37	760.98	0	0
寿张镇	0	553.44	1314.42	1037.7	311.31	0	0
十五里元镇	34.59	691.8	2040.81	588.03	0	0	0
张秋镇	34.59	276.72	1798.68	933.93	172.95	0	0
郭屯镇	34.59	1452.78	2144.58	242.13	69.18	0	0
大布乡	0	691.8	1729.5	1833.27	691.8	103.77	0
西湖镇	0	2940.15	3770.31	242.13	138.36	0	0
高庙王乡	103.77	2006.22	3182.28	933.93	207.54	34.59	0
金斗营乡	0	242.13	1349.01	691.8	138.36	0	0
合计	449.67	14769.93	36077.37	14977.47	4600.47	242.13	0

可以看出，全县各乡镇（街道办事处）耕地有机质含量以 2、3、4 级为主，面积最大的为 3 级，为 36077.37hm^2。

有机质含量处于国家 1 级水平的耕地在狮子楼街道办事处、阿城镇、七级镇、石佛镇、定水镇、十五里元镇、张秋镇、郭屯镇和高庙王乡等有分布，其他乡镇没有分布，分布面积最大的是高庙王乡，为 103.77hm^2。

有机质含量处于国家 2 级水平的耕地在各乡镇（街道办事处）上均有分布，分布面积最大的是西湖镇，为 2940.151hm²；面积最小的为七级镇，为 103.77hm²。

有机质含量处于国家 3 级水平的耕地在各乡镇（街道办事处）上均有分布，分布面积最大的是西湖镇，为 3770.31hm²；面积最小的为李台镇，为 1176.06hm²。

有机质含量处于国家 4 级水平的耕地在各乡镇（街道办事处）上均有分布，分布面积最大的是大布乡，为 1833.27hm²；面积最小的为郭屯镇和西湖镇，均为 242.13hm²。

有机质含量处于国家 5 级水平的耕地除十五里元镇以外在各乡镇（街道办事处）上均有分布，分布面积最大的是李台镇，为 760.98hm²；面积最小的为博济桥街道办事处，为 34.59hm²。

有机质含量处于国家 6 级水平的耕地在闫楼镇、阿城镇、石佛镇、大布乡和高庙王乡等有所分布，其他乡镇（街道办事处）均无分部。分布面积最大的是大布乡，为 103.77hm²。

（二）各乡镇（街道办事处）全氮面积及分析

阳谷县各乡镇（街道办事处）全氮分级面积如表 4-11 所示。

表 4-11　各乡镇（街道办事处）全氮分级面积统计表　单位：hm²

级　别	1	2	3	4	5	6	7
博济桥街道办事处	0	0	0	3133.44	0	0	0
狮子楼街道办事处	0	184.32	552.96	1781.76	245.76	0	0
侨润街道办事处	0	0	61.44	3379.2	1658.88	0	0
闫楼镇	0	0	0	1658.88	2211.84	122.88	0
阿城镇	61.44	61.44	245.76	1290.24	3379.2	0	0
七级镇	0	0	0	983.04	1658.88	0	0
安乐镇	0	0	0	3379.2	491.52	0	61.44
石佛镇	61.44	122.88	0	3686.4	1536	0	0
定水镇	0	122.88	184.32	5529.6	491.52	0	0
李台镇	0	0	491.52	1105.92	1413.12	0	0
寿张镇	0	0	0	1597.44	1290.24	184.32	0
十五里元镇	0	0	0	921.6	2273.28	0	0
张秋镇	0	0	61.44	1105.92	983.04	61.44	0
郭屯镇	0	184.32	491.52	3870.72	430.08	0	0
大布乡	0	0	0	4055.04	2027.52	0	61.44
西湖镇	0	61.44	1536	2519.04	307.2	0	0
高庙王乡	0	184.32	1290.24	2211.84	614.4	0	0
金斗营乡	0	61.44	0	1105.92	491.52	0	0
合计	122.88	983.04	4915.2	43315.2	21504	368.64	122.88

可以看出，阳谷县耕地全氮含量在7个级别上均有分布，其中以4、5级较多，面积分别为43315.2hm² 和21504hm²。

全氮含量处于国家1级水平的耕地仅在阿城镇和石佛镇有分布，其他乡镇（街道办事处）没有分布，分布面积均为61.44hm²。

全氮含量处于国家2级水平的耕地在狮子楼街道办事处、阿城镇、石佛镇、定水镇、郭屯镇、西湖镇、高庙王乡和金斗营乡等有分布，其他乡镇（街道办事处）没有分布，狮子楼街道办事处、郭屯镇和高庙王乡分布面积最大，均为184.32hm²。阿城镇、西湖镇和金斗营乡分别面积最小，为61.44hm²。

全氮含量处于国家3级水平的耕地在狮子楼街道办事处、侨润街道办事处、阿城镇、定水镇、李台镇、张秋镇、郭屯镇、西湖镇和高庙王乡等有分布，其他乡镇（街道办事处）没有分布，西湖镇分布面积最大，均为1536hm²。侨润街道办事处和张秋镇面积最小，为61.44hm²。

全氮含量处于国家4级水平的耕地在全县各乡镇（街道办事处）均有分布，定水镇分布面积最大，为5529.6hm²，十五里元镇面积最小，为921.6hm²。

全氮含量处于国家5级水平的耕地除博济桥街道办事处，在全县其他乡镇（街道办事处）均有分布，定水镇分布面积最大，为5529.6hm²，十五里元镇面积最小，为921.6hm²。

全氮含量处于国家6级水平的耕地仅在闫楼镇、寿张镇和张秋镇有分布，寿张镇分布面积最大，为184.32hm²，十五里元镇面积最小，为61.44hm²。

全氮含量处于国家7级水平的耕地仅在安乐镇和大布乡有分布，面积均为61.44hm²。

（三）各乡镇（街道办事处）碱解氮面积及分析

阳谷县各乡镇（街道办事处）碱解氮分级面积如表4-12所示。

表4-12 各乡镇（街道办事处）碱解氮分级面积统计表 单位：hm²

级别	1	2	3	4	5	6	7	8
博济桥街道办事处	0	39.92	516.88	923	1070.68	295.36	36.92	0
狮子楼街道办事处	36.92	36.92	627.64	590.72	959.92	184.6	0	0
侨润街道办事处	221.52	258.44	738.4	1218.36	1661.4	553.8	0	0
闫楼镇	0	36.92	443.04	1070.68	1292.22	332.28	0	0
阿城镇	73.84	369.2	1587.56	1587.56	1070.68	110.76	0	0
七级镇	332.28	184.6	886.08	627.64	516.88	36.92	0	0
安乐镇	73.84	295.36	1439.88	1218.36	923	36.92	0	0
石佛镇	0	0	590.72	1218.36	1366.04	110.76	0	0
定水镇	0	516.88	1809.08	996.84	369.2	0	0	0
李台镇	0	36.92	553.8	959.92	1624.48	1033.76	0	0
寿张镇	0	110.76	664.56	1144.52	701.48	73.84	36.92	0
十五里元镇	110.76	110.76	369.2	1144.52	1402.96	258.44	0	0

续表

级 别	1	2	3	4	5	6	7	8
张秋镇	0	110.76	849.16	627.64	1144.52	332.28	36.92	0
郭屯镇	0	36.92	1107.6	1772.16	775.32	36.92	0	0
大布乡	0	73.84	886.08	1181.44	2436.72	812.24	0	0
西湖镇	184.6	553.8	2695.16	2325.96	1661.4	147.68	0	0
高庙王乡	0	332.28	1772.16	2104.4	2067.52	849.16	0	0
金斗营乡	0	0	221.52	996.84	886.08	443.04	36.92	0
合计	1033.76	3104.28	17758.52	21708.92	21930.5	5648.76	147.68	0

可以看出，阳谷县耕地碱解氮含量以 3、4、5 级为主，其中以 5 级最多，面积分别为 17758.52hm²、21708.92hm²、21930.5hm²。

碱解氮含量处于国家 1 级水平的耕地在狮子楼街道办事处、侨润街道办事处、阿城镇、七级镇、安乐镇、十五里元镇和西湖镇有分布，其他乡镇（街道办事处）没有分布，七级镇分布面积最大，为 332.28hm²。

碱解氮含量处于国家 2 级水平的耕地除石佛镇和金斗营乡，其他乡镇（街道办事处）均有分布，西湖镇分布面积最大，为 553.8hm²。

碱解氮含量处于国家 3 级水平的耕地在全县各乡镇（街道办事处）均有分布，西湖镇分布面积最大，为 2695.16hm²。金斗营乡分布面积最小，为 221.52hm²。

碱解氮含量处于国家 4 级水平的耕地在全县各乡镇（街道办事处）均有分布，西湖镇分布面积最大，为 2325.96hm²。狮子楼街道办事处分布面积最小，为 590.42hm²。

碱解氮含量处于国家 5 级水平的耕地在全县各乡镇（街道办事处）均有分布，大布乡分布面积最大，为 2436.72hm²。定水镇分布面积最小，为 369.2hm²。

碱解氮含量处丁国家 6 级水平的耕地除定水镇，全县其他各乡镇（街道办事处）均有分布，李台镇分布面积最大，为 1033.76hm²。七级镇、安乐镇和郭屯镇分布面积最小，为 36.92hm²。

碱解氮含量处于国家 7 级水平的耕地在博济桥街道办事处、寿张镇、张秋镇和金斗营乡分部，面积均为 36.92hm²。

（四）各乡镇（街道办事处）有效磷面积及分析

阳谷县各乡镇（街道办事处）有效磷分级面积如表 4-13 所示。

表 4-13 各乡镇（街道办事处）有效磷分级面积统计表 单位：hm²

级 别	1	2	3	4	5	6	7	8	0
博济桥街道办事处	34.63	34.63	0	450.19	900.38	554.08	519.45	207.78	138.52
狮子楼街道办事处	138.52	69.26	103.89	207.78	519.45	623.34	242.41	207.78	69.26

续表

级　别	1	2	3	4	5	6	7	8	0
侨润街道办事处	0	34.63	242.41	623.34	1073.53	796.49	104.27	657.97	103.89
闫楼镇	0	0	34.63	519.45	1523.72	900.38	554.08	207.78	0
阿城镇	0	34.63	0	450.19	1662.64	1177.42	1004.27	415.56	34.63
七级镇	34.63	0	173.15	761.86	796.49	346.3	554.08	69.26	0
安乐镇	0	138.52	34.63	900.38	1038.9	761.86	831.12	138.52	0
石佛镇	0	0	34.63	415.56	2250.95	657.97	242.41	0	0
定水镇	0	69.26	34.63	1004.27	1766.13	761.86	346.3	103.89	69.26
李台镇	0	0	34.63	484.82	1454.46	484.82	1004.27	415.56	69.26
寿张镇	0	34.63	0	346.3	1142.79	1073.53	380.93	173.15	0
十五里元镇	34.63	0	34.63	380.93	1350.57	865.75	554.08	138.52	0
张秋镇	0	0	69.26	346.3	969.64	727.23	865.75	207.78	0
郭屯镇	0	0	34.63	935.01	1904.65	692.6	311.67	69.26	0
大布乡	0	0	34.63	865.75	2043.17	1523.72	484.82	103.89	0
西湖镇	34.63	173.15	277.04	1315.94	1904.65	1627.61	1177.42	554.08	0
高庙王乡	0	173.15	311.67	1315.94	2181.69	1108.16	1592.98	450.19	0
金斗营乡	0	0	34.63	277.04	588.71	484.82	623.34	415.56	484.82
合计	277.04	761.86	1489.09	11291.05	25072.52	15167.94	11393.65	4536.53	969.64

可以看出，阳谷县耕地有效磷含量以4、5、6、7级为主，其中5级最大，4个等级面积分别为11291.05hm²、25072.52hm²、15167.94hm²、11393.65hm²。

有效磷含量处于国家1级水平的耕地在博济桥街道办事处、狮子楼街道办事处、七级镇、十五里元镇和西湖镇有分布，其他乡镇（街道办事处）没有分布，狮子楼街道办事处分布面积最大，为138.52hm²。

有效磷含量处于国家2级水平的耕地在博济桥街道办事处、狮子楼街道办事处、侨润街道办事处、阿城镇、安乐镇、定水镇、寿张镇、西湖镇和高庙王乡有分布，其他乡镇（街道办事处）没有分布，西湖镇和高庙王乡分布面积最大，为173.15hm²。

有效磷含量处于国家3级水平的耕地除博济桥街道办事处、阿城镇和寿张镇，其他乡镇（街道办事处）均有分布，高庙王乡分布面积最大，为311.67hm²。

有效磷含量处于国家4级水平的耕地在全县各乡镇（街道办事处）均有分布，西湖镇和高庙王乡分布面积最大，为1315.94hm²；狮子楼街道办事处分布面积最小，为207.78hm²。

有效磷含量处于国家5级水平的耕地在全县各乡镇（街道办事处）均有分布，石佛镇分布面积最大，为2250.95hm²；狮子楼街道办事处分布面积最小，为519.45hm²。

有效磷含量处于国家6级水平的耕地在全县各乡镇(街道办事处)均有分布,西湖镇分布面积最大,为1627.61hm²,七级镇分布面积最小,为346.3hm²。

有效磷含量处于国家7级水平的耕地在全县各乡镇(街道办事处)均有分布,高庙王乡分布面积最大,为1592.98hm²;侨润街道办事处分布面积最小,为104.27hm²。

有效磷含量处于国家8级水平的耕地除石佛镇,在全县其他乡镇(街道办事处)均有分布,侨润街道办事处分布面积最大,为657.97hm²;七级镇和郭屯镇分布面积最小,均为69.26hm²。

有效磷含量处于国家9级水平的耕地仅在狮子楼街道办事处、侨润街道办事处、闫楼镇、七级镇、李台镇和寿张镇有分布,狮子楼街道办事处分布面积最大,为138.52hm²;七级镇分布面积最小,为34.63hm²。

(五)各乡镇(街道办事处)速效钾面积及分析

阳谷县各乡镇(街道办事处)速效钾分级面积如表4-14所示。

表4-14 各乡镇(街道办事处)速效钾分级面积统计表 单位:hm²

级别	1	2	3	4	5	6	7	8
博济桥街道办事处	0	0	103.92	277.12	1177.76	1004.56	103.92	34.64
狮子楼街道办事处	0	69.28	173.2	415.68	623.52	658.16	346.4	0
侨润街道办事处	0	138.56	207.84	866	1350.96	1524.16	415.68	0
闫楼镇	0	138.56	519.6	900.64	1524.16	727.44	34.64	0
阿城镇	0	381.04	796.72	1524.16	1454.88	554.24	0	34.64
七级镇	0	69.28	103.92	623.52	1039.2	935.28	0	0
安乐镇	0	173.2	762.08	1281.68	900.64	588.88	69.28	69.28
石佛镇	0	0	69.28	831.36	1766.64	900.64	0	0
定水镇	34.64	69.28	623.52	1801.28	1247.04	277.12	34.64	0
李台镇	0	0	0	866	1835.92	1143.12	69.28	34.64
寿张镇	0	34.64	103.92	727.44	1870.56	450.32	0	34.64
十五里元镇	34.64	34.64	346.4	969.92	1143.12	796.72	34.64	0
张秋镇	0	69.28	658.16	1004.56	1108.48	381.04	0	0
郭屯镇	34.64	0	450.32	1870.56	1212.4	346.4	0	34.64
大布乡	0	0	103.92	1108.48	2355.53	1454.88	34.64	0
西湖镇	34.64	311.76	2216.96	2875.12	1281.68	346.4	0	34.64
高庙王乡	0	277.12	658.16	1939.84	2251.6	1350.96	138.56	69.28
金斗营乡	0	0	69.28	727.44	866	762.08	0	0
合计	138.56	1766.64	7967.2	20610.8	25010.09	14202.4	1281.68	346.4

可以看出，阳谷县耕地速效钾含量以4、5、6级为主，其中6级面积最大，面积分别为20610.8hm^2、25010.09hm^2、14202.4hm^2。

速效钾含量处于国家1级水平的耕地仅在定水镇、十五里元镇、郭屯镇和西湖镇有分布，面积均为34.64hm^2。

速效钾含量处于国家2级水平的耕地除博济桥街道办事处、石佛镇、李台镇、郭屯镇、大布乡和金斗营乡，其他乡镇（街道办事处）均有分布，阿城镇分布面积最大，为381.04hm^2；寿张镇和十五里元镇最小，面积为34.64hm^2。

速效钾含量处于国家3级水平的耕地除李台镇，其他乡镇（街道办事处）均有分布，西湖镇分布面积最大，为2216.96hm^2；石佛镇和金斗营乡最小，面积为69.28hm^2。

速效钾含量处于国家4级水平的耕地在全县各乡镇（街道办事处）均有分布，西湖镇分布面积最大，为2875.12hm^2；博济桥街道办事处最小，面积为277.12hm^2。

速效钾含量处于国家5级水平的耕地在全县各乡镇（街道办事处）均有分布，大布乡分布面积最大，为235.53hm^2；狮子楼街道办事处最小，面积为623.52hm^2。

速效钾含量处于国家6级水平的耕地在全县各乡镇（街道办事处）均有分布，侨润街道办事处分布面积最大，为1524.16hm^2；定水镇最小，面积为277.12hm^2。

速效钾含量处于国家7级水平的耕地除阿城镇、七级镇、石佛镇、寿张镇、张秋镇、郭屯镇、西湖镇和金斗营乡，在全县其他乡镇（街道办事处）均有分布，侨润街道办事处分布面积最大，为415.68hm^2。

速效钾含量处于国家8级水平的耕地在博济桥街道办事处、阿城镇、安乐镇、李台镇、寿张镇、郭屯镇、西湖镇和高庙王乡有分布，安乐镇和高庙王乡分布面积最大，均为69.28hm^2。

第三节 土壤中量元素状况

中量元素是指植物体内含量较高的介于氮、磷、钾和微量元素之间的营养元素，通常包括钙、镁、硫三种。所以，本次耕地地力评价主要对钙、镁、硫进行评价。

一、土壤交换性钙

阳谷县属黄河冲积平原，成土母质富含硫酸盐，土壤为石灰性土壤，钙以磷酸钙盐形态为主，其含量一般占无机磷总量的50%以上。在富含交换性钙的土壤中，磷酸钙盐以磷酸三钙、磷酸八钙和磷酸十钙形式存在，磷素养分越大，固定量也就越大。所以，在富含交换性钙含量的土壤中，应采取穴施或沟施磷肥，以减少磷素养分的固定。

（一）土壤交换性钙的分级与分布

土壤的钙以多种形态存在，主要以磷酸盐形式为主，其含量高低与土壤酸碱性、盐基饱和度、土壤结构、土壤胶体的交换性能、各种养分的有效性有密切的关系，是划分土壤类型的重要指标之一，在生产实际中有重要作用。通常用交换性钙含量作为土壤钙有效性的划分标准。

本次调查共分析交换性钙样点1171个，交换性钙含量平均为16927mg/kg，变幅为

1736～34166mg/kg，标准偏差为 1802.57。阳谷县 99.83%的面积属国家分级标准的 1 级，交换性钙极丰富。土壤交换性钙含量与酸碱度有密切的关系，pH 高，交换性钙含量一般也高。耕层土壤交换性钙含量分级及面积如表 4-15 所示。

表 4-15　耕层土壤交换性钙含量分级及面积

级　别	1	2	3	4	5	6	7	8	9
分级标准(mg/kg)	6000	4000～6000	3000～4000	2500～3000	2000～2500	1500～2000	1000～1500	500～1000	<500
样本个数	1169					2			
面积(hm^2)	71211.5					121.83			
占总耕地比例(%)	99.83					0.17			
标准偏差	1691.3					41.72			

（二）土壤交换性钙在农业生产中的作用

钙是作物生长必需的营养元素之一。从分析数据来看，阳谷县钙极丰富。交换性钙对防治苹果的腐烂和大白菜的干烧心病意义重大，对瓜果菜的保鲜储存有重要作用。但土壤交换性钙含量过高时，钙营养过剩，导致土壤中其他营养元素有效性降低和 pH 升高。交换性钙丰富的土壤可以提高钼的有效性，但其他微量元素的有效性会有不同程度的降低。故土壤交换性钙对磷素和微量元素的有效性以及存在形态有很大的影响。在石灰性土壤中，磷以磷酸钙盐为主，其含量一般占无机磷总量的 50%以上，并且土壤交换性盐含量愈高，磷酸钙盐含量愈高，无机磷总量也愈高。另外，土壤中的铁、锰、锌、铜都可以和交换性钙结合，生成难溶性的交换性盐，降低了它们的有效性。所以，在磷肥和部分微量元素施用上要多次分层施用，同时要结合有机肥施用。

二、土壤交换性镁

土壤交换性镁含量与交换性钙含量有密切关系。一般来说，石灰性母质形成的土壤碳酸盐含量丰富，交换性钙含量较高，交换性镁含量亦较高，其溶液中的有效态镁离子含量也高。阳谷县土壤中的交换性镁已足够植物生长的需要，表现为较丰富。

本次地力评价阳谷县共测定耕层土壤交换性镁样点 1170 个，交换性镁平均含量为 496mg/kg，变幅为 5.3～826mg/kg，标准偏差为 93.7，交换性镁的变化规律及在农业生产中的作用与土壤交换性钙一致。阳谷县大部分土壤交换性镁含量处于国家分级中的 2 级水平，具体含量及所占比例如表 4-16 所示。

表 4-16 耕层土壤交换性镁的含量分级及面积

级　别	1	2	3	4	5	6	7
分级标准(mg/kg)	600	400～600	300～400	250～300	200～250	150～200	＜150
样本个数	131	1014	20				5
面积(hm^2)	7986.9	62822.22	1219.37				304.84
占总耕地比例(%)	11.2	86.67	1.71				0.43
标准偏差	53.67	29.48	29.73				18.88

三、土壤有效硫

土壤硫主要来自母质、灌溉水以及施肥等。土壤母质中硫含量高,可以为其形成的土壤提供丰富的原始硫化物。许多复合肥(复混肥)中含有硫元素,现在很多厂家也生产含硫尿素。各种含硫肥料的大量施用,使一定数量的含硫化合物残存在土壤中,导致土壤酸化。本次耕地地力评价共测定土壤有效硫样点 1183 个,平均为 45.4mg/kg,变幅为 14.8～59.7mg/kg,标准偏差为 6.98,属国家 4、5 级水平。具体含量及所占比例如表 4-17 所示。

表 4-17 耕层有效硫含量分级及面积

级　别	1	2	3	4	5	6	7
分级标准(mg/kg)	100	75～100	60～75	45～60	30～45	15～30	＜15
样本个数				645	535	2	1
面积(hm^2)				38892.65	32259.79	120.6	60.3
占总耕地比例(%)				54.52	45.22	0.17	0.08
标准偏差				4.04	3.46	2.12	

第四节　土壤微量元素状况

土壤中锌、硼、铜、铁、锰、钼等 6 种营养成分为作物的微量元素,含量虽少,但功能不可缺少,是作物生长必需的营养元素,尤其在目前生产上,部分微量元素成为产量提高的限制因素,因此,对土壤微量元素的正确评价对现代农业具有重要的作用。此次评价对土壤耕层含量及分布规律进行了调查分析,对目前农业生产具有较大的指导意义。从作物需肥规律来看,尽管作物对这些元素的利用较少,但在含量较低或对微量元素敏感作物上施用微肥有明显的提高产量和改善品质的效果。如锌肥可防治玉米白苗病和苹果、梨、桃树小叶病,硼在蔬菜、苹果上施用,对防治苹果、番茄等作物花而不实、小麦的小穗不育有很好的效果,铁肥防治果树黄叶病效果也较明显。

一、土壤微量元素的含量分级及面积

（一）土壤有效锌

本次调查全县共测定耕层有效锌样点1562个，变幅为0.13～6.13mg/kg，平均值为1.35mg/kg，标准偏差为0.6，低于山东省1.41mg/kg的平均水平。分析表明，阳谷县有效锌含量处于国家分级中的2级居多，属较丰富水平。全县土壤有效锌含量分布状况如表4-18所示。4、5级缺乏地块主要分布在县域地势高亢的沙质地块上。

表4-18　耕层土壤有效锌含量分级及面积

级　别	1	2	3	4	5
分级标准(mg/kg)	>3	1～3	0.5～1	0.3～0.5	<0.3
样本个数	41	1136	353	28	4
面积(hm^2)	1872.39	51878.79	16120.79	1278.7	182.67
占总耕地比例(%)	2.62	72.73	22.6	1.79	0.26
水平	丰富	较丰富	中等	缺乏	极缺
标准偏差	0.85	0.37	0.12	0.06	0.08

（二）土壤有效硼

此次调查全县共测定耕层有效硼样点1378个，变幅为0.32～2.58mg/kg，平均值为0.8mg/kg，标准偏差为0.22，高于山东省0.55mg/kg的平均水平。阳谷县有效硼处于国家分级中的3级居多，占到了78.45%，属中等水平。有效硼含量与分级状况如表4-19所示。缺乏地块主要分布在地势高亢的脱潮土地块上。

表4-19　耕层土壤有效硼含量分级及面积

级　别	1	2	3	4	5
分级标准(mg/kg)	>2	1～2	0.5～1	0.2～0.5	<0.2
样本个数	2	213	1081	82	0
面积(hm^2)	103.53	11026.13	55958.88	4244.8	
占总耕地比例(%)	0.15	15.46	78.45	5.95	
水平	极丰富	丰富	中等	缺乏	极缺
标准偏差	0.18	0.14	0.12	0.05	

（三）土壤有效铁

此次调查全县共测定耕层有效铁样点1169个，变幅为0.19～26.38mg/kg，平均值为12.03mg/kg，标准偏差为3.34。阳谷县有效铁处于分级标准中的2级居多，占69.46%，整体来看含量较丰富。土壤有效铁含量及分级状况如表4-20所示。

表 4-20　　耕层土壤有效铁含量分级及面积

级　别	1	2	3	4	5
分级标准(mg/kg)	>20	10～20	4.5～10	2.5～4.5	<2.5
样本个数	35	812	321	0	1
面积(hm^2)	2135.73	49548.9	19587.68		61.02
占总耕地比例(%)	2.99	69.46	27.46		0.09
水平	很丰富	丰富	中等	缺乏	极缺
标准偏差	1.94	2.42	0.91		

（四）土壤有效锰

此次调查全县共测定耕层有效锰样点 1167 个，变幅为 4.16～15mg/kg，平均值为 8.14mg/kg，标准偏差为 1.45，低于山东省 22.4mg/kg 的平均水平。阳谷县有效锰含量处于国家分级中的 3 级居多，占到了 98.8%，属中等水平。土壤有效锰含量及分级状况如表 4-21 所示。

表 4-21　　耕层土壤有效锰含量分级及面积

级　别	1	2	3	4	5
分级标准(mg/kg)	>30	15～30	5～15	1～5	<1
样本个数	0	0	1153	14	0
面积(hm^2)			70477.58	855.76	
占总耕地比例(%)			98.8	1.2	
水平	丰富	较丰富	中等	缺乏	极缺
标准偏差			1.41	0.28	

（五）土壤有效铜

此次调查全县共测定耕层有效铜样点 1168 个，变幅为 0.73～6.18mg/kg，平均值为 1.38mg/kg，标准偏差为 0.43，阳谷县有效铜含量处于国家分级中的 2 级居多，含量为 1.1～1.8mg/kg 的占到了 83.22%，有效铜含量较丰富。土壤有效铜含量及分级状况如表 4-22 所示。

表 4-22　　耕层土壤有效铜含量分级及面积

级　别	1	2	3	4	5
分级标准(mg/kg)	>1.8	1～1.8	0.2～1	0.1～0.2	<0.1
样本个数	104	972	92	0	0
面积(hm^2)	6351.6	59363.01	5618.72	0	0
占总耕地比例(%)	8.9	83.22	7.88	0	0
水平	丰富	较丰富	中等	缺乏	极缺
标准偏差	0.7	0.19	0.07		

（六）土壤有效钼

此次调查阳谷县共测定耕层土壤有效钼样点 1210 个，平均含量为 0.11mg/kg，主要处于国家分级中的 5 级水平，变幅为 0.04～1.17mg/kg，标准偏差为 0.09，耕层有效钼含量不同级别面积分布如表 4-23 所示。

表 4-23　　土壤土壤有效钼含量分级及面积

级　别	1	2	3	4	5
分级标准(mg/kg)	>0.3	0.2～0.3	0.15～0.2	0.1～0.15	<0.1
样本个数	9	0	77	396	728
面积(hm^2)	530.58	0.00	4539.39	23345.45	42917.91
占总耕地比例(%)	0.74	0	6.36	32.73	60.17
标准偏差	0.23		0.01	0.01	0.01

二、微量元素的施用与推广

近年来的试验表明，微肥具有较明显的提高产量和改善品质的效果，微量元素不仅可以预防多种病虫害，同时还能改善作物生长状况、增加产量、提高品质。

目前，常用的锌、锰、铜、铁、钼等微量元素肥料主要是硫酸盐类和铵盐类化合物，硼肥则以硼砂、硼酸为主，以及由其配制的各种冲施肥、叶面肥。硼砂、硼酸可用来基肥、追肥、浸种、蘸根和叶面肥喷施，但不能与酸性物质混合，以基肥效果最佳，简便易行，叶面肥在果树和蔬菜上喷施效果较好，浓度应控制在 0.2%左右。在果树上施铁肥数量较大，主要施基肥和叶面肥。在有效铁含量很低的土壤中，采用挖沟、穴灌 2%的硫酸亚铁溶液或将有机质与铁肥按比例混合施入，可有效补充土壤铁素不足，效果明显。其他微量元素肥料要根据不同性质特点合理施用，以充分发挥微量元素的营养作用。

第五节　土壤的主要物理性状

土壤的物理性状直接影响土壤的水、肥、气、热，是决定耕地地力的重要因素，主要包括土壤质地、土层厚度、土体构型、土壤容重、总孔隙度、田间持水量等项目。

一、土壤质地

土壤中各级矿物质颗粒的组合比例称为“土壤质地”或“土壤的机械组成”，也就是土壤的沙黏程度，对土壤水分、空气、养分、热量状况等都有直接影响。阳谷县土壤按质地主要分为松沙土、紧沙土、沙壤土、轻壤土、中壤土、重壤土、黏土七级。

（一）松沙土

面积很小，不宜种植作物，只宜栽植树木，应防风固沙。仅在阳谷县七级镇有零星分布。

（二）紧沙土

面积为128.4hm²，占阳谷县总面积的0.18%，主要分布在大布乡的魏庄一带，该土漏水、漏肥，温差变化大，易干旱，水、肥、气、热因素不协调，土壤肥力较低。

（三）沙壤土（白土）

面积为14402.2hm²，占阳谷县总面积的20.19%，主要分布在大布乡、石佛镇的羊角河两岸，寿张镇、侨润街道办事处、闫楼镇的赵王河两岸及金斗营乡的老沙河。该土壤疏松，易耕作，土壤质地偏轻，保肥、保水能力差，养分含量低，无后劲，易拿苗，不发苗，作物生长不好，产量较低。

（四）轻壤土（两合土）

面积为45510.67hm²，占阳谷县总面积的63.8%，全县各乡镇（街道办事处）均有分布，是阳谷县的主要土壤，该土壤结构较好，养分含量较高，易耕期长，保肥性能好，通气、透水性较强，适种各种作物。

（五）中壤土（小红土）

面积为10421.8hm²，占阳谷县总面积的14.61%，主要分布在西湖镇、定水镇西北部和阿城镇的东南部。该土适耕期长，通透性和保肥、保水能力较好，不沙不黏，土壤水、肥、气、热协调，适种各种作物。

（六）重壤土（面淤土）

面积为1141.33hm²，占阳谷县总面积的1.6%，该土壤质地偏黏，但养分含量高，保肥能力强，有后劲，易耕期短，要把握时机适时耕种，对作物早期多施肥，促苗早发，此土壤主要分布在西湖镇和定水镇。

（七）黏土（狗头淤）

面积为28.53hm²，占阳谷县总面积的0.04%，零星分布在寿张镇大堤附近，土质黏重，耕性极差，但养分含量高，保肥能力强，种植小麦等都有较好收成。

土壤质地直接影响土壤的保水、保肥能力，养分含量，通气透水性，土壤微生物活动和土壤热状况。沙壤土养分含量低，由于通透性好，故养分转化快，供肥猛，有机质含量少，黏质土有机质和矿质养分高，由于通透性差，故养分转化慢，供肥速度缓，壤质土沙黏适宜，养分含量高，供肥较稳。

二、土体构型

（一）夹沙构型

夹沙构型主要包括厚沙心、厚沙腰。此构型表层多为轻壤和中壤土，小面积有重壤土，下面在不同的部位出现厚沙层，全县共20401.33hm²，占总面积的28.6%。沙层出现的部位愈在上，性状愈差，对作物的后期生长愈不利。夹沙壤的土壤由于毛管作用较强，易引起返盐。本构型土壤盐渍化面积占全县总盐渍化面积的45.2%。

（二）夹黏构型

夹黏构型指夹层中有重壤土或黏土，包括薄黏心、厚黏心、薄黏腰、厚黏腰。此构型表层多为轻壤土和中壤土，是一种耕性好、保水保肥的构型，全县共32171.33hm²，占总面积的4.5%。但夹黏型透水性差，易成“欺”涝。对水、盐的影响有两种情况，一是矿化度较高的地下水出现在黏土层以上时，黏土层起到托住水盐下渗的作用，易随着地下水的蒸发，地表积盐。盐土和盐化潮土中，此类构型的面积占全县总盐渍面积的39.8%，应采用浅密沟排除水盐。二是矿化度较高的潜水出现在黏土层以下时，下层水盐上移困难，黏土层起到隔水阻盐的作用，盐渍化的威胁较小，黏土层部位出现在20cm左右的，应注意深翻，加厚耕作层，但不能盲目打透黏土层，以利保肥，并防盐化。

（三）均质型

均质型包括沙均质、壤均质和黏均质。沙均质气多水少，漏水、漏肥，面积为9130.67hm^2，占总面积的12.8%。黏均质水多气少，通透性差，耕作困难，宜耕期短，但保肥、保水性好，面积为214hm^2，占总面积的0.3%。壤均质沙黏适中，大小孔隙比例适当，通透性好，水、肥、气、热状况比例协调，是较好的土壤，面积为1212.67hm^2，占总面积的1.7%。最易形成盐渍化，应把潜水位控制在临界深度以下，不能超过2.5m。

（四）夹沙夹黏型

上下土层较好，中间夹有沙层和黏土层，这一类构型性质介于夹沙与夹黏之间。如果黏土层在上、夹沙层在下，则农业生产性能较好，但应注意深翻时不要打破黏土层，如果黏土在下、沙土层在上，且沙层又不太厚，可采用深翻将沙黏相掺，改土效果很好。

三、土壤容重

土壤容重是土壤孔隙、土壤结构和土壤松紧的综合反映，直接关系到土壤的通透性和耕性，以及土壤的水、肥、气、热协调状况。对多数作物的生长来说，一般认为耕作层土壤容重以1.1～1.3g/cm^{3}比较合适。本次调查共测定土壤容重样本102个，全县耕层土壤容重一般为1.238～1.625g/cm^3，平均为1.33g/cm^3。阳谷县土壤容重比较理想，适宜各种作物生长。不过同一质地因耕作历史、土壤熟化程度以及施肥尤其是秸秆还田量不同，容重也有差异，耕作历史长、土壤熟化程度高、秸秆还田量大的土壤容重小，反之则大。

四、土壤孔隙状况

土壤的通透性能主要通过土壤孔隙状况来衡量。土壤的孔隙度只能表明土壤的孔隙所占总容积的百分数，并不能表明土壤中粗细孔隙各有多少，但影响作物生长主要的是粗细孔径的分布和排列，也就是说通气孔隙和毛管孔隙的比例。

耕层土壤总孔隙度以50%～55%为适宜，通气孔隙度以高于10%较为适宜。阳谷县耕层土壤的总孔隙度范围为46%～60%，多数在52%～58%，通气孔隙度一般为11%～17%，通气性能较好，属适宜范围。

土壤孔隙状况与土壤质地密切相关，轻壤土土壤容重小，通气状况最好，总孔隙度和通气孔隙度较大。重壤土土壤容重较大，土质黏重，通气状况不良，总孔隙度和通气孔隙度较小。中壤土容重中等，孔隙度介于轻壤土与重壤土中间。

本次耕地地力评价对不同土壤类型的102个点土壤容重和孔隙度进行了分析测定，各土质的平均值如表4-24所示。

表 4-24　　不同土壤类型的耕层容重和孔隙度状况

比例	土质	主要分布范围	占总面积比例(%)	容重(g/cm^3)	孔隙度(%)
褐土化潮土占总耕地面积的36.1%	岗厚黏腰两合土	分布于岗地中洼地边缘。如博济桥的韩洼、八里营、大布的王园、牛皮店一带	7.1	1.248	58
	岗均质白土	岗地上部。如大布王胡同、郭海、宁仓、寿张镇的潘庄、黄庄、官庄一带	5.95	1.236	48
潮土占总耕地面积的45.5%	厚沙腰两合土	分布于二坡地上。如闫楼镇的胡马、赵堂、吴海一带。阿城镇的薛庄、乔楼以北安镇的三官庙、范庄以南。七级镇的南辛庄、郎湾到西刘庄上闸大翟、大杨一带	9.15	1.250	53
	沙均质白土	分布于高庙王乡的中孔、仓上、郭庄。李台镇的甄台、何海、王堤、张店一带，石佛镇的沙土集以北至马营、王皋如、青阳李一带	5.29	1.240	53
	厚黏心两合土	分布于高庙王乡南部金斗营乡北部，大布乡的郭子洛、灵王庙、王海滨、薛庄、郑庄一带。七级镇郭湾以南至阿城的夏营一带	7.89	1.34	47
	黏均质面淤土	分布于定水镇的坡里大洼	0.3	1.625	58
盐化潮土占总耕地面积的17.15%	中盐化厚沙腰两合土	分布于郭屯镇的九杨、邓楼。石佛镇的前、后洪。七级镇的东金、清法寺、南焦庄等	2.63	1.38	49.8
	轻盐化厚黏心两合土	分布于石佛镇的徐楼、马庄、陈庄、韩庄、鱼林赵以北。大布乡的鹅鸭坡。金斗营乡的吴台以西	1.72	1.35	54.8

土壤孔隙度、容重与质地关系密切。容重随沙壤、轻壤、中壤、重壤依次增加。容重也受外部因素影响，如降水、灌水、施肥秸秆还田量等。从沙壤、轻壤、中壤、重壤随着质地变黏，总孔隙度和毛管孔隙度依次变大，沙壤非毛管孔隙度最大，通气状况最好。

第五章 耕地地力评价

耕地是土地的精华，是农业生产中不可替代的重要生产资料，是保持社会和国民经济可持续发展的重要资源，保护耕地是我们的基本国策之一，因此，及时掌握耕地资源的数量、质量及其变化，对于合理规划和利用耕地、切实保护耕地有十分重要的意义。在全面的野外调查和室内化验分析，获取大量耕地地力相关信息的基础上，进行了阳谷县耕地地力的综合评价，评价结果对于摸清全县耕地地力的现状及问题，为耕地资源的高效和可持续利用提供了重要的科学依据。

第一节 耕地地力评价方法

一、评价的原则、依据

(一)评价的原则

耕地地力就是耕地的生产能力，是在一定区域内一定的土壤类型上耕地的土壤理化性状、所处自然环境条件、农田基础设施及耕作施肥管理水平等因素的总和。根据评价的目的要求，在阳谷县耕地地力评价中，遵循的基本原则有四条。

1. 综合因素研究与主导因素分析相结合原则

土地是一个自然经济综合体，是人们利用的对象，对土地质量的鉴定涉及自然和社会经济多个方面，耕地地力也是各类要素的综合体现。所谓综合因素研究是指对地形地貌、土壤理化性状、相关社会经济因素等要素的总体进行全面的研究、分析与评价，以全面了解耕地地力状况。主导因素是指对耕地地力起决定作用的、相对稳定的因子，在评价中要着重对其进行研究分析。因此，把综合因素与主导因素结合起来进行评价则可以对耕地地力作出科学准确的评定。

2. 共性评价与专题研究相结合原则

阳谷县耕地利用存在水浇地、旱地等多种类型，土壤理化性状、环境条件、管理水平等不一，因此，耕地地力水平有较大的差异。考虑区域内耕地地力的系统性、可比性，针对不同的耕地利用等状况，应选用统一的共同的评价指标和标准，即耕地地力的评价不针对某一特定的利用类型。另外，为了解不同利用类型的耕地地力状况及其内部的差异情况，要对有代表性的主要类型进行专题的深入研究。这样，共性评价与专题研究相结合，使整个的评价和研究具有更大的应用价值。

3. 定量和定性相结合原则

土地系统是一个复杂的灰色系统，定量和定性要素共存，相互作用，相互影响。因此，为了保证评价结果的客观合理，宜采用定量和定性评价相结合的方法。在总体上，为了保证评价结果的客观合理，尽量采用定量评价方法，对可定量化的评价因子如有机质等养分含量、土层厚度等按其数值参与计算，对非数量化的定性因子如土壤表层质地、土体构型等则进行量化处理，确定其相应的指数，并建立评价数据库，以计算机进行运算和处理，尽量避免人为随意性因素影响。在评价因素筛选、权重确定、评价标准、等级确定等评价过程中，尽量采用定量化的数学模型，在此基础上充分运用人工智能和专家知识，对评价的中间过程和评价结果进行必要的定性调整。定量与定性相结合，从而保证了评价结果的准确合理。

4. 采用 GIS 支持的自动化评价方法原则

自动化、定量化的土地评价技术方法是当前土地评价的重要方向之一。近年来，随着计算机技术，特别是 GIS 技术在土地评价中的不断应用和发展，基于 GIS 的自动化评价方法已不断成熟，使土地评价的精度和效率大大提高。本次耕地地力评价工作通过数据库建立、评价模型及其与 GIS 空间叠加等分析模型的结合，实现了全数字化、自动化的评价流程，在一定的程度上代表了当前土地评价的最新技术方法。

（二）评价的依据

耕地地力是耕地本身的生产能力，因此，耕地地力的评价依据与此相关的各类自然和社会经济要素，具体包括三个方面。

1. 耕地地力的自然环境要素

耕地地力的自然环境要素包括耕地所处的地形地貌条件、水文地质条件、成土母质条件以及土地利用状况等。

2. 耕地地力的土壤理化要素

耕地地力的土壤理化要素包括土壤剖面与土体构型、耕层厚度、质地、容重等物理性状，有机质、N、P、K、微量元素、pH、交换量等化学性状等。

3. 耕地地力的农田基础设施条件

耕地地力的农田基础设施条件包括耕地的灌排条件、水土保持工程建设、培肥管理条件等。

二、评价的流程

整个评价有三项主要内容，按先后的次序分别为：

（1）资料工具准备及数据库建立：即根据评价的目的、任务、范围、方法，收集准备与评价有关的各类自然及社会经济资料，进行资料的分析处理。选择适宜的计算机硬件和 GIS 等分析软件，建立耕地地力评价基础数据库。

（2）耕地地力评价：划分评价单元，提取影响地力的关键因素并确定权重，选择相应评价方法，制定评价标准，确定耕地地力等级。

（3）评价结果分析：依据评价结果，量算各等级耕地面积，编制耕地地力分布图。分析耕地地力问题，提出耕地资源可持续利用的措施建议。

评价的工作流程如图 5-1 所示。

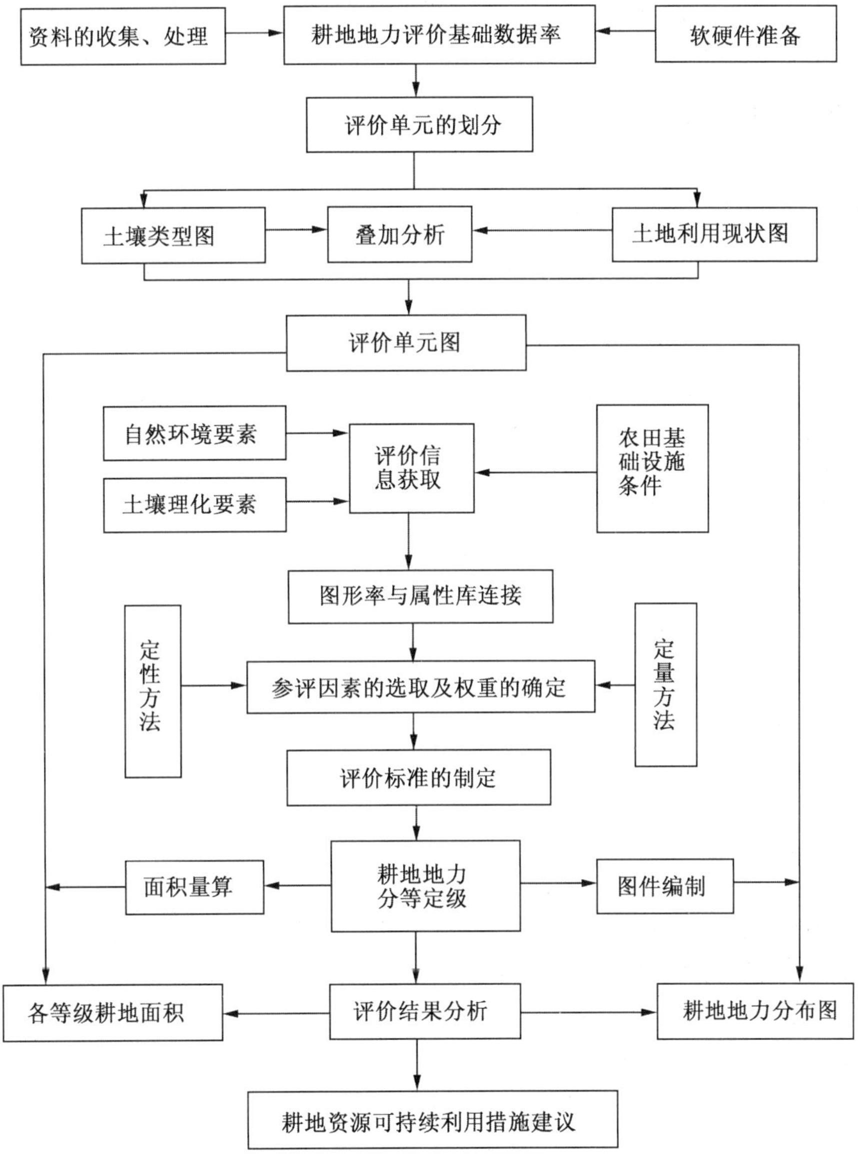

图 5-1　阳谷县耕地地力评价流程图

三、软硬件准备

(一)硬件准备

硬件主要包括高档计算机、A0 幅面数字化仪、A0 幅面扫描仪、喷墨绘图仪等。计算机主要用于数据和图件的处理分析,数字化仪、扫描仪用于图件的输入,喷墨绘图仪用于成果图的输出。

（二）软件准备

一是 Windows 操作系统软件，二是 FOXPRO 数据库管理、SPSS 数据统计分析/ACCESS 数据管理系统等应用软件，三是 MAPGIS、ARCVIEW、ARCMAP 等 GIS 软件。

四、资料的收集、处理

（一）资料的收集

耕地地力评价以耕地的各性状要素为基础，因此，必须广泛地收集与评价有关的各类自然和社会经济因素资料，为评价工作做好数据的准备。本次耕地地力评价收集获取的资料主要包括四个方面。

1. 野外调查资料

按野外调查点获取，主要包括地形地貌、土壤母质、水文、土层厚度、表层质地、耕地利用现状、灌排条件、作物长势产量、管理措施水平等。

2. 室内化验分析资料

室内化验分析资料包括有机质、全氮、速效氮、全磷、速效磷、速效钾等大量养分含量，交换性钙、交换性镁等中量养分含量，有效锌、有效硼、有效钼等微量养分含量，以及 pH、土壤污染元素含量等。

3. 社会经济统计资料

以行政区划为基本单位的人口、土地面积、作物及蔬菜瓜果面积，以及各类投入产出等社会经济指标数据。

4. 基础及专题图件资料

1∶50000 比例尺地形图、行政区划图、土地利用现状图、地貌图、土壤图等。

（二）资料的处理

获取的评价资料可以分为定量资料和定性资料两大部分。为了采用定量化的评价方法和自动化的评价手段，减少人为因素的影响，需要对其中的定性因素进行定量化处理，根据因素的级别状况赋予其相应的分值或数值。除此，对于各类养分等按调查点获取的数据，则需要进行插值处理，生成各类养分图。

1. 定性因素的量化处理

土壤表层质地：考虑不同质地类型的土壤肥力特征，以及与植物生长发育的关系，赋予不同质地类别以相应的分值（见表 5-1）。

表 5-1　　土壤表层质地的量化处理

质地类别	中壤	轻壤	重壤	沙壤	沙土
分值	100	95	80	70	55

土体构型：首先以土层质地类别和其在土体中的部位对各类土体构型进行归纳，根据不同的土体构型对植物生长发育的影响，赋予不同土体构型以相应的分值（见表 5-2）。

表 5-2　　土体构型的量化处理

土体构型	壤均质	壤质黏心	黏质壤心	沙质壤心	黏均质	沙质黏心	壤质沙心	沙均质
分值	100	90	87	80	77	70	65	58

地貌类型:根据不同的地貌类型对耕地地力及作物生长的影响,赋予其相应的分值(见表 5-3)。

表 5-3　　地貌类型的量化处理

地貌类型	缓平坡地	湖沼平原	岗地	洼地	滨海平地
分值	100	89	80	78	70

矿化度:根据不同的矿化度程度对耕地地力及作物生长的影响,赋予其相应的分值(见表 5-4)。

表 5-4　　矿化度的量化处理

矿化度	<0.5	0.5～2	2～5	>5
分值	100	90	65	40

盐渍化程度:考虑到阳谷县的土壤分布中存在不同的盐渍化程度,将其盐渍化程度划分为不同的等级,并据其对耕地地力的影响程度进行量化处理(见表 5-5)。

表 5-5　　土壤盐渍化程度的量化处理

盐渍化程度	无	轻度	中度	重度	盐土
分值	100	85	70	50	30

2. 各类养分专题图层的生成

对于土壤有机质、氮、磷、钾、锌、硼、钼等养分数据,首先按照野外实际调查点进行整理,建立以各养分为字段、以调查点为记录的数据库。然后进行土壤采样样点图与分析数据库的连接,在此基础上插值生成各养分专题图层。

对比了分别在 MAPGIS 和 ARCVIEW 环境中的插值结果,发现 ARCVIEW 环境中的插值结果线条更为自然圆滑,符合实际。因此,本研究中所有养分采样点数据均在 ARCVIEW 环境下操作,利用其空间分析模块功能对各养分数据进行自动的插值处理,经编辑处理,自动生成各土壤养分专题栅格图层。后续的耕地地力评价也以栅格形式进行,与矢量形式相比,能够将各评价要素信息精确到栅格(像元)水平,保证了评价结果的准确。图 5-2 和图 5-3 为在 ARCVIEW 下插值生成的阳谷县土壤有机质、碱解氮含量分布栅格图。

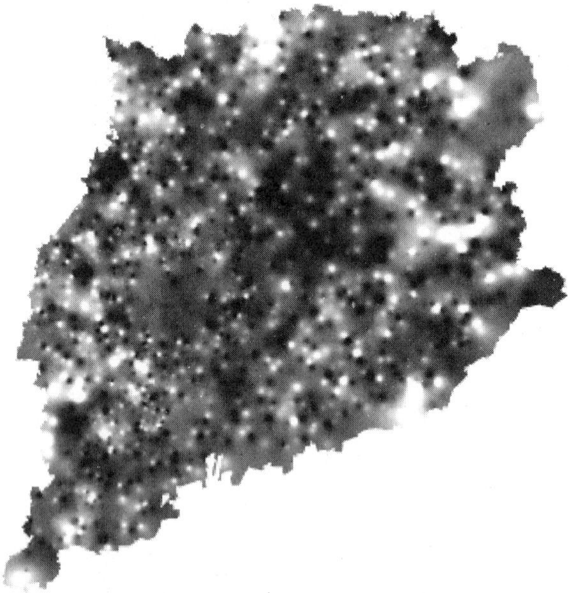

图 5-2　阳谷县土壤有机质含量栅格图

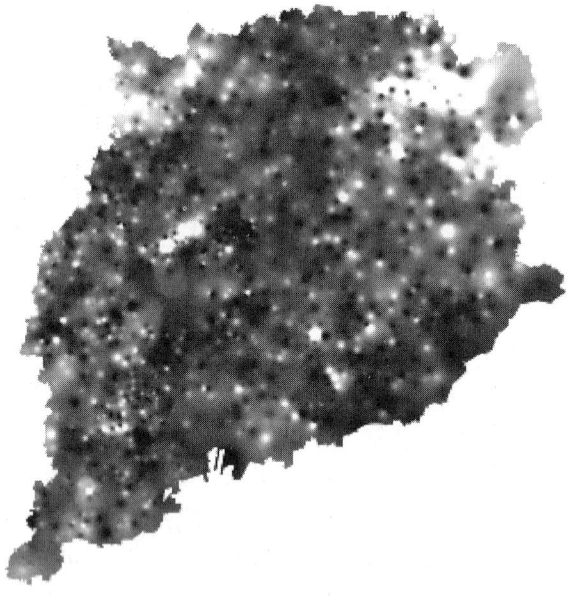

图 5-3　阳谷县土壤碱解氮含量栅格图

五、基础数据库的建立

（一）基础属性数据库的建立

为更好地对数据进行管理和为后续工作提供方便，将采样点基本情况信息、农业生产情况信息、土壤理化性状化验分析数据、土壤污染元素化验分析数据等信息以调查点为基本数据库记录进行属性数据库的建立，作为后续耕地地力评价工作的基础。

（二）基础专题图图形库的建立

将扫描矢量化及插值等处理生成的各类专题图件，在 ARCVIEW 和 MAPGIS 软件的支持下，分别以栅格形式和点、线、区文件的形式进行存储和管理，同时将所有图件统一转换到相同的地理坐标系统下，以进行图件的叠加等空间操作，各专题图图斑属性信息通过键盘交互式输入或通过与属性库挂接读取，构成基本专题图图形数据库。图形库与基础属性库之间通过调查点相互连接。

六、评价单元的划分

评价单元是由对土地质量具有关键影响的各土地要素组成的空间实体，是土地评价的最基本单位、对象和基础图斑。同一评价单元内的土地自然基本条件、土地的个体属性和经济属性基本一致，不同土地评价单元之间，既有差异性，又有可比性。耕地地力评价就是要通过对每个评价单元的评价，确定其地力级别，把评价结果落实到实地和编绘的土地资源图上。因此，土地评价单元划分的合理与否，直接关系到土地评价的结果以及工作量的大小。

目前，对土地评价单元的划分尚无统一的方法，有以土壤类型、以土地利用类型、以行政区划单位、以方里网等多种方法。本次阳谷县耕地地力评价土地评价单元的划分采用土壤图、土地利用现状图的叠置划分法，相同土壤单元及土地利用现状类型的地块组成一个评价单元，即“土地利用现状类型—土壤类型”的格式。其中，土壤类型划分到土种，土地利用现状类型划分到二级利用类型，制图区界以阳谷县最新土地利用现状图为准。为了保证土地利用现状的现实性，基于野外的实地调查对耕地利用现状进行了修正。同一评价单元内的土壤类型相同，利用方式相同，交通、水利、经营管理方式等基本一致，用这种方法划分评价单元可以反映单元之间的空间差异性，既使土地利用类型有了土壤基本性质的均一性，又使土壤类型有了确定的地域边界线，使评价结果更具综合性、客观性，可以较容易地将评价结果落实到实地。

通过图件的叠置和检索，将阳谷县耕地地力划分为 5544 个评价单元。

七、评价信息的提取

影响耕地地力的因子非常多，并且它们在计算机中的存储方式也不相同，因此，如何准确地获取各评价单元评价信息是评价中的重要一环。鉴于此，舍弃直接从键盘输入参评因子值的传统方式，采取将评价单元与各专题图件叠加采集各参评因素的信息。具体的做法是：按唯一标志原则为评价单元编号；在 ARCVIEW 环境下生成评价信息空间库和属性数据库；在 ARCMAP 环境下从图形库中调出各化学性状评价因子的专题图，与评价单元图进行叠加计算出各因子的均值；保持评价单元几何形状不变，在耕地资源管理信息系统中直接对叠加后形成的图形的属性库进行“属性提取”操作，以评价单元为基本统计单位，按面积加权平均汇总评价单元立地条件评价因子的分值。

由此，得到图形与属性相连的、以评价单元为基本单位的评价信息，为后续耕地地力的评价奠定了基础。

第二节 参评因素的选取及其权重确定

正确地进行参评因素的选取并确定其权重，是科学地评价耕地地力的前提，直接关系到评价结果的正确性、科学性和社会可接受性。

一、参评因素的选取

参评因素是指参与评定耕地地力等级的耕地的诸属性。影响耕地地力的因素很多，在本次阳谷县耕地地力评价中，根据阳谷县的区域特点遵循主导因素原则、差异性原则、稳定性原则、敏感性原则，采用定量和定性方法结合，进行参评因素的选取。

（一）系统聚类方法

系统聚类方法用于筛选影响耕地地力的化学性质等定量指标，通过聚类将类似的指标进行归并，辅助选取相对独立的主导因子。利用 SPSS 统计软件进行了土壤养分等化学性状的系统聚类，结果如图 5-4 所示。

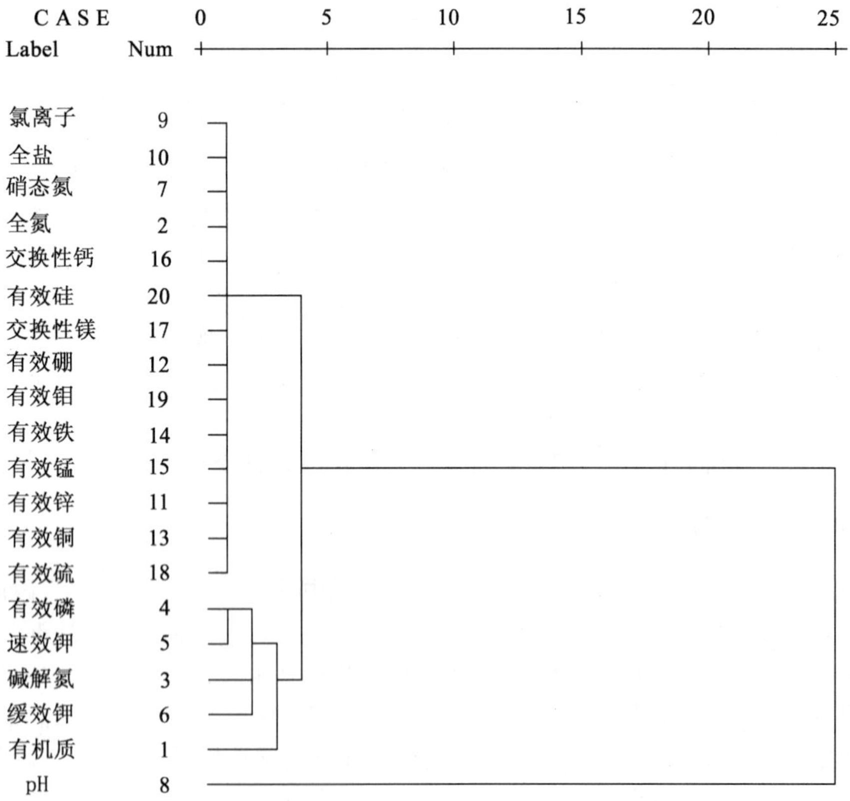

图 5-4 土壤养分等化学性状的聚类分析

可以看出，氯离子、全盐、硝态氮、全氮、交换性钙、有效硅、交换性镁、有效硼、有效钼、有效铁、有效锰、有效锌、有效铜、有效硫聚为一组，有效磷、速效钾、碱解氮、缓效钾聚为一组，有机质为一组，pH 为一组。

（二）DELPHI 法

用 DELPHI 法进行影响耕地地力的立地条件、物理性状等定性指标的筛选。确定了由土壤农业化学学者、专家及阳谷县土肥站业务人员组成的专家组，首先对指标进行分类，在此基础上进行指标的选取，并讨论确定最终的选择方案。

综合以上两种方法，在定量因素中根据各因素对耕地地力影响的稳定性以及营养元素的全面性，在聚类分析第一组中选取有效磷、有效锌为参评因素，第二组中选取有效硼为参评因素，第三组是速效钾，第四组是有机质，结合专家组选择结果，最后确定灌溉保证率、矿化度、地貌类型、耕层质地、土体构型、盐渍化程度、有机质、大量元素（速效钾、有效磷）、微量元素（有效锌、有效硼）等 11 项因素作为耕地地力评价的参评指标。

二、权重的确定

在耕地地力评价中，需要根据各参评因素对耕地地力的贡献确定权重，确定权重的方法很多，本评价中采用层次分析法（AHP）来确定各参评因素的权重。

层次分析法是在定性方法基础上发展起来的定量确定参评因素权重的一种系统分析方法，这种方法可将人们的经验思维数量化，用以检验决策者判断的一致性，有利于实现定量化评价。层次分析法确定参评因素的步骤如下：

（一）建立层次结构

耕地地力为目标层（G 层），影响耕地地力的立地条件、物理性状、化学性状为准则层（C 层），再把影响准则层中各元素的项目作为指标层（A 层），其结构关系如图 5-5 所示。

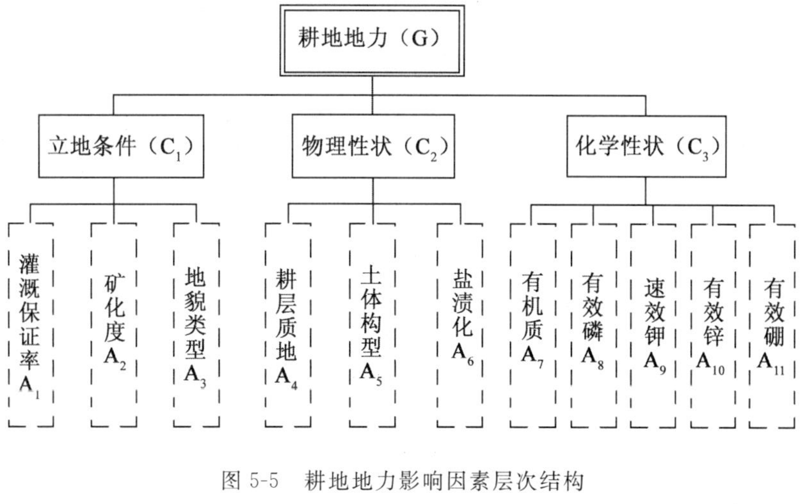

图 5-5 耕地地力影响因素层次结构

（二）构造判断矩阵

根据专家经验，确定 C 层对 G 层以及 A 层对 C 层的相对重要程度，构成 A、C_1、C_2、C_3共 4 个判断矩阵。如耕层质地、土体构型、盐渍化程度对耕地物理性状的判断矩阵表示为：

$$C_2=\begin{bmatrix}a_{11} & a_{12} & a_{13}\\ a_{21} & a_{22} & a_{23}\\ a_{31} & a_{32} & a_{33}\end{bmatrix}=\begin{bmatrix}1 & 5 & 3\\ 0.2 & 1 & 0.33\\ 0.33 & 3 & 1\end{bmatrix}$$

其中，a_{ij}（i 为矩阵的行号，j 为矩阵的列号）表示对 C_2 而言，a_i 对 a_j 的相对重要性的数值。

（三）层次单排序及一致性检验

即求取 A 层对 C 层的权数值，可归结为计算判断矩阵的最大特征根对应的特征向量。利用 SPSS 等统计软件，得到的各权数值及一致性检验的结果如表 5-6 所示。

表 5-6　　权数值及一致性检验结果

矩　阵	特征向量					C_I	C_R
矩阵 A		0.3202	0.1226	0.5571		0.009148	0.01577204<0.1
矩阵 C_1		0.6329	0.1058	0.2613		0.020017	0.03451165<0.1
矩阵 C_2		0.6333	0.1061	0.2606		0.019410	0.03346558<0.1
矩阵 C_3	0.5036	0.2307	0.1526	0.0638	0.0492	0.044324	0.03957510<0.1

可以看出，$C_R<0.1$，具有很好的一致性。

（四）层次总排序及一致性检验

经层次总排序，并进行一致性检验，结果为 $C_I=0$，$C_R=0$，具有满意的一致性，最后计算 A 层对 G 层的组合权数值，得到各因子的权重如表 5-7 所示。

表 5-7　　各因子的权重

灌溉保证率	0.2027	耕层质地	0.0777	有机质	0.2806	有效锌	0.0355
矿化度	0.0339	土体构型	0.013	有效磷	0.1286	有效硼	0.0274
地貌类型	0.0836	盐渍化	0.032	速效钾	0.0850		

第三节　耕地地力等级的确定

土地是一个灰色系统，系统内部各要素之间以及与耕地的生产能力之间关系十分复杂。此外，评价中也存在着许多不严格、模糊性的概念。因此，在评价中引入了模糊数学方法，采用模糊评价方法来进行耕地地力等级的确定。

一、参评因素隶属函数的建立

用 DELPHI 法根据一组分布均匀的实测值评估出对应的一组隶属度，然后在计算机中绘制这两组数值的散点图，再根据散点图进行曲线模拟，寻求参评因素实际值与隶属度关系方程，从而建立起隶属函数。各参评因素的分级及其相应的专家赋值和隶属度如表 5-8 所示。

表 5-8　　参评因素的分级及其分值

地貌类型	缓平坡地	湖沼平原	岗地	洼地	滨海平地							
分值	100	89	80	78	70							
隶属度	1.00	0.89	0.80	0.78	0.70							
灌溉保证率	80	70	60	50	30	10	0					
分值	100	90	80	65	40	10	0					
隶属度	1.00	0.90	0.80	0.65	0.40	0.10	0.00					
矿化度	<0.5	0.5～2	2～5	>5								
分值	100	90	65	40								
隶属度	1.00	0.90	0.65	0.40								
有机质	2.0	1.8	1.6	1.4	1.2	1.0	0.8	0.6				
分值	100	98	95	90	84	78	65	50				
隶属度	1.00	0.98	0.95	0.90	0.84	0.78	0.65	0.50				
有效磷	400	300	200	110	80	60	40	30	20	15	10	5
分值	70	80	90	100	98	96	92	90	85	80	60	40
隶属度	0.70	0.80	0.90	1.00	0.98	0.96	0.92	0.90	0.85	0.80	0.60	0.40
速效钾	400	320	240	160	120	100	80	60				
分值	100	98	93	85	82	78	70	50				
隶属度	1.00	0.98	0.93	0.85	0.82	0.78	0.70	0.50				
有效锌	2.0	1.5	1.2	1.0	0.8	0.5	0.3					
分值	100	92	87	85	80	70	55					
隶属度	1.00	0.92	0.87	0.85	0.80	0.70	0.55					
有效硼	1.8	1.5	1.2	1.0	0.8	0.5	0.2					
分值	100	95	87	85	80	70	55					
隶属度	1.00	0.95	0.87	0.85	0.80	0.70	0.55					
耕层质地	中壤	轻壤	重壤	沙壤	沙土							
分值	100	95	80	70	55							
隶属度	1.00	0.95	0.80	0.70	0.55							
土体构型	壤均质	壤质黏心	黏质壤心	沙质壤心	黏均质	沙质黏心	壤质沙心	黏质沙心	沙均质			

续表

地貌类型	缓平坡地	湖沼平原	岗地	洼地	滨海平地				
分值	100	90	87	80	77	70	65	63	58
隶属度	1.00	0.90	0.87	0.80	0.77	0.70	0.65	0.63	0.58
盐渍化	无	轻度	中度	重度	盐土				
分值	100	85	70	50	30				
隶属度	1.00	0.85	0.70	0.50	0.30				

通过模拟共得到正直线型、戒上型、戒下型三种类型的隶属函数，其中有机质、速效钾等属于戒上型隶属函数，土体构型、耕层质地、盐渍化、矿化度等属于正直线型隶属函数，然后根据隶属函数计算各参评因素的单因素评价评语。以有机质为例绘制的散点图和模拟曲线如图 5-6 和图 5-7 所示。

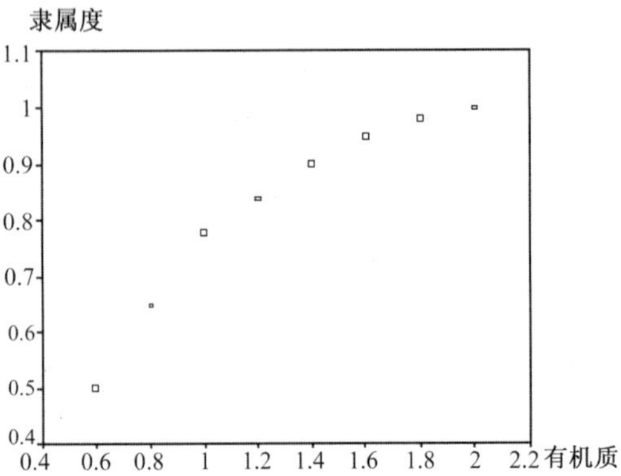

图 5-6　有机质与隶属度关系散点图

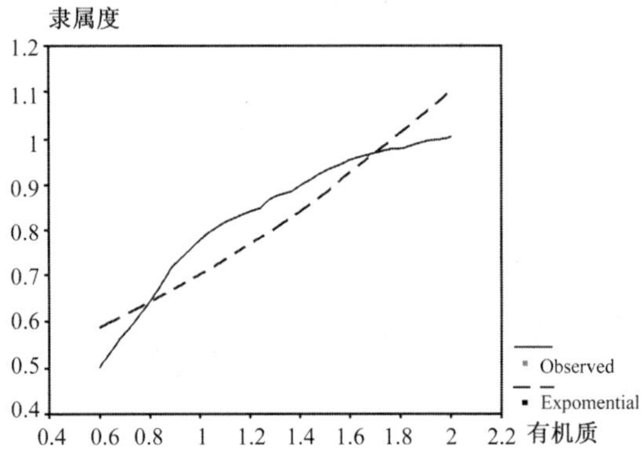

图 5-7　有机质与隶属度关系曲线图

其隶属函数为戒上型，形式为：

$$Y=\begin{cases}0 & (x\leqslant x_t)\\ 1/[1+A(x-C)^2] & (x_t<x<C)\\ 1 & (C\leqslant x)\end{cases}$$

各参评因素类型及其隶属函数表 5-9 所示。

表 5-9　参评因素类型及其隶属函数

函数类型	参评因素	隶属函数	A	C	U_t
戒上型	有机质(g/kg)	$Y=1/[1+A(x-C)^2]$	0.543	1.822	0.35
戒上型　<110	有效磷(mg/kg)	$Y=1/[1+A(x-C)^2]$	0.0000992	80.159	3
戒下型　>110			0.00000742	111.967	450

续表

函数类型	参评因素	隶属函数	A	C	U_t
戒上型	速效钾(mg/kg)	$Y=1/[1+A(x-C)^2]$	0.0000076	327.836	15
戒上型	有效锌(mg/kg)	$Y=1/[1+A(x-C)^2]$	0.245	1.924	0.1
戒上型	有效硼(mg/kg)	$Y=1/[1+A(x-C)^2]$	0.251	1.879	0.1
正直线型	灌溉保证率(分值)	$Y=Ax$	0.01	100	0
正直线型	矿化度(分值)	$Y=Ax$	0.01	100	0
正直线型	土体构型(分值)	$Y=Ax$	0.01	100	0
正直线型	耕层质地(分值)	$Y=Ax$	0.01	100	0
正直线型	盐渍化(分值)	$Y=Ax$	0.01	100	0
正直线型	地貌类型(分值)	$Y=Ax$	0.01	100	0

二、耕地地力等级的确定

(一)计算耕地地力综合指数

用指数和法来确定耕地的综合指数,公式为:

$$\mathrm{IFI}=\sum F_i \times C_i$$

其中,IFI(IntegratedFertilityIndex)代表耕地地力综合指数,F_i 为第 i 个因素评语,C_i 为第 i 个因素的组合权重。

具体操作过程:在县域耕地资源管理信息系统中,在“专题评价”模块中编辑立地条件、物理性状和化学性状的层次分析模型以及各评价因子的隶属函数模型,然后选择“耕地生产潜力评价”功能进行耕地地力综合指数的计算。

(二)确定最佳的耕地地力等级数目

计算耕地地力综合指数之后,在耕地资源管理信息系统中选择累积曲线分级法进行评价,根据曲线斜率的突变点(拐点)来确定等级的数目和划分综合指数的临界点,将阳谷县耕地地力共划分为 6 个级别,各等级耕地地力综合指数如表 5-10 和图 5-8 所示。

表 5-10 阳谷县耕地地力等级综合指数

IFI	>0.89	0.86~0.89	0.83~0.86	0.8~0.83	0.77~0.8	<0.77
耕地地力等级	一级地	二级地	三级地	四级地	五级地	六级地

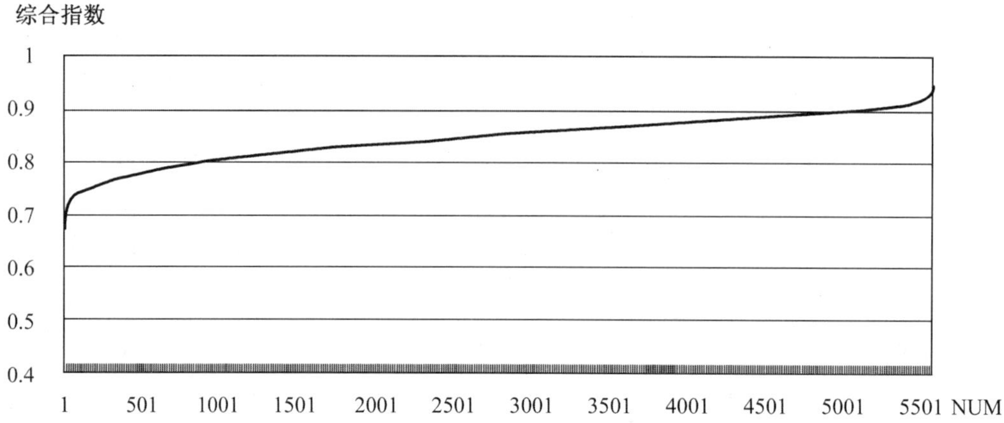

图 5-8 阳谷县综合指数分布图

三、图件的编制

为了提高制图的效率和准确性，在地理信息系统软件 MAPGIS 的支持下，进行阳谷县耕地地力评价图及相关图件的自动编绘处理，其步骤大致分以下几步：扫描矢量化各基础图件→编辑点、线→点、线校正处理→统一坐标系→区编辑并对其赋属性→根据属性赋颜色→根据属性加注记→图幅整饰输出。此外还充分利用了 ARCVIEW 和 ARCGIS 强大的空间分析功能，将评价图与其他图件进行叠加，从而生成其他专题图件，将评价图与行政区划图叠加，进而计算各行政区划单位内的耕地地力等级面积等。

（一）专题图地理要素底图的编制

专题地图的地理要素内容是专题图的重要组成部分，用于反映专题内容的地理分布，并作为图幅叠加处理等的分析依据。地理要素的选择应与专题内容相协调，考虑图面的负载量和清晰度，应选择基本的、主要的地理要素。

以阳谷县最新的土地利用现状图为基础，对此图进行了制图综合处理，选取主要的居民点、交通道路、水系、境界线等及其相应的注记，进而编辑生成 1∶50000 各专题图地理要素底图。

（二）耕地地力评价图的编制

以耕地地力评价单元为基础，根据各单元的耕地地力评价等级结果，对相同等级的相邻评价单元进行归并处理，得到各耕地地力等级图斑。在此基础上，分两个层次表示图面耕地地力等级：一是颜色表示，即赋予不同耕地地力等级以相应的颜色。二是代号表示，用罗马数字Ⅰ、Ⅱ、Ⅲ、Ⅳ、Ⅴ、Ⅵ表示不同的耕地地力等级，并在评价图相应的耕地地力图斑上注明。将评价专题图与以上的地理要素图复合，整饰得出阳谷县 1∶50000 耕地地力评价图。

（三）其他专题图的编制

对于有机质、速效钾、有效磷、有效锌等其他专题要素地图，则按照各要素的分级分别赋予相应的颜色，同时标注相应的代号，生成专题图层。之后与地理要素图复合，编辑处理生成专题图件，并进行图幅的整饰处理。

四、面积的量算

面积的量算可通过与专题图相对应的属性库的操作直接完成。对耕地地力等级面积的量算，则可在 FOXPRO 数据库的支持下，对图件属性库进行操作，检索相同等级的面积，然后汇总得出各类耕地地力等级的面积，根据阳谷县图幅理论面积进行平差，得到准确的面积数值。对于不同行政区划单位内部、不同的耕地利用类型等的耕地地力等级面积的统计，则通过耕地地力评价图与相应的专题图进行叠加分析，由其相应属性库统计获得。

第六章 耕地地力分析

本次耕地地力分析按照农业部耕地质量调查和评价的规程及相关标准，结合当地实际情况，选取了对耕地地力影响较大、区域内变异明显、在时间序列上具有相对稳定性、与农业生产有密切关系的11个因素，建立评价指标体系。以土壤图与土地利用现状图叠加形成评价单元，应用模糊综合评判方法，通过综合分析，将全区耕地共划分为6个等级，根据评价结果进行耕地地力的系统分析。

第一节 耕地地力等级与分布

一、耕地地力等级面积统计

利用MAPGIS软件，对评价图属性库进行操作，检索统计耕地各等级的面积和图幅总面积。以2008年阳谷县总耕地面积为基准，按面积比例进行平差，统计得出各耕地地力等级面积。

阳谷县总耕地面积为71799.41hm^2，各等级耕地比例相对均衡，以一级地、二级地、三级地和四级地为主，各等级占总耕地面积的比例接近或超过20%，四者面积之和占到了总耕地面积的81.88%，其次为五级地，占总耕地面积的11.03%，六级地占总耕地面积的7.09%（见表6-1）。

表6-1　　阳谷县耕地地力评价结果面积统计

等　级	一级地	二级地	三级地	四级地	五级地	六级地	总计
面积(hm^2)	12728.76	16858.33	14476.8	14723.5	7921.21	5090.81	71799.41
百分比(%)	17.73	23.48	20.16	20.51	11.03	7.09	100

二、耕地地力空间分布

（一）耕地地力等级分布

阳谷县地处黄河泛滥平原，平均海拔高度为39.62m。地势由西南向东北缓倾，形成了微度起伏的缓岗、缓平坡地、缓平洼地三种微地貌类型相间的现代平原地形，土壤类型为潮土、褐土化潮土、盐化潮土和潮盐土。耕层主要为轻壤、中壤和沙壤，无明显的障碍层次，农田基础设施配套良好，灌排能力较好。总体来看，阳谷县耕地地力较好，前三等级面积之和占到了总耕地面积的 61.37%。一级地和二级地分布比较集中，主要分布于阳谷县东北部地区，该区农业基础设施配套成型，测土配方施肥工程也首先在这一区域展开。三级地和四级地分布相对比较分散，但主要集中在西部和中部地区，属于只要加大资金投入，完善基础设施，改善生产条件，产量就能大幅提高的中产田类型，有一定的改良利用潜力。五级地和六级地面积相对较少，集中分布在阳谷县的西部和南部地区，这部分耕地耕层以沙壤为主，肥力较低，盐碱化现象严重，灌溉条件较差，属于低产田类型。

（二）耕地地力等级的行政区域划分

将耕地地力等级分布图与阳谷县行政区划图进行叠加分析，从耕地地力等级行政区域分布数据库中，按权属字段检索出各等级的记录，统计出各级地在各乡镇（街道办事处）的分布状况（见表 6-2）。

一级地、二级地所占比例较高的乡镇（街道办事处）为阿城镇、七级镇、郭屯镇、安乐镇、十五里元镇、闫楼镇等；三级地、四级地所占比例较高的乡镇（街道办事处）为定水镇、闫楼镇、西湖镇、高庙王乡、阿城镇；五级地、六级地所占比例较高的乡镇（街道办事处）为大布乡、李台镇、金斗营乡等。

表 6-2　　阳谷县耕地地力等级行政区域分布

乡镇（街道办事处）		一级地	二级地	三级地	四级地	五级地	六级地
郭屯镇	面积（hm^2）	2242.99	1092.25	373.79	766.18	363.29	71.01
	百分比（%）	45.69	22.25	7.61	15.61	7.4	1.45
七级镇	面积（hm^2）	3348.66	1517.44	197.52	94.19	0	0
	百分比（%）	64.92	29.42	3.83	1.83	0	0
定水镇	面积（hm^2）	6.91	195.98	1186	2505.84	847.7	85.38
	百分比（%）	0.14	4.06	24.57	51.9	17.56	1.77
石佛镇	面积（hm^2）	515.87	391.84	839.39	982.76	357.42	615.02
	百分比（%）	13.93	10.58	22.67	26.54	9.65	16.61
安乐镇	面积（hm^2）	1530.49	1515.9	1056.83	417.39	69.14	26.53
	百分比（%）	33.15	32.84	22.89	9.04	1.5	0.57
大布乡	面积（hm^2）	0	0	332.82	900.16	1565.27	1272.99
	百分比（%）	0	0	8.17	22.11	38.45	31.27
阿城镇	面积（hm^2）	2943.96	3140.08	1665.49	612.43	6.11	0
	百分比（%）	35.18	37.52	19.9	7.32	0.07	0
西湖镇	面积（hm^2）	19.67	3041.49	1720.26	1019.49	223.73	13.44
	百分比（%）	0.33	50.37	28.49	16.88	3.71	0.22
闫楼镇	面积（hm^2）	536.8	1234.21	1607.59	1210.6	119.57	0
	百分比（%）	11.4	26.21	34.14	25.71	2.54	0

续表

乡镇(街道办事处)		一级地	二级地	三级地	四级地	五级地	六级地
侨润街道办事处	面积(hm^2)	47.29	125.34	362.76	835.18	278.48	495.8
	百分比(%)	2.2	5.84	16.91	38.94	12.98	23.12
狮子楼街道办事处	面积(hm^2)	0	85.48	269.52	797.51	128.76	14.07
	百分比(%)	0	6.6	20.81	61.57	9.94	1.09
张秋镇	面积(hm^2)	255.4	693.43	1020.01	904.39	291.59	5.97
	百分比(%)	8.05	21.87	32.17	28.52	9.2	0.19
博济桥街道办事处	面积(hm^2)	167.94	391.91	565	967.17	254.01	101.14
	百分比(%)	6.86	16.01	23.09	39.52	10.38	4.13
十五里元镇	面积(hm^2)	886.67	1539.78	740.87	194.59	139.31	348.02
	百分比(%)	23.03	40	19.25	5.06	3.62	9.04
高庙王乡	面积(hm^2)	70.62	874.96	1540.72	1001.53	544.68	205.98
	百分比(%)	1.67	20.64	36.35	23.63	12.85	4.86
寿张镇	面积(hm^2)	155.5	1018.25	992.7	601.83	532.44	334.25
	百分比(%)	4.28	28.01	27.31	16.56	14.65	9.2
李台镇	面积(hm^2)	0	0	5.53	515.42	1429.69	624.7
	百分比(%)	0	0	0.21	20.01	55.51	24.26
金斗营乡	面积(hm^2)	0	0	0	396.84	770.02	876.51
	百分比(%)	0	0	0	19.42	37.68	42.9

第二节　耕地地力等级分述

一、一级地

(一)面积与分布

一级地综合评级指数高于 0.89，耕地面积为 12728.76hm^2，占总耕地面积的 17.73%，土地利用类型为灌溉水田、水浇地、旱地和菜地(见表 6-3)。

表 6-3　　一级地各土地利用类型面积

利用类型	评价单元(个)	面积(hm^2)	占总耕地面积(%)	占一级地面积(%)
灌溉水田	2	7.13	0.01	0.06
水浇地	815	11960.68	16.66	93.97
旱地	10	163.65	0.23	1.29
菜地	140	597.29	0.83	4.69
总计	967	12728.75	17.73	100

一级地主要分布在七级镇、阿城镇、郭屯镇，其中以七级镇分布面积最大，为 3348.66hm²，占该镇耕地面积的 64.92%，占一级地的 26.31%。此外，安乐镇、十五里元镇、闫楼镇、石佛镇也有少量分布。

（二）主要属性分析

一级地土壤类型以潮土为主，兼有少量盐化潮土和褐土潮土。土壤表层质地以轻壤为主，兼有少量中壤，土体构型主要是轻壤沙腰、轻壤黏心、中壤黏心，兼有少量轻壤黏腰和轻壤沙心，无明显障碍层次。微地貌主要是缓平坡地、决口扇形地和河滩高地，土层深厚，土壤理化性状良好，除部分地区具有轻度盐渍化现象，基本无盐渍化现象，可耕性强。地下水是矿化度为 0.5～2g/L 的弱矿化度水，农田水利设施较为完善，灌排条件好，灌溉保证率达到 100%。土壤养分含量较高（见表 6-4）。作物产量水平高，小麦产量为 9570kg/hm²，玉米产量为 10545kg/hm²，蔬菜产量为 51510kg/hm²（见表 6-5）。

表 6-4　一级地主要养分含量

项　目	有机质(g/kg)	有效磷(mg/kg)	速效钾(mg/kg)	有效锌(mg/kg)	有效硼(mg/kg)
平均值	1.43	25.51	131.64	1.59	0.81
范围值	11.7～23.6	9.66～75.31	81.27～253.38	0.51～5.65	0.44～1.34
含量水平	中偏上	中偏上	中偏上	中偏下	中等

表 6-5　阳谷县一级地产量水平统计表

主要作物	统计农户(户)	平均产量(kg/hm²)	变幅(kg/hm²)
小麦	216	9570	8940～10545
玉米	234	10545	9870～13140
蔬菜	64	51510	45165～57150

（三）存在问题

一是该地区属全县经济较好地区，人们历来注重二、三产业，农业投入比例低于二、三产业投入；二是土壤肥力与高产、高效农业的需求还有一定差距；三是施肥、用药种类与比例不合理；四是灌溉农田时存在大水漫灌现象，造成水资源的浪费以及土壤盐化现象的发生。

（四）改良利用

一级地是全县综合性能最好的耕地，各项评价指标均属良好型。土层厚，排灌性好，易于耕作，养分含量高，保肥、保水性好，土地利用方面基本没有限制，适宜各种作物生长。利用方向是发展高产、优质、高效农业，如无公害蔬菜基地、日光温室、反季节瓜果栽培以及优质高产小麦等。在今后的农业生产中应注意以下几点：农业部门应结合科技入户、配方施肥等工程，加大宣传力度，转变观念，提高认识，加大农业投入，提升农业综合生产能力；增施有机肥，增加土壤有机质含量，实施平衡施肥，防止土壤污染，适量补施微肥，提高耕地质量；适当减少化肥施用量，调整化肥投入比例，防止土壤盐渍化和板结。

二、二级地

(一)面积与分布

二级地综合评价指数为0.86～0.89,耕地面积为12863.92hm²,占全县总耕地面积的23.48%,是全县耕地面积最大的一个等级。土地利用类型为灌溉水田、水浇地、旱地和菜地(见表6-6)。

表6-6　　二级地各土地利用类型面积

利用类型	评价单元(个)	面积(hm²)	占总耕地面积(%)	占二级地面积(%)
灌溉水田	6	48.87	0.07	0.29
水浇地	1157	15972.84	22.24	94.75
旱地	15	105.16	0.15	0.62
菜地	136	731.47	1.02	4.34
总计	1314	16858.34	23.48	100

二级地主要分布在阿城镇、西湖镇、十五里元镇、七级镇、安乐镇,其中以阿城镇分布面积最大,为3140.08hm²,占该镇耕地面积的37.52%,占二级地的18.64%。此外,闫楼镇、郭屯镇、寿张镇、高庙王乡、张秋镇等乡镇(街道办事处)也有少量或零星分布。

(二)主要属性分析

二级地土壤类型主要为潮土、褐土化潮土和盐化潮土。土壤表层质地主要是轻壤和中壤。土体构型主要为轻壤沙腰、中壤黏心、轻壤黏心、轻壤黏腰、轻壤沙心。微地貌以缓平坡地和河滩高地为主,含有少量决口扇形地和沙质河槽地。土层深厚,土壤理化性状良好,部分地区有轻度盐渍化现象,可耕性强。地下水矿化度较高,为0.5～2g/L的弱矿化水和2～5g/L的中度矿化水,农田水利设施较为完善,灌排条件较好,灌溉保证率接近100%。土壤养分含量比较理想(见表6-7)。作物产量水平较高,小麦产量为8205kg/hm²,玉米产量为9255kg/hm²,蔬菜产量为45252kg/hm²(见表6-8)。

表6-7　　二级地主要养分含量

项　目	有机质(g/kg)	有效磷(mg/kg)	速效钾(mg/kg)	有效锌(mg/kg)	有效硼(mg/kg)
平均值	1.36	22.98	125.07	1.49	0.86
范围值	9.7～18.8	9.72～105.43	68.9～216.57	0.62～4.28	0.41～1.4
含量水平	中等	中等	中偏上	中偏上	中等

表 6-8 阳谷县二级地产量水平统计表

主要作物	统计农户(户)	平均产量(kg/hm²)	变幅(kg/hm²)
小麦	384	8205	7455～9030
玉米	400	9255	8790～10380
蔬菜	78	45252	42900～49875

(三)存在问题

二级地地形平缓,可耕性较好。存在的主要问题是部分耕地土体构型夹沙,存在漏水、漏肥情况。部分地区有轻度盐渍化现象,并且有中度矿化度现象。土壤养分含量达到全县平均水平。

(四)改良利用

增施有机肥料,一方面可以培肥地力,另一方面可以改善土壤中偏沙的状况,改良土体构型;与农田基础建设相结合,兴修水利,尽量不利用矿化度较大的地下水灌溉农田,杜绝大水漫灌等不科学的灌溉方式;合理确定氮、磷、钾的比例,补施微肥,培肥地力。

三、三级地

(一)面积与分布

三级地综合评价指数为 0.83～0.86,耕地面积为 14476.8hm²,占全县总耕地面积的 20.16%。土地利用类型为灌溉水田、水浇地、旱地和菜地(见表 6-9)。

表 6-9 三级地各土地利用类型面积

利用类型	评价单元(个)	面积(hm²)	占总耕地面积(%)	占三级地面积(%)
灌溉水田	2	9.6	0.01	0.07
水浇地	1053	14141.13	19.7	97.68
旱地	2	29.8	0.04	0.21
菜地	80	296.27	0.41	2.05
总计	1137	14476.8	20.16	100

三级地主要分布在西湖镇、阿城镇、闫楼镇、安乐镇、高庙王乡、定水镇等乡镇(街道办事处),其中以西湖镇分布面积最大,为 1720.26hm²,占该镇耕地面积的 28.49%,占三级地的 11.88%。张秋镇、寿张镇、石佛镇、十五里元镇等乡镇(街道办事处)有少量或零星分布。

(二)主要属性分析

三级地土壤主要为潮土、褐土化潮土和盐化潮土。耕层质地以轻壤为主,仅有少量中壤和沙壤。土体构型主要为轻壤沙腰、中壤黏心、轻壤黏心、轻壤黏腰。微地貌类型以缓河滩高、缓平坡地为主,兼有少量沙质河槽地和背河槽状洼地。土壤理化性质较好,部分地区有轻度盐渍化现象。农田基础设施良好,灌排能力较好,灌溉保证率在 75%以上。

大部分地区有中度矿化现象。土壤养分含量适量(见表 6-10)。作物产量水平中等,小麦产量为 6525kg/hm²,玉米产量为 8100kg/hm²,产量水平如表 6-11 所示。

表 6-10　　三级地主要养分含量

项　目	有机质(g/kg)	有效磷(mg/kg)	速效钾(mg/kg)	有效锌(mg/kg)	有效硼(mg/kg)
平均值	1.32	23.67	123.85	1.37	0.83
范围值	9.7～17.9	8.56～104.81	55.32～191.83	0.47～4.72	0.41～1.38
含量水平	中等	中等	中偏上	中等	中等

表 6-11　　阳谷县三级地产量水平统计表

主要作物	统计农户(户)	平均产量(kg/hm²)	变幅(kg/hm²)
小麦	413	6525	6030～7290
玉米	408	8100	7380～8850

(三)存在问题

三级地部分耕地质地为沙壤,容易造成养分的流失;部分地区地貌是沙质河槽地,养分含量低,漏水、漏肥,排水条件差,易发生渍涝,地下水矿化度偏高,有盐碱化威胁,影响作物的正常生长;土壤养分含量偏低,对作物生长不利。

(四)改良利用

增施有机肥料,实行秸秆还田,一方面可以培肥地力,另一方面可以改善土壤中偏沙的状况,改良土体构型,同时加大对氮、磷、钾及微肥的投入;合理耕作与灌溉,逐步消除土壤盐渍化,保障作物的正常生长。

四、四级地

(一)面积与分布

四级地综合评价指数为 0.8～0.83,耕地面积为 14723.5hm²,占全县总耕地面积的 20.51%,四级地是除二级地阳谷县耕地面积最大的一级土地,利用类型为水浇地和菜地(见表 6-12)。

表 6-12　　四级地各土地利用类型面积

利用类型	评价单元(个)	面积(hm²)	占总耕地面积(%)	占四级地面积(%)
水浇地	1094	14510.02	20.21	98.55
菜地	51	213.47	0.3	1.45
总计	1145	14723.5	20.51	100

四级地主要分布在定水镇、闫楼镇、西湖镇、高庙王乡,其中以高庙王乡分布面积最大,为 2505.84hm²,占该镇耕地面积的 51.9%,占四级地面积的 17.02%。石佛镇、博济

桥街道办事处、张秋镇、大布乡、侨润街道办事处、狮子楼街道办事处等乡镇(街道办事处)有少量或零星分布。

(二)主要属性分析

四级地土壤有潮土、褐土化潮土、盐化潮土,表层质地以轻壤和沙壤为主,只有少量中壤。土体构型主要有轻壤沙腰、轻壤黏心、中壤黏心、沙壤均质、轻壤黏腰,土体构型中夹沙、浅黏层次比较明显。微地貌类型主要为河滩高地和缓平坡地,兼有少量沙质河槽地和背河槽状洼地。部分土壤中含有轻度盐渍化现象,大部分地区为中度矿化水。农田基础设施较好,灌排能力良好,灌溉保证率在75%左右。土壤养分含量偏低(见表6-13)。作物产量水平较低,小麦产量为5610kg/hm²,玉米产量为6765kg/hm²,产量水平如表6-14所示。

表6-13　四级地主要养分含量

项　目	有机质(g/kg)	有效磷(mg/kg)	速效钾(mg/kg)	有效锌(mg/kg)	有效硼(mg/kg)
平均值	1.3	22.93	118.96	1.26	0.78
范围值	9.4～18	6.57～61.66	53.75～252.22	0.45～3.06	0.40～1.37
含量水平	中等	中等	中偏下	中偏下	中等

表6-14　阳谷县四级地产量水平统计表

主要作物	统计农户(户)	平均产量(kg/hm²)	变幅(kg/hm²)
小麦	386	5160	4665～5955
玉米	370	6765	6180～7515

(三)存在问题

该级地土体构型中有较多的沙均质和壤质沙腰,对土壤保水、保肥有一定影响,对作物生长不利;土壤中含有轻度盐渍化现象,部分地区矿化度较高,影响作物的生长;灌溉保证率有待提高;土壤贫瘠,影响作物正常生长;地形较低洼,易造成盐碱危害。

(四)改良利用

增施有机肥,深耕土壤,从而改良土壤表层质地和土体构型,提高土壤的物理化学性能;利用弱矿化水、淡水资源,采用管灌等方式合理灌溉,避免大水漫灌,加剧土壤盐渍化的程度;搞好排水系统,确保雨季不发生渍涝;加强灌溉基础设施的完善和维护管理,提高灌溉保证率;增加化肥投入量,进一步提高作物产量;种植部分抗盐碱作物。

五、五级地

(一)面积与分布

五级地综合评价指数为0.77～0.8,耕地面积为7921.21hm²,占全县总耕地面积的11.03%,土地利用类型为灌溉水田、水浇地和菜地(见表6-15)。

表 6-15 五级地各土地利用类型面积

利用类型	评价单元(个)	面积(hm^2)	占总耕地面积(%)	占五级地面积(%)
灌溉水田	1	2.28	0	0.03
水浇地	619	7852.25	10.94	99.13
菜地	13	66.68	0.09	0.84
总计	633	7921.21	11.03	100

五级地主要分布在大布乡、李台镇,其中大布乡分布面积最大,为 1565.27hm^2,占该镇耕地面积的 38.45%,占五级地面积的 19.76%。定水镇、金斗营乡、高庙王乡、寿张镇等乡镇(街道办事处)有少量或零星分布。

(二)主要属性分析

五级地土壤类型主要为潮土和褐土化潮土,兼有少量盐化潮土和潮盐土。土壤表层质地主要为轻壤和沙壤。土体构型主要为轻壤黏心、沙壤均质、轻壤沙腰、沙壤黏心,土壤中存在明显的夹沙层次。微地貌类型主要为河滩高地和缓平坡地,伴有部分沙质河槽地。灌溉保证率在 50%左右。地下水主要是矿化度为 2~5g/L 的中度矿化度水和0.5~2g/L 的轻度矿化水,基本无盐渍化现象。土壤养分含量偏低(见表 6-16)。作物产量水平低,小麦产量为 4530kg/hm^2,玉米产量为 5400kg/hm^2,产量水平如表 6-17 所示。

表 6-16 五级地主要养分含量

项　目	有机质(g/kg)	有效磷(mg/kg)	速效钾(mg/kg)	有效锌(mg/kg)	有效硼(mg/kg)
平均值	1.25	22.29	112.5	1.2	0.74
范围值	8.8~17.3	8.42~59.20	74.83~216.35	0.39~2.95	0.47~1.33
含量水平	中偏下	中偏下	中偏下	中偏下	中偏下

表 6-17 阳谷县五级地产量水平统计表

主要作物	统计农户(户)	平均产量(kg/hm^2)	变幅(kg/hm^2)
小麦	220	4530	4290~5460
玉米	190	5400	5055~6120

(三)存在主要问题

一是土壤构型中存在夹沙层次或沙均质,理化性状不良,土壤保水、保肥能力差,影响作物生长;二是地下水矿化度较高,影响作物生长;三是灌溉保证率较低,需要进一步提高;四是土壤养分含量整体偏低,严重影响作物的正常生长发育。

(四)改良利用

改良利用中应多施用有机肥,搞好秸秆还田,提高土壤肥力,改善土壤团粒结构;搞好农田基本建设,改善灌溉条件,提高灌溉保证率;在作物生长期增施化学肥料,改善土壤贫瘠状况，促进作物的稳产和增产。

六、六级地

（一）面积与分布

六级地综合评价指数低于0.77，面积为5090.81hm^2，占总耕地面积的7.09%，为阳谷县耕地面积最小的一个等级。土地利用类型为水浇地和菜地（见表6-18）。

表 6-18 六级地各土地利用类型面积

利用类型	评价单元(个)	面积(hm^2)	占总耕地面积(%)	占六级地面积(%)
水浇地	338	5062.16	7.05	99.44
菜地	10	28.65	0.04	0.56
总计	348	5090.81	7.09	100

六级地主要分布在大布乡、金斗营乡等乡镇（街道办事处），另外李台镇、石佛镇、侨润街道办事处也有少量分布。

（二）主要属性分析

六级地土壤类型主要是潮土、褐土化潮土、盐化潮土和潮盐土。土壤表层质地以沙壤为主，伴有少量轻壤和重壤。土体构型主要为沙壤均质，含有少量沙壤黏腰。微地貌类型主要沙质河槽地、河滩高地。地下水以矿化度为2～5g/L的中度弱矿化水和轻度矿化水为主，基本无盐渍化现象。灌溉保证率在50%左右。土壤养分含量较低（见表6-19）。作物产量水平低，小麦产量为3360kg/hm^2，玉米产量为4095kg/hm^2，产量水平如表6-20所示。

表 6-19 六级地主要养分含量

项　目	有机质(g/kg)	有效磷(mg/kg)	速效钾(mg/kg)	有效锌(mg/kg)	有效硼(mg/kg)
平均值	1.12	21.11	110.53	1.07	0.7
范围值	0.88～1.49	8.64～48.19	82.87～207.86	0.37～2.12	0.47～1.28
含量水平	中偏下	中偏下	中偏下	中偏下	中偏下

表 6-20 阳谷县六级地产量水平统计表

主要作物	统计农户(户)	平均产量(kg/hm^2)	变幅(kg/hm^2)
小麦	103	3360	3030～4515
玉米	85	4095	3750～5700

（三）存在的主要问题

一是土壤以沙壤为主，保水、保肥能力较差，影响作物生长；二是农田的灌溉水平较低，难以满足大田作物生长的需要；三是地下水矿化度较高；四是土壤养分普遍较低，严重制约作物的生长和发育。

(四)改良利用

多施用有机肥,培肥地力,改善土壤的理化性质;加强对农田基础设施的完善和维护,提高灌溉保证率;利用地下水资源合理灌溉,避免盐分在土壤表层的大量积累,加剧土壤盐渍化;增施无机和有机肥料,改善土壤贫瘠的状况;发展芦苇,挖池养鱼,种植水生作物。

七、耕地地力评价效果

从大田生产和项目试验示范及高产创建开发调查来看,吻合度达96%以上,所以,本次耕地地力评价客观真实,对当前乃至以后多年的种植生产、项目开发推广具有重大指导意义。

第七章　耕地资源合理利用与改良

第一节　利用与改良的耕地资源的现状和特征

阳谷县总面积为106666.7hm^2，其中总耕地面积为71799.41hm^2，与第二次土壤普查相比，面积减少了7149.82hm^2，是山东省西北部、聊城市最南端的一个县，地势西南高、东北低，由于黄河多次泛滥改道，形成了微度起伏、坡度为1/6000的岗、坡、洼相间的平原。

一、耕地资源现状

阳谷县常年种植小麦54667hm^2，玉米44667hm^2，棉花4060.53hm^2，大豆1432.8hm^2，瓜果蔬菜27901.73hm^2。土壤类型属潮土，其脱潮土面积为39071.7hm^2，占35.69%，潮土面积为45123.2hm^2，占45.27%，盐化潮土面积为18861hm^2，占17.4%，盐土面积为1376.2hm^2，占1.38%。从目前来看，盐碱化面积不大，多为次生盐碱化，约占总耕地面积的0.09%。

从各乡镇(街道办事处)占全县面积的比重看，比重最大的是阿城镇，约占全县耕地面积的12.01%，比重最小的是狮子楼街道办事处，占全县耕地面积的2.59%。全县水浇地面积最大的是阿城镇，占总面积的11.31%，蔬菜地面积最大的是阿城镇，占总面积的15.68%。

阳谷县地势平坦，耕地面积较大，土层深厚，耕层多为轻壤和中壤，无明显的障碍层次，农田基本设施配套良好，排灌能力较好。

二、耕地利用特征

阳谷县耕地利用区域特点较为明显，表现为作物种植区域较明显。西南部如高庙王一带除粮食作物，蔬菜上以朝天椒为主，西部如西湖除粮食作物，以大蒜为主，大布白莲耦较为突出，东部闫楼、阿城除粮食作物，以瓜类蔬菜为主，东北部如七级镇除粮食作物，以叶菜类为主。

小麦、玉米居主导地位的耕地利用类型显著。随着国家良种补贴、粮食补贴等优惠政策的实行，农民种粮积极性高涨。近年来，粮食作物播种面积占农作物总播种面积的71.92%，小麦、玉米占整个粮食作物的98.48%。

第二节 耕地改良的实践模式

一、阳谷县盐化潮土及盐土特点

与第二次土壤普查相比，阳谷县盐土面积骤减，盐碱化面积由原来的 19304.4hm^2 降到 98.87hm^2，盐化潮土和盐土综合改良技术得到了良好的利用。

（一）盐碱地的主要特点

土壤中含有较多的水溶性盐或碱性物质。由于盐分多，碱性大，使土壤腐殖质遭到淋失，土壤结构受到破坏，表现为湿时黏、干时硬，土表常有白色盐分积淀，通气、透水不良，严重的会造成植物萎蔫、中毒和烂根死亡，所以，必须对盐碱地进行土壤改良。

（二）改良盐碱土的原则

在排盐、隔盐、防盐的同时，积极培肥土壤。

二、盐化潮土和盐土改良措施

（一）增施有机肥

有机肥能增加土壤的腐殖质，有利于团粒结构的形成，改良盐碱土的通气、透水和养料状况，分解后产生的有机酸还能中和土壤的碱性。

（二）深耕深松

对盐碱地深耕深松、加深耕层，能加速淋盐，防止返盐，增强保墒抗旱能力，改良土壤的养分状况。深耕应注意不要把暗碱翻到地表。

（三）排水

对地势低洼的盐碱地块，通过挖排水沟排出地面水，可以带走部分土壤盐分。

（四）灌水洗盐

根据“盐随水来，盐随水去”的规律，把水灌到地里，在地面形成一定深度的水层，使土壤中的盐分充分溶解，再从排水沟把溶解的盐分排走，从而降低土壤的含盐量。

（五）生物改良

盐碱土结构不良，“板”是现象，“瘦”才是实质，绿肥常作为盐碱土改良的先锋，是因为绿肥既耐盐碱，又培肥地力，具有很强的生物排水功能。近年来，随着凤祥奶业的崛起，阳谷县种植紫花苜蓿的面积也越来越大。测量表明，紫花苜蓿的蒸腾量每亩每年可达394m^3，具有良好的利用深层土壤降低地下水位的作用；同时苜蓿早春发芽早，生长快，覆盖度大，有利于减少地面水的蒸发。种植夏季苜蓿的区域，地下水平均日下降 7.2～11.4cm，而非种植区地下水下降 2.6～4.8cm。苜蓿的排水功能有利于地下水位的回落，减轻表土蒸发积盐，同时根系在土壤中广泛分布形成根孔，穿透分割挤压土壤，有利于土壤结构的形成，从而改变土壤的物理况状。通过监测表明，三年连续种紫花苜蓿的地块，土壤 pH 由原来的 7.9 降到 7.7，效果显著。

（六）农业项目带动盐碱地改良

各类农业综合开发、中低产田开发、盐碱地综合开发等项目的实施带来了明显效果。

农业部门的测土配方项目、标准良田建设项目、现代农业项目发展资金小麦产业项目、高产创建项目等综合效果也较明显。

（七）土地改良剂的使用

(1)改良剂含营养元素丰富。含有机质达56.32%，腐殖酸达27.66%，能激活土壤中被固化的养分，使其被植物直接吸收利用，减少化肥被固化对土壤结构产生的不良影响。

(2)能疏松板结的土壤，增加土壤团粒结构，增强土壤的保肥、保水能力。

(3)可以显著提高盐碱地的产量，明显改善农产品品质。

（八）客土压碱

客土就是换土。客土能改善盐碱地的物理性质，有抑盐、淋盐、压碱和增加土壤肥力的作用，可使土壤含盐量降低到不致危害作物生长的程度。

第三节 耕地资源合理利用的对策

一、阳谷县耕地资源存在的主要问题

沙：阳谷县约有20.19%的土壤属沙性土壤，主要分布于大布乡的王胡同、郭海、宁仓，高庙王乡中孔、仓上、郭庄，李台镇的甄台、何垓、王堤、张店，石佛镇的沙土集、马营至青阳李一带等，集中在羊角河两岸和赵王河两岸及金斗营乡的老沙河。该土疏松，易耕作，但保水、保肥能力差，养分含量低，无后劲。

黏：阳谷县耕地中黏土约占阳谷县总耕地面积的1.6%，主要分布在定水镇坡里大洼，西湖镇的张寨、门坊一带，十五里元镇、寿张镇也有零星分布，该土质质地黏重，耕作性差，养分含量高，保肥能力强，有后劲，有湿黏、干硬现象，旱则裂缝，伤根刨墒，植物扎根受阻。

碱：阳谷县还有98.87hm^2的盐碱地，分布在白碱坡、武将台、东西聂、鹅鸭坡、煎盐厂等。

隔层：土体中有沙、黏、犁底层，影响土体水分和土壤养分运动。

单一：有少部分农民不注重平衡施肥，施用化肥单一。

少：阳谷县总耕地面积为71799.41hm^2，人均0.009hm^2，低于全国人均0.0093hm^2的水平，人地矛盾日趋突出，人口、耕地、粮食三者矛盾将愈加尖锐，成为耕地资源利用中的突出问题。

恶化：阳谷县所处的地理条件决定了土壤中盐碱的必然存在。引水不当或大涝之年，会加重土壤盐渍化。阳谷县尽管采用各项措施进行治理，但这次耕地地力调查表明阳谷县仍有98.87hm^2的盐碱地存在。陶城铺两岸也不同程度地发生了土壤的盐渍化。工业“三废”污染影响了农业生态环境，加剧了土壤恶化。

淡薄：虽然国家相继出台了多部关于土地、耕地保护条例与法规，但受经济利益的驱使，保护耕地资源的意识仍然淡薄，如农村砖瓦厂为了短期经济利益，不惜占用大量耕地，部分小城镇盲目扩大、超前用地，挤占周围的菜地和粮田，农民建房占用良田屡禁不止。

二、耕地资源合理利用的对策

(一)平衡施肥,用养结合,增施有机肥料,培肥地力

长期以来,阳谷县在耕地开发利用上,仍有重利用、轻培肥,重化肥、轻有机肥的现象,全县化肥的施用量逐年增加,有机肥投入量却逐年减少,且投入的化肥以氮、磷肥为主,引起了土壤的养分失衡,导致地力下降。要使作物稳产、高产,必须将用土与养土妥善结合起来,广辟有机肥源,重视有机肥的施用才可以。根据不同情况制定好不同的配方,引导农民施用配方肥,合理增施有机肥、钾肥及微肥,不断培肥地力。

1. 增施有机肥

培育高肥力土壤的中心问题是增加土壤有机质含量。

就目前现状来看,土壤有机肥投入太少,大田有机质的提升得益于秸秆还田,但仍不能满足农作物需要。增施有机肥,提高有机肥的质量和数量是不可忽视的环节,应引起高度重视。有机肥料是农业生产的重要组成部分。合理利用有机肥料是降低能耗,培肥地力,增加农业后劲,促进农作物高产、稳产,维持农业生态良性循环的有效措施,有机肥料是植物养分的仓库,有较强的保肥能力,能活化土壤潜在养分。

第一,要了解有机肥料的营养作用。

(1)有机肥料是植物矿质营养的直接来源,有机肥料中含有植物生长所必需的各种大量元素和微量元素。据报道,新鲜畜禽粪中各种无机养分有效性很高。就氮、磷、钾而言,钾的有效性最高。有效钾占全钾量的50%～80%,有效磷占全磷量的25%～35%,有效氮较低。有效态微量元素硼、锌、锰、铁、铜含量分别为2.6～5mg/kg、11.9～32.2mg/kg、14.9～62.9mg/kg、19.2～26mg/kg、3.3～9mg/kg,钼含量较少,因此,施用有机肥料可部分解决农业生产中缺磷少钾及微量元素不足的问题。

有机肥料施入土壤后,经生物分解可源源不断地释放出各种养分供植物吸收利用,还能不断释放出二氧化碳,改善植物的氮素营养。

(2)有机肥料能提供各种有机养分。有机肥料多数含有组成生物体的各种成分,包括各种碳水化合物,如纤维素、半纤维素、各种糖、蛋白质、氨基酸酰胺、磷脂等可溶性有机化合物。这些化合物经过各种微生物和酶促反应的矿化分解,可产生比较简单的化合物,其中大部分比较简单的化合物可以被作物直接吸收利用。

第二,要明白有机肥料对提高土壤肥力的作用,土壤肥力是土壤生产力的基础,施用有机肥料对保持和提高土壤肥力有重要作用。

(1)增加有机质。有机肥料是改良土壤的重要物质,它能改善土壤的理化活性和生物活性,从而使土壤肥力因子——水、肥、气、热等得以协调,能更好地满足植物生长的需要。

(2)改善土壤结构。有机肥料在分解过程中,一方面使有机物质分解和矿质化,释放养分,另一方面还进行腐殖质化,使一些有机化合物缩合脱水形成更为复杂的腐殖质。经过降解的有机物质和新合成的腐殖质,具有改善土壤结构,增进土壤保水、保肥能力的作用,再就是能提高土温,改良土壤耕性,延长土壤的适耕期,由有机肥料形成的腐殖质具有很强的缓冲能力,土壤有机胶粒的阳离子交换量大,能避免局部土壤中化肥高浓度对作物的危害。

(3)提高土壤生物活性,有机肥料含有很多微生物和各种酶。施用有机肥料既能为土壤微生物活动提供养分和能量,又有利于改变土壤微生物区系,增加土壤有益微生物群落和土壤酶活性,有利于土壤物质的转化和提高土壤养分利用率。

(4)提高土壤养分有效性。有机肥料可提高难溶性磷酸盐的有效性。有机肥料分解中,能产生各种有机酸和碳酸,这些有机酸都是络合剂。有机酸与 Ca^{2+}、Mg^{2+}、Fe^{2+}、Al^{3+} 离子形成稳定的络合物,可以促进土壤中难溶性磷酸盐的转化,减少磷酸的固定,提高磷的有效性。

第三,有机肥料还能节省能源、保护环境。大量施用化肥,带给社会的是能耗的增加、生态环境的破坏、农业生产成本的增加。据报道,每生产 1kg 的化肥,消耗的能量为:氮 73×10^6J、磷 14×10^6J、钾 8×10^6J。而有机肥料大部分是生物残体或农产品加工后的废弃物,价廉且资源丰富,施用有机肥是物质循环和光能再利用的最佳方式。充分利用有机肥可减少化肥的施用量,即可降低由于生产化肥所耗的能源,又减少大量施用化肥带来的环境污染。施用有机肥、栽种绿肥对防止或减轻土壤侵蚀具有明显的作用。此外,施用有机肥料对加速土壤脱盐、脱碱,减少镉、铬等重金属对土壤的污染,调节土壤酸碱度以及提高农产品的品质也有积极作用。

有机肥料主要来源是动植物残体和人畜粪尿,并以植物残体为主。

(1)人粪尿是人体排泄的粪和尿的混合体,养分含量高,肥效快,是富含氮素的速效性有机肥料。

(2)厩肥是家畜粪尿和垫料、残余饲料等混合积制的农家有机肥料,它不仅含土壤圈微生物的碳源和土壤改良剂,而且是作物氮、磷、钾及其他养分补给源的载体,利用厩肥是促进作物养分循环和再利用的最好形式。

(3)堆肥和沤肥是阳谷县广泛积制的有机肥料。它们的共同特点是以植物秸秆、杂草、树叶、各种绿肥、泥炭、垃圾以及其他废弃物为主要原料,加入人畜粪尿进行堆积和沤制。经过腐熟的堆肥和沤肥都是优质的有机肥料。

(4)沼气肥是沼气发酵肥料的简称。阳谷县近年来户用沼气发展迅速,沼气肥也越来越多,沼气肥除碳素大部分被分解作能源,氮、磷、钾等营养元素还保留在发酵肥料中。因此,沼气肥不仅缓和了农村的能源紧张问题,而且也减轻了环境污染,是较好的液体肥料。

由此可知,科学施肥,提高肥料利用率,是搞好化学培肥的先决条件。所以,要立足土壤养分状况,因缺补缺,突出重点,协调肥料配比,改进施肥技术。高产地块在稳氮控磷的基础上,应注意钾肥和微肥的施用,中低产田的土壤要增氮、稳磷、补钾,以无机促有机。

不同的土壤类型和作物种类也直接影响着化肥的施用效果。小麦、玉米对锌,花生、棉花对硼,果树对铁,番茄、大白菜对钙等均有较强的敏感性,施用时应重视这些特征。化肥的效益,既取决于上述的施肥原则,又取决于科学的施肥方法。如化肥与有机肥堆制施用,碳铵全层深施,磷肥集中施等。

2. 大力推行秸秆还田,合理耕作

随着现代机械化工具在小麦、玉米种植上的应用,阳谷县绝大多数农户都采用机械化收获。小麦、玉米秸秆都被直接还田利用,它们是重要的有机肥资源,对维持土壤养分平衡、改良土壤、培肥地力具有十分重要的作用,但如操作不当,就会产生负效应。具体表现为部分秸秆还田后，麦田出现出苗率低、苗黄、苗弱，甚至死苗现象，不但不增产，反而减产。其原因主要有：

(1)碳氮比例失调。秸秆本身碳氮比为 65：100，而适宜微生物活动的碳氮比为 25：1，秸秆还田后，微生物在分解残体时与麦苗争夺土壤中的有效氮，造成土壤中氮素不足，麦苗因缺氮而黄化、弱苗、生长不良。

(2)秸秆粉碎不符合要求。有的地块粉碎后的秸秆过长，超过 10cm，不利于深翻，影响了播种。

(3)土壤大小孔隙比例不合理。秸秆还田后，土壤变得过松，大孔隙过多，导致跑风，土壤与种子不能紧密接触，影响种子发芽扎根，使小麦扎根不牢，甚至出现“吊死”现象。为避免这些现象的出现，在实施秸秆还田时，应注意以下几点：

第一，提高粉碎质量。秸秆粉碎后，长度要小于 10cm，且要撒匀。还田后的土壤要旋耕作业一遍，使秸秆和土壤充分混合拌匀。此外，还要用铧式犁将秸秆连同化肥、农家肥翻入 20cm 以下的土壤内，以备作物播种、吸收。

第二，配合施用氮、磷、钾肥料。秸秆还田后，增施速效氮肥，可降低土壤中的碳氮比，有利于微生物活动，高产田按比例施氮、磷、钾肥料，适当增施速效氮，可满足小麦生长的需要，以提高产量。

第三，浇足塌墒水。秸秆还田的地块，土壤易架空，会影响小麦的正常生长，为踏实土壤、加速秸秆腐化，整好地后要浇好塌墒水。如果怕影响适期播种来不及浇的，播后要补浇并且压实。

近年来，阳谷县大部分地块都采用旋耕犁地，因旋耕速度快，整地质量好。但旋耕耕层浅，表面残留秸秆多，致使作物根层浅，抗旱、抗倒伏能力差。所以，经过多年旋耕的地块应建立每旋耕三年需深耕的耕作制度，以促进作物的良好循环，不具备深耕条件的，要细粉碎、多旋耕、浇透水，适当增加 10%左右的氮素化肥和用水量。在农业生产上要尽量提倡深耕。深耕：一是可掩埋有机肥料、秸秆、杂草和病虫有机体；二是可打破犁底层，疏松耕层，松散土壤；三是可降低土壤容重，增加孔隙度，改善通透性，促进好氧性微生物的活动和养分释放；四是可提高土壤蓄水、保肥和供肥能力；五是深耕可达到 23cm 以上，耕后细耙，粉碎坷垃，达到上虚下实的整地标准。总之，根据作物不同的生物学特点进行合理耕作，结合增施有机肥、平整土地、科学运筹肥水等措施，就会增厚活土层，加速土壤熟化，达到培肥地力的目的。

3. 合理施用化肥，协调土壤中的氮、磷、钾比例

虽然化肥大量施用，但作物产量并不随化肥施用量的增加而增加，甚至某些地块出现了增肥不增产现象。施用化肥效益降低的主要原因：一是肥料结构不合理，除有机肥质差量少，化肥品种单一也是重要因素；二是化肥用量增多，有机肥不足，诱发了土壤部分微量元素的缺乏；三是施肥技术上不能因地、因肥制宜，降低了肥料效益。

(二)采用农业措施，改良土壤质地，改善土体结构

阳谷县耕地土壤大多数质地良好，但仍有一小部分沙、黏、碱土壤，成为阳谷县增加总产量的限制因素，对这部分土壤：一是增加有机质含量，增施有机肥料，培肥地力。二是要因地制宜地进行管理。在沙质土壤上，施肥中应掌握“以追为主，少量多次”的追肥原则，

种植上要适当密植。在黏质土壤上，应加强前期施肥，促进早生快发。在偏碱土壤上，应施用酸性或生理性酸性肥料，如过磷酸钙等，同时使用土壤改良剂。三是推广滴灌技术，切记不要大水漫灌。

(三)树立耕地合理利用发展观，加强耕地保护意识

土地是农业最基本的生产资料，珍惜每寸土地，合理使用每寸土地是我们的国策，持续利用耕地资源，保持耕地数量上的平衡和质量上的稳定，是实现农业乃至整个国民经济、社会稳定发展的基础。因此，要树立耕地利用发展观，树立保护耕地的紧迫感、危机感及责任感，大力宣传《基本农田保护条例》，使节约用地和保护耕地成为全社会的共识，营造加强耕地保护的良好氛围。

一是强化基本农田保护工作，不能随便占用耕地。

二是完善统一高效的耕地管理制度，向政府争取资金，加强中低产改造，提高耕地质量。

三是加强土地执法、监督管理制度，加大对破坏耕地的查处力度。

(四)以科技为先导，防止生态环境恶化

(1)通过此次耕地调查，发现仍有相当一部分农民施用单一养分肥料，长期偏施一种肥料会引起土壤中其他养分的耗竭。同时，施肥效益也在下降，影响了作物产量和产品质量，甚至引起环境污染等问题。如过量施用氮肥会导致地下水污染，加速土壤中其他养分消耗；过量施用和不恰当地施用磷肥也会导致这一元素在水体中的富集。所以，要科学地平衡施用各种必需营养元素。合理施用配方肥，对于提高作物产量和品质以及保证环境质量都是有益而无害的。特别说明的是，这些问题都是人们缺少合理施肥的知识，违背平衡施肥原则而导致的，并不是施用化肥的必然结果。

(2)随着产出效益和复种指数的提高，农作物病虫害也频繁发生，致使农药使用就不可避免，这一方面保障和提高了粮食产量，另一方面也不同程度地造成了土地环境污染，破坏了生态环境，若农药使用不当，就会造成生物链紊乱，破坏生态平衡，所以要做到科学用药，掌握好浓度，达到保护环境、优化农业生态、防止环境恶化的目的。

(3)加强植树造林和农田防护网的建设，通过保护自然资源来改善生态环境，减少自然灾害的发生频率。

(4)种植绿肥和豆科作物，“以田养田”，用养结合，是生态农业的重要部分。同时扩大豆类种植面积，因绿肥、豆类等养地作物利于加快地力恢复、改善生态环境。

(5)逐渐对土地盐渍化等土壤资源修复，可采取农艺、化学、生物、工程等技术措施。通过广开肥源、增施有机肥、植绿肥等生物修复技术，改善土壤理化性状，应着眼于大农业，因地制宜地搞好农业区域综合开发，大搞农田基本建设，提高土地生态系统的稳定性和自我调节能力。

(6)治理工业“三废”，特别是乡镇工业污染。贯彻“以防为主，防治结合”的原则，杜绝城乡工业“三废”超标准排放。工矿企业方面应大力研究和推广闭路循环无毒工艺。生产必须排放的“三废”，要在工厂内进行回收处理，开展综合利用，变废为宝，化害为利。对于目前不能综合利用的“三废”，务必实行净化处理，使之达到国家规定的排放标准。取缔污染严重而难以改造的“四小”企业，保护农田生态环境和水源清洁，为农业生态良性循环及

耕地资源的可持续利用创造条件。

总之，耕地生态环境质量的高低是保证农作物持续稳产、高产、优产、高效的重要条件。根据阳谷县资源优势以及生态环境的特点，因地制宜地利用好耕地资源。如通过合理轮作、科学间套种措施，提高复种指数，努力提高耕地资源利用率。通过多物种、多层次、多时序、多级技能、多种产业的有机结合和农、林、牧、副、渔的并举，达到生态、经济和社会效益的高度统一。

（五）控制人口过快增长，实现人口与土地资源的平衡与协调发展

一是认真贯彻计划生育这一项基本国策，严格控制人口的增长，做好人口控制工作，降低人口自然增长率，加强优生、优育政策的贯彻，以缓解耕地的有限性与人口需求无限性的矛盾，保证人均占有耕地数量的基本稳定。

二是通过耕地资源利用与管理政策、人口与人口管理政策和农业科技政策调整的效应，提高广大群众的文化素质和环保意识，尽量使耕地利用集约化，减少城镇建设用地等因素造成的耕地资源流失，确保经济社会发展、城镇化发展、工业建设用地与农村耕地资源合理利用。

（六）加强水利建设，改善灌溉条件

水是作物生长的必要条件，灌溉条件与耕地的基础地力有着密切关系，因而可以通过采取以下措施，实现自然降水的空间聚集，改善区域农田的土壤水分状况，推广节水灌溉技术，改善和扩大灌溉面积。

（1）健全灌溉工程，改善灌区输水、配水设备，加强灌溉作业管理，改进地面灌溉技术，采用增产、增值的节水灌溉方法和灌溉技术。加强水利建设，修筑田埂，防止水土冲刷。安排好水利规划，修好水渠，防止渗漏，加强管理，提高引灌水的利用率。

（2）人工富集天然降水，建造大、中、小型蓄水池、塘等蓄水体系，将集纳雨水、拦截径流和蓄水有效结合起来，在作物需水的关键时期进行灌溉，解决作物需求和降水错位的矛盾，以充分发挥水分的增产效果。

第八章　阳谷县耕地资源管理信息系统建设

一、项目来源及目的意义

阳谷县耕地资源管理信息系统数据库建设工作是农业部沃土工程“科学施用化肥”即测土配方施肥工作的重要组成部分，是国家实现农业科学种田，促进粮食稳定生产，实现农业科学施肥经常化、普及化的重要工作，是实现农业耕地地力评价成果资料统一化、标准化的重要计划，是实现综合农业信息资料共享的技术手段。阳谷县耕地资源管理信息系统数据库建设工作是对最新的土地利用现状调查成果，第二次土壤普查的土壤、地貌、矿化度等，以及本次耕地地力评价工作中采集的土壤化学分析成果进行汇总，建立一个集空间数据库和属性数据库的存储、管理、查询、分析、显示为一体的数据库，为科学种田及施肥、农业的可持续发展、深化农业科学管理工作服务。

二、建库的单位组成

为加快阳谷县耕地地力评价及耕地资源管理信息系统数据库建设，依据农业部县域耕地资源管理信息系统数据库建设要求，由多年来一直从事农业测土施肥管理、研究、耕地地力评价、数据库建设等有一定经验的单位组成联合工作组。

山东省土壤肥料总站：负责耕地地力评价及建库工作组织、协调、标准制定、土壤图成果资料的归属核查处理等工作。

山东农业大学资源与环境学院：负责耕地地力评价图、土壤化学元素系列图及研究报告编制等工作。

山东天地亚太国土遥感有限公司：负责土地、土壤、矿化度、地貌、灌溉分区等图件扫描矢量化及几何校正处理等编图工作，耕地地力评价所有建库资料统一化、标准化处理，空间数据库和属性数据库建设，耕地地力评价成果图件修改编辑及图件输出、数据库建设报告编制等工作。

三、建库工作的软硬件环境

（一）主要硬件

计算机 10 台，HP 5000 和 HP 3500 绘图仪各一台。

（二）软　件

MAPGIS 6.7 软件 10 套，ARCGIS 9.2 软件 2 套，县域耕地资源管理信息系统软件 2 套，ENVI 4.5 遥感图像处理与分析软件 1 套。

第一节 建库内容及建库工作中主要问题的处理

一、建库内容

依据农业部耕地地力评价数据库建设的要求，阳谷县耕地资源管理信息系统数据库包括空间数据库和属性数据库两部分内容。属性数据库依据县域耕地资源管理信息系统数据字典、建库县提供的有关资料、山东省第二次土壤普查土种归属表及土壤分类代码编制。空间数据库包括土地利用现状图、土壤图、矿化度图、灌溉分区图、地貌图、耕地地力调查点点位图、耕地地力评价等级图、土壤化学微量元素系列图等。

二、建库工作中的主要问题

阳谷县耕地资源管理信息系统数据库建设工作由于涉及的内容多，加之部分资料为第二次土壤普查的资料，与县域耕地资源管理信息系统数据字典的要求对比存在以下问题：

(1)第二次土壤普查的土壤、地貌、矿化度等成果均为纸介质图，因图纸折叠和自然伸缩的影响，图件变形大，形成较大的误差。

(2)土地利用现状图为 2008 年以前的现状，但近年来交通用地和蔬菜地出现较大的变化。

(3)阳谷县土壤图中的土种名称与山东省土种归属要求不一致。

(4)阳谷县的地貌图为微地貌图，与县域耕地资源管理信息系统数据字典中地貌划分的名称不能一一对应。

(5)已有资料坐标系不统一问题，如第二次土壤普查图件为 1954 年北京坐标系，土地利用现状图或行政区划图为 1980 年西安坐标系。

(6)已有成果资料专业内容和地名注释错漏。

(7)没有统一的土壤分类与代码。

三、建库工作中有关问题的处理

(1)依据 1∶50000 标准分幅地形图，对所有建库的纸介质成果图全部进行几何校正处理，以消除纸介质成果图的误差。

(2)依据较新的航天卫星资料对近年来变化的公路、铁路等进行修改补充。

(3)为使阳谷县土种的名称与省归属要求相对应，在耕地资源管理信息系统数据库建设前，首先对土壤图中所有图斑内容进行检查统计，对错漏注释及边界问题交项目县进行修改补充及编制土种归属表，最后由省土肥站进行土种归属复查处理。为方便县域土壤图的利用和对比，建库后的图中仍保留了原县域土壤图的土种代码，编制了省标、县土壤名称及代码对比表，属性挂接为县域土种代码。

(4)由于县域耕地资源管理信息系统数据字典中划分的地貌名称少，其地貌名称不能一一对应，在建库时尽量选择与数据字典中相近的地貌名称进行编码，为方便地貌图的利用和对比，在地貌图中保留了原地貌图的名称和代码，图例中增加了建库数据字典中规定的地貌名称、代码与县原地貌名称、代码的对比表，属性挂接为数据字典中规定的地貌名称和代码。

(5)对已有资料坐标系不统一问题，依据数据库建设要求，所有成果全部统一到高斯—克吕格投影，6 度分带，1954 年北京坐标系中。

(6)对已有成果资料专业内容和地名注释错漏问题，全部打印成图件和文字交项目县进行全面检查和补充，依据项目县的检查稿逐条进行修改。

(7)对没有统一的土壤分类与代码问题，编制了全省统一的土类、亚类、土属代码及县域土种代码。

由于 20 世纪 80 年代山东省第二次土壤普查汇总时没有制定全省统一的县域土壤代码，无法满足目前全国开展的耕地地力评价及县域耕地资源管理信息系统建库工作统一化、标准化和科学实施测土施肥的需要，为了满足其建库和科学施肥工作的需要，依据县域耕地资源管理信息系统数据字典中土壤类型代码要求及山东省第二次土壤普查土种归属的要求，以满足本次建库工作的需要为基础，编制了山东省第二次土壤普查分类的土类、亚类、土属、土种的代码。其中土类、亚类、土属的代码以山东省第二次土壤普查土种归属表为准，土种代码以每个县级为单元，按土种的顺序编制。

分类原则与方法：本次编码工作依据山东省第二次土壤普查土种归属的要求为基础，以科学性、完整性、统一化、标准化、可扩展性等为原则，在山东省第二次土壤普查土种归属分类单元中仅对土类、亚类、土属的三个层次进行编码。第四层级的土种编码，每个县域为独立的单元编码。

代码结构：采用四个层次的编码方法对山东省第二次土壤普查县域成果进行编码，其代码结构为土类、亚类、土属、土种四个层次。

编码方法：土类代码用第一层两位阿拉伯数字表示(每一个土类用两个阿拉伯数字表示，从“01”开始)。亚类代码用第二层两位阿拉伯数字表示，从“01”开始。土属代码用第三层两位阿拉伯数字表示，从“01”开始。土种代码用第四层两位阿拉伯数字表示，按每个县域的土种顺序从“01”开始。

山东省第二次土壤普查土种归属表中未列内容处理：裸岩在山东省第二次土壤普查土种归属表中未列其内容，但是山丘区的部分县土壤图中出现了裸岩图斑，由于中国土壤分类与代码国标中也没有裸岩内容，本次编码不分裸岩岩石类型，相当于增加一个土壤类型处理(土类、亚类、土属、土种)。

第二节　数据库标准化

一、标准引用

县域耕地资源管理信息系统数据字典中规定的国标及行业有关技术标准：

(1)GB/T 2260—2002　《中华人民共和国行政区划代码》

(2)NY/T 309—1996　《全国耕地类型区、耕地地力等级划分》

(3)NY/T 310—1996 《全国中低产田类型划分与改良技术规范》
(4)GB/T 17296—2000 《中国土壤分类与代码》
(5)全国农业区划委员会 《土地利用现状调查技术规程》
(6)国土资源部 《土地利用现状变更调查技术规程》
(7)GB/T 13989—1992 《国家基本比例尺地形图分幅和编号》
(8)GB/T 13923—1992 《国土基础信息数据分类与代码》
(9)GB/T 17798—1999 《地球空间数据交换格式》
(10)GB 3100—1993 《国际单位制及其应用》
(11)GB/T 16831—1997 《地理点位置的纬度、经度和高程的标准表示法》
(12)GB/T 10113—2003 《分类与编码通用术语》
(13)GB/T 10114—2003 《县级以下行政区划代码编制规则》
(14)GB/T 9648—1988 《国际单位制代码》
(15)农业部 《全国耕地地力调查与评价技术规程》
(16)农业部 《测土配方施肥技术规范(试行)》(2008 年)
(17)农业部 《测土配方施肥专家咨询系统编制规范(试行)》
(18)山东省县域土种归属标准
(19)山东省县域耕地地力评价标准
(20)山东省第二次土壤普查土种归属及代码等。

二、空间坐标系及建库平台

(一)空间数据坐标系

投影:高斯—克吕格投影,6 度分带。1954 年北京坐标系,1956 年黄海高程系。比例尺:1∶50000。

(二)数据库采集模板和数据库文件格式

为使所有建库资料达到统一化和标准化,以及满足所有成果图件的输出和耕地资源地力评价工作的需要,对建库资料的扫描矢量化和几何校正处理工作均采用 MAPGIS 平台,数据库的文件格式为 MAPGIS 的点、线、面文件。待数据库成果评审验收和修改后,将 MAPGIS 的点、线、面格式转换为 shape 格式,由 ARCGIS 平台进行数据库规范化处理,最后将数据库资料导入县域耕地资源管理信息系统。

第三节 数据库结构

一、空间数据库图层划分

空间数据库图层划分是严格按照县域耕地资源管理信息系统数据字典要求分层的,每层只反映属性相同的内容。阳谷县耕地资源管理信息系统数据库建设包括土地利用现状图、第二次土壤普查成果和耕地地力评价等三部分内容,其全省空间数据库图层划分情况如表 8-1 所示。

表 8-1　　耕地资源管理信息系统空间数据库分层表

序号	图层代码	图层名称	序号	图层代码	图层名称
1	AD101	行政区划图	18	SP103	耕层土壤有效磷等值线图
2	AD102	县乡村位置图	19	SP104	耕层土壤速效钾等值线图
3	AD103	行政界线图	20	SP105	耕层土壤缓效钾等值线图
4	AD201	辖区边界图	21	SP106	耕层土壤有效锌等值线图
5	AD202	装饰边界图	22	SP108	耕层土壤有效钼等值线图
6	GE103	面状水系图	23	SP109	耕层土壤有效铜等值线图
7	GE104	线状水系图	24	SP110	耕层土壤有效硅等值线图
8	GE105	道路图	25	SP111	耕层土壤有效锰等值线图
9	GE201	坡度图	26	SP112	耕层土壤有效铁等值线图
10	GE203	地貌类型分区图	27	SP201	耕层土壤 pH 等值线图
11	LM102	灌溉分区图	28	SP113	耕层土壤交换性钙等值线图
12	LU101	土地利用现状图	29	SP114	耕层土壤交换性镁等值线图
13	SB101	土壤图	30		耕层土壤有效硫等值线图
14	SB203	地下水矿化度等值线图	31		耕层土壤水解性氮等值线图
15	SB302	耕地地力调查点点位图	32		耕地地力评价等级图
16	SP101	耕层土壤有机质等值线图	33		耕层土壤有效硼等值线图
17	SP102	耕层土壤全氮等值线图			

注:本表为山东省统一的分层情况,阳谷县为部分图件。

二、属性数据库结构

属性数据库结构内容严格按县域耕地资源管理信息系统数据字典及建库县提供的资料编制,属性数据库结构如表 8-2 所示。

表 8-2　　耕地资源管理信息系统属性数据库结构表

图　名	属性数据结构	字段类型
行政区划图	内部标识码:系统内部 ID 号	长整型,9
	实体类型:point,polyline,polygon	文本型,8
	实体面积:系统内部自带	双精度,19,2
	实体长度:系统内部自带	长整型,10
	县内行政码:根据国家统计局“统计上使用的县以下行政区划代码编制规则”编制	长整型,6

续表

图　名	属性数据结构	字段类型
县乡村位置图	内部标识码:系统内部 ID 号 实体类型:point,polyline,polygon X 坐标:无,Y 坐标:无 县内行政码:根据国家统计局“统计上使用的县以下行政区划代码编制规则”编制 标注类型:村标注,乡标注,县标注	长整型,9 文本型,8 双精度,19,2 长整型,6 字符串,6
行政界线图	内部标识码:系统内部 ID 号 实体类型:point,polyline,polygon 实体长度:系统内部自带 界线类型:根据国家基础信息标准填写	长整型,9 文本型,8 长整型,10 文本型,40
辖区边界图	内部标识码:系统内部 ID 号 实体类型:point,polyline,polygon 实体面积:系统内部自带 实体长度:系统内部自带 要素代码:依据《国家基础地理信息数据分类与代码》编制要素代码 要素名称:依据《国家基础地理信息数据分类与代码》编制要素名称 行政单位名称:单位的实际名称填写	长整型,9 文本型,8 双精度,19,2 长整型,10 长整型,5 文本型,40 文本型,20
装饰边界图	内部标识码:系统内部 ID 号	长整型,9
面状水系图	内部标识码:系统内部 ID 号 实体类型:point,polyline,polygon 实体面积:系统内部自带 实体长度:系统内部自带 要素代码:依据《国家基础地理信息数据分类与代码》编制要素代码 要素名称:依据《国家基础地理信息数据分类与代码》编制要素名称 面状水系码:自定义编码 面状水系名称:依据 2006 年 10 月版山东省地图册编制 湖泊储水量:依据 1∶50000 地形图	长整型,9 文本型,8 双精度,19,2 长整型,10 长整型,5 文本型,40 字符串,5 字符串,20 字符串,8
线状水系图	内部标识码:系统内部 ID 号 实体类型:point,polyline,polygon 实体长度:系统内部自带 要素代码:依据《国家基础地理信息数据分类与代码》编制要素代码 要素名称:依据《国家基础地理信息数据分类与代码》编制要素名称 线状水系码:自定义编码 线状水系名称:依据 2006 年 10 月版山东省地图册编制 河流流量:无	长整型,9 文本型,8 长整型,10 长整型,5 文本型,40 长整型,4 文本型,20 长整型,6

续表

图　名	属性数据结构	字段类型
道路图	内部标识码:系统内部 ID 号	长整型,9
	实体类型:point,polyline,polygon	文本型,8
	实体长度:系统内部自带	长整型,10
	要素代码:依据《国家基础地理信息数据分类与代码》编制要素代码	长整型,5
	要素名称:依据《国家基础地理信息数据分类与代码》编制要素名称	文本型,40
	公路代码:根据国家标准《公路路线命名编号和编码规则命名和编号规则》编制	文本型,11
	公路名称:根据国家标准《公路路线命名编号和编码规则命名和编号规则》编制	文本型 20
地貌类型分区图	内部标识码:系统内部 ID 号	长整型,9
	实体类型:point,polyline,polygon	文本型,8
	实体面积:系统内部自带	双精度,19,2
	实体长度:系统内部自带	长整型,10
	地貌类型:数据引用自"中国科学院生物多样性委员会　地貌类型代码库"(四类码)	文本型,18
灌溉分区图	内部标识码:系统内部 ID 号	长整型,9
	实体类型:point,polyline,polygon	文本型,8
	实体面积:系统内部自带	双精度,19,2
	实体长度:系统内部自带	长整型,10
	灌溉水源:县局提供数据	文本型,10
	灌溉水质:无	文本型,4
	灌溉方法:县局提供数据	文本型,18
	年灌溉次数:县局提供数据	文本型,2
	灌溉条件:无	文本型,4
	灌溉保证率:无	长整型,3
	灌溉模数:无	双精度,5,2
	抗旱能力:无	长整型,3
土地利用现状图	内部标识码:系统内部 ID 号	长整型,9
	实体类型:point,polyline,polygon	文本型,8
	实体面积:系统内部自带	双精度,19,2
	实体长度:系统内部自带	长整型,10
	地类号:国土资源部发布的《全国土地分类》三级类编码	长整型,3
	平差面积:无	双精度,7,2
土壤图	内部标识码:系统内部 ID 号	长整型,9
	实体类型:point,polyline,polygon	文本型,8
	实体面积:系统内部自带	双精度,19,2
	实体长度:系统内部自带	长整型,10
	土壤省标码:土壤类型省及县分类系统编码	长整型,8

续表

图　名	属性数据结构	字段类型
地下水矿化度等值线图	内部标识码:系统内部 ID 号 实体类型:point,polyline,polygon 实体长度:系统内部自带 地下水矿化度:依据县级矿化度图实际数据填写	长整型,9 文本型,8 长整型,10 双精度,5,1
耕地地力调查点点位图	内部标识码:系统内部 ID 号 实体类型:point,polyline,polygon X 坐标:北京 54 坐标系 Y 坐标:北京 54 坐标系 点县内编号 AP310102:自定义编号	长整型,9 文本型,8 双精度,19,2 双精度,19,2 长整型,8
行政区基本情况数据表	县内行政码 SH110102:根据国家统计局“统计上使用的县以下行政区划 代码编制规则”编制 省名称:山东省 县名称:××市,××区,××县 乡名称:××乡,××镇,××街道 村名称:××村,××委员会 行政单位名称:××市,××区,××县,××乡,××镇,××街道,×× 村,××委员会 总人口:无 农业人口:无 非农业人口:无 国民生产总值 GNP:无	长整型,6 字符串,6 字符串,8 字符串,18 字符串,18 字符串 20 字符串 7 字符串 7 字符串 7 双精度,11,2 字符串,20
县级行政区划代码表	行政单位名称:××市,××区,××县,××乡××镇××街道××村 ××委员会 县内行政码 SH110102:根据国家统计局“统计上使用的县以下行政区划 代码编制规则”编制	 长整型,6 长整型 9
土地利用现状地块数据表	内部标识码:系统内部 ID 号 地类号:国土资源部发布的《全国土地分类》三级类编码 地类名称:国土资源部发布的《全国土地分类》三级类名称 计算面积:无 地类面积:无 平差面积:无 报告日期:无	长整型 9 字符串,3 字符串,20 双精度,7,2 双精度,7,2 双精度,7,2 日期型,10
土壤类型代码表	土壤省标码:土壤类型省标分类系统编码 土壤省标名:土壤类型省标分类系统名称	字符串,8 字符串,20

续表

图　名	属性数据结构	字段类型
耕地地力调查点基本情况及化验结果数据表	灌溉水源:县提供数据	字符串,10
	灌溉方法:县提供数据	字符串,18
	调查点国内统一编号:自定义编号	字符串,14
	调查点县内编号:自定义编号	字符串,8
	调查点自定义编号 AP310103:自定义编号	字符串,40
	调查点类型:耕地地力调查点	字符串,20
	户主联系电话:区号一本地电话号码	字符串,13
	调查人联系电话:区号一本地电话号码	字符串,13
耕地地力调查点基本情况及化验结果数据表	调查人姓名:××××	字符串,8
	调查日期:采集当天日期	日期型,10
	≥0℃积温:无	字符串,5
	≥10℃积温:无	字符串,5
	年降水量:县提供数据	字符串,4
	全年日照时数:无	字符串,4
	光能辐射总量:无	字符串,4
	无霜期:县提供数据	字符串,3
	干燥度 CW210107:无	双精度,4,2
	东经:县提供数据	双精度,9,5
	北纬:县提供数据	双精度,8,5
	坡度:地形坡度海拔:海拔高度	双精度,6,1
	坡向:缺少数据	双精度,4,1
	地形部位:数据引用自《全国耕地类型区、耕地地力等级划分》和《全国中低产田类型划分与改良技术规范》	字符串,4
	田面坡度:依据田面实际坡度	字符串,50
	灌溉保证率:无	双精度,4,1
	排涝能力:无	字符串,3
	梯田类型:无	字符串,2
	梯田熟化年限:无	字符串,10
	保护块面积:无	字符串,3
	土壤侵蚀类型:无	双精度,7,2
	土壤侵蚀程度:无明显侵蚀,轻度侵蚀	字符串,8
	污染源企业名称:无	字符串,20
	污染源企业地址:无	字符串,50
	液体污染物排放量:无	字符串,50
	粉尘污染物排放量:无	双精度,6,1
	污染面积 LE220105:无	双精度,6,1
	污染物类型:无	双精度,9,2
	污染范围:无	字符串,20

续表

图 名	属性数据结构	字段类型
耕地地力调查点基本情况及化验结果数据表	污染造成的损害:无	字符串,40
	距污染源距离:无	字符串,30
	污染物形态:无	字符串,5
	污染造成的经济损失:无	字符串,4
	省名称:山东省	字符串,9
	县名称:××市,××区,××县	字符串,8
	乡名称:××乡,××镇,××街道	字符串,18
	村名称:××村,××委员会	字符串,18
	户主姓名	字符串,8
	土壤类型代码(国标):根据县提供数据填写	字符串,8
	土类名称(县级):县提供数据	字符串,20
耕地地力调查点基本情况及化验结果数据表	亚类名称(县级):县提供数据	字符串,20
	土属名称(县级):县提供数据	字符串,20
	土种名称(县级):县提供数据	字符串,20
	剖面构型:土层符号代码表、土层后缀符号代码表、剖面构型数据编码表	字符串,10
	是根据《中国土种志》整理	字符串,8
	质地构型:无	字符串,2
	耕层厚度:县提供数据	字符串,10
	障碍层类型:无	字符串,3
	障碍层出现位置:无	字符串,3
	障碍层厚度:无	字符串,30
	成土母质:数据引用于《土壤调查与制图》(第二版),农业出版社	字符串,6
	质地:中壤土,重壤土,沙壤土	双精度,4,2
	容重:县提供数据	字符串,2
	田间持水量:县提供数据	双精度,4,1
	pH:依据土壤化学分析 pH 耕地地力等级评价成果填写	双精度,4,1
	CEC:依据土壤化学分析 CEC 值耕地地力等级评价成果填写	双精度,5,1
	有机质:依据土壤化学分析有机质值耕地地力等级评价成果填写	双精度,6,3
	全氮:依据土壤化学分析全氮值耕地地力等级评价成果填写	字符串,5
	全磷:依据土壤化学分析全磷值耕地地力等级评价成果填写	双精度,5,1
	有效磷:依据土壤化学分析有效磷值耕地地力等级评价成果填写	字符串,4
	缓效钾:依据土壤化学分析缓效钾值耕地地力等级评价成果填写	字符串,3
	速效钾:依据土壤化学分析速效钾值耕地地力等级评价成果填写	双精度,5,2
	有效锌:依据土壤化学分析有效锌值耕地地力等级评价成果填写	双精度,4,2
	水溶态硼:依据土壤化学分析水溶态硼值耕地地力等级评价成果填写	双精度,6,2
	有效硅:依据土壤化学分析有效硅值耕地地力等级评价成果填写	双精度,4,2
	有效钼:依据土壤化学分析有效钼值耕地地力等级评价成果填写	双精度,5,2
	有效铜:依据土壤化学分析有效铜值耕地地力等级评价成果填写	双精度,5,1

续表

图　名	属性数据结构	字段类型
耕地地力调查点基本情况及化验结果数据表	有效锰:依据土壤化学分析有效锰值耕地地力等级评价成果填写	双精度,6,1
	有效铁:依据土壤化学分析有效铁值耕地地力等级评价成果填写	双精度,6,1
	交换性钙:依据土壤化学分析交换性钙值耕地地力等级评价成果填写	双精度,5,1
	交换性镁:依据土壤化学分析交换性镁值耕地地力等级评价成果填写	双精度,5,1
	有效硫:依据土壤化学分析有效硫值耕地地力等级评价成果填写	双精度,5,1
	盐化类型:无	字符串,20
	1m 土层含盐量:无	双精度,5,1
	耕层土壤含盐量:无	双精度,5,1
	水解性氮:依据土壤化学分析水解性氮值耕地地力等级评价成果填写	双精度,5,3
	旱季地下水位:无	字符串,3
	采样深度:县提供数据	字符串,7
耕层土壤有机质等值线图	内部标识码:系统内部 ID 号	长整型,9
	实体类型:point,polyline,polygon	文本型,10
	实体长度:系统内部自带	长整型,10
	有机质:依据土壤化学分析有机质值耕地地力等级评价成果填写	双精度,5,1
耕层土壤全氮等值线图	内部标识码:系统内部 ID 号	长整型,9
	实体类型:point,polyline,polygon	文本型,10
	实体长度:系统内部自带	长整型,10
	全氮:依据土壤化学分析全氮值耕地地力等级评价成果填写	双精度,4,2
耕层土壤有效磷等值线图	内部标识码:系统内部 ID 号	长整型,9
	实体类型:point,polyline,polygon	文本型,10
	实体长度:系统内部自带	长整型,10
	有效磷:依据土壤化学分析有效磷值耕地地力等级评价成果填写	双精度,5,1
耕层土壤速效钾等值线图	内部标识码:系统内部 ID 号	长整型,9
	实体类型:point,polyline,polygon	文本型,10
	实体长度:系统内部自带	长整型,10
	速效钾:依据土壤化学分析速效钾值耕地地力等级评价成果填写	长整型,3
耕层土壤缓效钾等值线图	内部标识码:系统内部 ID 号	长整型,9
	实体类型:point,polyline,polygon	文本型,10
	实体长度:系统内部自带	长整型,10
	缓效钾:依据土壤化学分析缓效钾值耕地地力等级评价成果填写	长整型,4
耕层土壤有效锌等值线图	内部标识码:系统内部 ID 号	长整型,9
	实体类型:point,polyline,polygon	文本型,10
	实体长度:系统内部自带	长整型,10
	有效锌:依据土壤化学分析有效锌值耕地地力等级评价成果填写	双精度,5,2

续表

<table>
<tr><th>图　名</th><th>属性数据结构</th><th>字段类型</th></tr>
<tr><td>耕层土壤有效钼等值线图</td><td>内部标识码:系统内部 ID 号
实体类型:point,polyline,polygon
实体长度:系统内部自带
有效钼:依据土壤化学分析有效钼值耕地地力等级评价成果填写</td><td>长整型,9
文本型,10
长整型,10
双精度,4,2</td></tr>
<tr><td>耕层土壤有效铜等值线图</td><td>内部标识码:系统内部 ID 号
实体类型:point,polyline,polygon
实体长度:系统内部自带
有效铜:依据土壤化学分析有效铜值耕地地力等级评价成果填写</td><td>长整型,9
文本型,10
长整型,10
双精度,5,2</td></tr>
<tr><td>耕层土壤有效硅等值线图</td><td>内部标识码:系统内部 ID 号
实体类型:point,polyline,polygon
实体长度:系统内部自带
有效硅:依据土壤化学分析有效硅值耕地地力等级评价成果填写</td><td>长整型,9
文本型,10
长整型,10
双精度,6,2</td></tr>
<tr><td>耕层土壤有效锰等值线图</td><td>内部标识码:系统内部 ID 号
实体类型:point,polyline,polygon
实体长度:系统内部自带
有效锰:依据土壤化学分析有效锰值耕地地力等级评价成果填写</td><td>长整型,9
文本型,10
长整型,10
双精度,5,1</td></tr>
<tr><td>耕层土壤有效铁等值线图</td><td>内部标识码:系统内部 ID 号
实体类型:point,polyline,polygon
实体长度:系统内部自带
有效铁:依据土壤化学分析有效铁值耕地地力等级评价成果填写</td><td>长整型,9
文本型,10
长整型,10
双精度,5,1</td></tr>
<tr><td>耕层土壤 pH 等值线图</td><td>内部标识码:系统内部 ID 号
实体类型:point,polyline,polygon
实体长度:系统内部自带
pH:依据土壤化学分析 pH 耕地地力等级评价成果填写</td><td>长整型,9
文本型,10
长整型,10
双精度,4,1</td></tr>
<tr><td>耕层土壤交换性钙等值线图</td><td>内部标识码:系统内部 ID 号
实体类型:point,polyline,polygon
实体长度:系统内部自带
交换性钙:依据土壤化学分析交换性钙值耕地地力等级评价成果填写</td><td>长整型,9
文本型,10
长整型,10
双精度,6,1</td></tr>
<tr><td>耕层土壤交换性镁等值线图</td><td>内部标识码:系统内部 ID 号
实体类型:point,polyline,polygon
实体长度:系统内部自带
交换性镁:依据土壤化学分析交换性镁值耕地地力等级评价成果填写</td><td>长整型,9
文本型,10
长整型,10
双精度,5,1</td></tr>
</table>

续表

图　名	属性数据结构	字段类型
耕层土壤 有效硫 等值线图	内部标识码:系统内部 ID 号 实体类型:point,polyline,polygon 实体长度:系统内部自带 有效硫:依据土壤化学分析有效硫值耕地地力等级评价成果填写	长整型,9 文本型,10 长整型,10 双精度,5,1
耕层土壤 水解性氮 等值线图	内部标识码:系统内部 ID 号 实体类型:point,polyline,polygon 实体长度:系统内部自带 水解性氮:依据土壤化学分析水解性氮值耕地地力等级评价成果填写	长整型,9 文本型,10 长整型,10 双精度,5,3
耕地地力 评价等级图	内部标识码:系统内部 ID 号 实体类型:point,polyline,polygon 实体面积:系统内部自带 等级(县内):'120'	长整型,9 文本型,10 双精度,19,2 文本型,2
耕层土壤 有效硼 等值线图	内部标识码:系统内部 ID 号 实体类型:point,polyline,polygon 实体长度:系统内部自带 有效硼:依据土壤化学分析有效硼值耕地地力等级评价成果填写	长整型,9 文本型,10 长整型,10 双精度,4,2
土壤全盐 含量分布图	内部标识码:系统内部 ID 号 实体类型:point,polyline,polygon 实体长度:系统内部自带 全盐:依据土壤化学分析全盐值耕地地力等级评价成果填写	长整型,9 文本型,10 长整型,10 双精度,4,1
耕层土壤 有效镁 等值线图	内部标识码:系统内部 ID 号 实体类型:point,polyline,polygon 实体长度:系统内部自带 有效镁:依据土壤化学分析有效镁值耕地地力等级评价成果填写	长整型,9 文本型,10 长整型,10 长整型,2
耕层土壤 有效钙 等值线图	内部标识码:系统内部 ID 号 实体类型:point,polyline,polygon 实体长度:系统内部自带 有效钙:依据土壤化学分析有效钙值耕地地力等级评价成果填写	长整型,9 文本型,10 长整型,10 长整型,2

第四节　建库工作方法

一、数据库质量控制

数据库质量涉及三个方面的工作：一要满足耕地地力评价工作的需要；二要满足耕地资源管理信息系统数据库建设的需要；三要满足建库所有成果图件输出的需要。为满足以上三个方面的要求，在数据库建设工作开展前，首先在有关国标、部标和行业标准的基础上，制定了统一的工作平台、工作方法和流程，成果图件图名、图例和色彩编制要求，成果质量检查工作方法。对耕地地力评价基础性图件首先在建库单位初步检查后，交项目县进行全面检查和修改补充错漏内容，返回建库单位对所有成果图件安排专人进行全面检查和修改，从而保证了数据库的成果质量。

二、建库工作有关规定

为保证建库工作按时及保质完成，成立了建库项目组。

建库项目组：设立技术负责一人，全面负责建库工作有关规程的学习、日常建库工作安排、工作进度、质量检查、建库数据库资料汇总、MAPGIS 格式建库成果经 ARCGIS 规范化处理、导入县域耕地资源管理信息系统等工作。

质量检查组：安排具有工作经验的人员成立检查组，负责所有建库资料的质量检查及修改工作。

制定建库工作标准：在建库工作前，首先把建库图形子图的大小、线的粗细及线型、面的色彩搭配，图件分层，工作方法和流程下发到每一个建库工作人员手中，统一建库图形扫描矢量化的技术要求。

最终成果检查：所有成果图待评审验收后，依据专家意见，由建库组和耕地地力评价组依据专家和甲方意见进行成果图和数据库修改补充，最后输出成果图件和导入县域耕地资源管理信息系统。

三、建库资料精度及建库工作流程

(一)建库资料精度

为保证建库资料的数学精度，首先形成大于阳谷县范围的 1∶50000 标准图幅理论图框，拼接形成县域的 1∶50000 理论图框，以 1∶50000 标准分幅地形图为基础，在地形图和县域土地利用现状图上选择同名地物点(主要为农村道路交叉点等)为几何校正点。为保证县域图件的精度，阳谷县选取不少于 30 个几何校正点，每一个几何校正点选择地形图附近的 4 个公里网交叉点，将其校正到县域的理论图框上，形成满足 1∶50000 精度要求的县域地理底图。以该图为基础，将所有建库成果图件校正到县域地理底图上。

(二)建库工作流程

第一步：按照建库工作的基本要求对土地利用现状、土壤、矿化度、灌溉分区、地貌、采样点位等图件进行扫描矢量化和几何校正处理、建库组错漏自查和交甲方进行错漏检查、返回建库组修改及编辑、拓扑检查、属性挂接处理等，第二步：将以上成果交耕地地力评价组进行耕地地力评价工作；第三步：耕地地力评价组将其评价成果资料再返回建库组，由建库组按照县域耕地资源管理信息系统数据库建设要求，对所有建库成果资料进行全面的质量检查及编辑处理、拓扑处理、属性挂接，最后由 MAPGIS—ARCGIS—县域耕地资源管理信息系统输出成果图件。

（三）主要空间数据库说明

行政区划图（地理底图）：以土地利用现状图为背景，分别提取乡镇（街道办事处），村庄，主要工矿企业建设用地，主要道路、河流、境界、行政区划等内容。参考地图或 1：50000 地形图，对主要道路、双线河流等地物进行连接并加注地物注记。依据卫星影像等资料，对近年来增加的主要道路进行更新。

土壤图：依据土壤调查研究报告、土壤志、山东省土壤分类归属标准，编制土种归属对比表和省标与县级对比表图例。在土壤图上保留土壤图原始代码，属性挂接为新编的县域土种代码，可满足各级政府工作的需要。

地貌图：由于地貌图为微地貌图，为满足各级政府使用及建库工作的需要，在地貌图中保留了原地貌代码，其属性尽量对应到数据字典中的名称及代码，在图例中增加了对比表，可满足各项工作的需要。

（四）属性库编制方法

严格按照建库数据字典中的要求及建库单位提供的资料编制各种成果图属性代码。

第五节　建库成果

阳谷县耕地资源管理信息系统数据库建设成果包括农业部规定格式的数据库和 MAPGIS 格式的成果，共计 23 幅图（见表 8-3）。

表 8-3　建库成果

序号	成果图名称	备注
1	阳谷县土地利用现状图	
2	阳谷县地貌图	
3	阳谷县土壤图	
4	阳谷县矿化度含量分布图	
5	阳谷县耕地地力调查点点位图	
6	阳谷县灌溉分区图	
7	阳谷县土壤 pH 分布图	
8	阳谷县耕地地力评价等级图	
9	阳谷县土壤缓效钾含量分布图	
10	阳谷县土壤碱解氮含量分布图	

续表

序号	成果图名称	备注
11	阳谷县土壤交换性钙含量分布图	
12	阳谷县土壤交换性镁含量分布图	
13	阳谷县土壤全氮含量分布图	
14	阳谷县土壤速效钾含量分布图	
15	阳谷县土壤有机质含量分布图	
16	阳谷县土壤有效磷含量分布图	
17	阳谷县土壤有效硫含量分布图	
18	阳谷县土壤有效锰含量分布图	
19	阳谷县土壤有效钼含量分布图	
20	阳谷县土壤有效硼含量分布图	
21	阳谷县土壤有效铁含量分布图	
22	阳谷县土壤有效铜含量分布图	
23	阳谷县土壤有效锌含量分布图	

阳谷县耕地资源管理信息系统数据库建设包括空间数据库和属性数据库两部分内容。空间数据库全部是按照县域耕地资源管理信息系统数据字典要求进行的。属性数据库由于部分资料难以收集到(如土地平差面积等),属性数据仅按照县域耕地资源管理信息系统数据字典要求编制了部分内容。还有,例如耕地地力评价土壤采样点位图,利用GPS坐标展绘到地理底图上点与实际点位误差较大,达不到精度要求,所以耕地地力评价土壤调查采样点位图是依据野外采样点位图经扫描矢量化后形成,属性挂接为GPS定点的坐标。

第二篇　阳谷县耕地地力评价专题报告

专题一　阳谷县耕地改良利用分区专题研究

耕地是农业生产和可持续发展的重要基础，维持着作物生产力、影响着环境的质量和动植物甚至人类的健康。自 1980 年第二次土壤普查以来，随着农村经营体制改革、耕作制度变化、作物品种推广、种植结构调整、作物产量水平不断提高和肥料不断施用等方面的显著变化，耕地利用状况也发生了明显改变。近年来，阳谷县虽然对部分耕地实施了地力监测，但至今对区域中低产耕地状况及其障碍因素等缺乏系统性、实用性的调查分析，使耕地利用与改良难以适应新形势下现代农业生产发展的要求。因此，开展区域耕地地力调查评价，摸清区域中低产耕地状况及其障碍因素，有的放矢地开展中低产耕地的科学改良利用，挖掘区域耕地的生产潜力，对于阳谷县耕地资源的可持续利用具有十分重要的意义。

一、耕地改良利用分区原则与分区系统

(一)耕地改良利用分区原则

从耕地自然条件出发，主导性、综合性、实用性和可操作性相结合。按照因地制宜、因土适用、合理利用和配置耕地资源，充分发挥各类耕地的生产潜力，坚持用地与养地相结合、近期与长远相结合的原则进行。以土壤组合类型、肥力水平、改良方向和主要改良措施的一致性为主要依据，同时考虑地貌、气候、水文和生态等条件以及植被类型，参照历史与现状等因素综合考虑进行分区。

(二)耕地改良利用分区系统

根据耕地改良利用原则，将影响耕地利用的各类限制因素归纳为耕地自然环境要素、耕地土壤养分要素和耕地土壤物理要素，将全县耕地改良利用划分为三个改良利用类型区，即耕地自然环境条件改良利用区、耕地土壤培肥改良利用区和耕地土体整治改良利用区，并分别用大写字母 E、N 和 P 表示。各改良利用类型区内，再根据相应的限制性主导因子，续分为相应的改良利用亚类。

二、耕地改良利用分区方法

（一）耕地改良利用分区因子的确定

耕地改良利用分区因子是指参与评定改良利用分区类型的耕地诸属性。由于影响的因素很多，根据耕地地力评价要求，遵循主导因素原则、差异性原则、稳定性原则、敏感性原则，进行了限制性主导因素的选取。考虑与耕地地力评价中评价因素的一致性、各土壤养分的丰缺状况及其相关要素的变异情况，选取耕地土壤有机质含量、耕地土壤有效磷含量、耕地土壤速效钾含量、耕地土壤有效锌含量和耕地土壤有效硼含量作为耕地土壤养分状况的限制性主导因子；选取灌溉保证率、盐渍化水平作为耕地自然环境状况的限制性主导因子；选取耕层质地条件和土体构型条件作为耕地土壤物理状况的限制性主导因子。

（二）耕地改良利用分区标准

依据农业部《全国中低产田类型划分与改良技术规范》，根据山东省各县区耕地地力评价资料，综合分析目前全省各耕地改良利用因素的现状水平，同时针对影响阳谷县耕地利用水平的主要因素，邀请具有土壤管理经验的相关专家进行分析，制定了耕地改良利用各主导因子的分区及其耕地改良利用类型的确定标准，具体分级标准如表 1 所示。

表 1　耕地改良利用主导因子分区标准

耕地改良利用区划	限制因子	代号	分区标准
耕地土壤培肥改良利用区(N)	有机质(o,g/kg)	No	<12
	有效磷(p,mg/kg)	Np	<15
	速效钾(k,mg/kg)	Nk	<100
	有效锌(zn,mg/kg)	Nzn	<0.5
	有效硼(b,mg/kg)	Nb	<0.5
耕地自然环境条件改良利用区(E)	灌溉保证(i,%)	Ei	灌溉保障率低于 50%
	盐渍化(s)	Es	盐渍化程度轻度以上
耕地土体整治改良利用区(P)	耕层质地(t)	Pt	沙土、沙壤、粗骨土
	土体构型(c)	Pc	土体中有障碍层次

（三）耕地改良利用分区方法

在 GIS 支持下，利用耕地地力评价单元图，根据耕地改良利用各主导因子分区标准，在其相应的属性库中进行检索分析，确定各单元相应的耕地改良利用类型，通过图面编辑生成耕地改良利用分区图，并统计各类型面积比例。

三、耕地改良利用分区专题图的生成

（一）耕地土壤培肥改良利用分区图的生成

根据耕地土壤养分限制因素分区标准，把阳谷县耕地有机质分为两类，即有机质改良利用区和有机质非改良利用区，有机质改良利用区用代号 No 标注；同样，有效磷改良利用区用代号 Np 标注，速效钾改良利用区用代号 Nk 标注，有效锌改良利用区用代号 Nzn 标注，有效硼改良利用区用代号 Nb 表示，编辑生成耕地土壤培肥改良利用分区图(见图 1)。

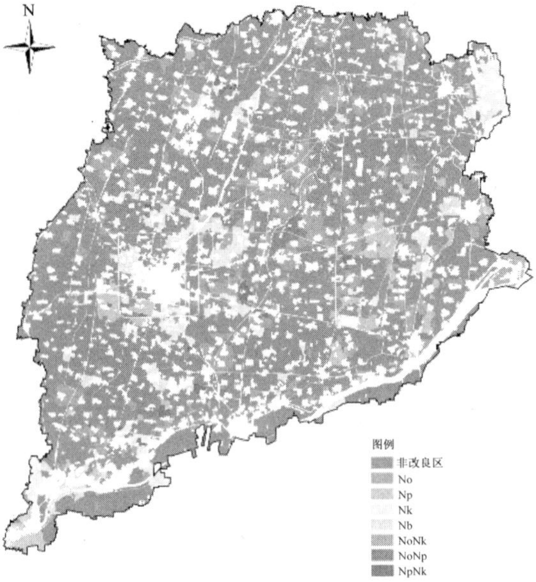

图 1 耕地土壤培肥改良利用分区图

(二)耕地自然环境条件改良利用分区图的生成

根据耕地自然环境条件限制因素分区标准进行阳谷县耕地改良利用分区。灌溉保证条件分为灌溉保证条件改良利用区和灌溉保证条件非改良利用区，改良利用区用代号 Ei 标注；盐渍化程度分为盐渍化改良利用区和盐渍化非改良利用区，盐渍化改良利用区用代号 Es 标注。在 GIS 下检索生成耕地土体整治改良利用分区图(见图 2)。

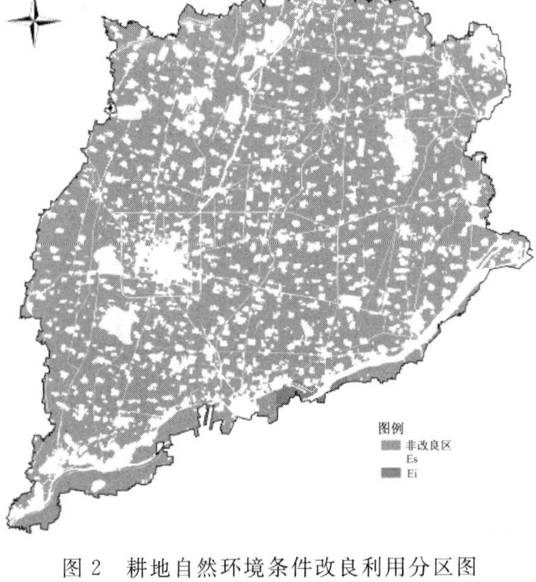

图 2 耕地自然环境条件改良利用分区图

(三)耕地土体整治改良利用分区图的生成

根据耕地土地条件限制因素分区标准,耕层质地条件改良利用区用代号 Pt 标注,土体构型改良利用区用代号 Pc 标注。在 GIS 下检索生成耕地土体整治改良利用分区图(见图 3)。

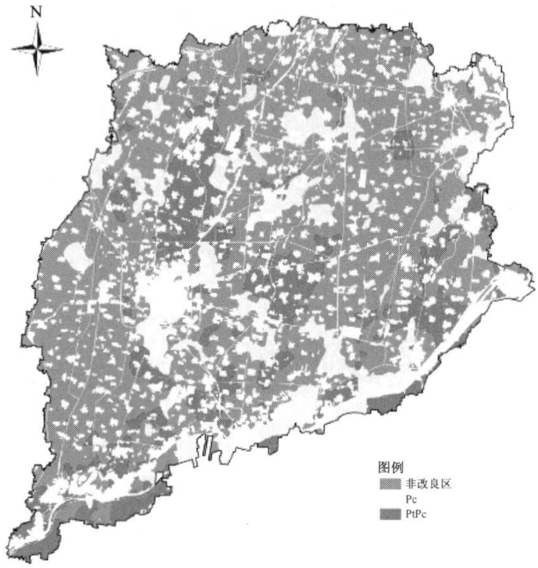

图 3 耕地土体整治改良利用分区图

四、耕地改良利用分区结果分析

(一)耕地土壤培肥改良利用分区面积统计及问题分析

阳谷县耕地土壤培肥改良利用区各改良利用类型面积及其比例如表 2 所示。

表 2 阳谷县耕地土壤培肥改良利用分区面积统计表

改良利用分区	No	Nk	Np	Nb	NoNk	NpNk	NoNp	非改良区	总计
面积(hm^2)	7923.33	4094.87	2815.32	620.79	657.55	421.12	845.24	54421.19	71799.41
百分比(%)	11.04	5.7	3.92	0.86	0.92	0.58	1.18	75.8	100

由图 1 和表 2 可以看出,阳谷县土壤养分状况较好,土壤养分不需培肥改良的耕地占总耕地面积的 75.8%,需要培肥改良的土地呈少量的零星分布,突出的特点是缺乏有机质。由表 2 可以看出,单一养分缺乏中,缺乏速效钾的耕地面积为 4094.87hm^2,占总耕地面积的 5.7%;缺乏有机质的耕地面积为 7923.33hm^2,占总耕地面积的 11.04%;缺乏硼肥的耕地面积为 620.79hm^2,占总耕地面积的 0.86%;缺乏磷肥的耕地面积为 2815.32hm^2,占总耕地面积的 3.92%。有机质和速效钾同时缺乏的耕地面积为 657.55hm^2,占总耕地面积的 0.92%;有效磷和速效钾同时缺乏的耕地面积为

421.12hm²,占总耕地面积的0.58%;有机质和有效磷同时缺乏的耕地面积为845.24hm²,占总耕地面积的1.18%。总体来说,缺乏单一养分的耕地面积为15454.31hm²,占总耕地面积的21.32%;缺乏两种养分的耕地面积为5572.99hm²,占总耕地面积的6.47%。从各类型面积比例看出,阳谷县耕地土壤培肥改良的主要方向为有针对性地增施有机肥料和钾肥。阳谷县土壤中氮素和锌素含量较高,不需培肥改良。

(二)耕地自然环境条件改良利用分区面积统计及问题分析

阳谷县耕地自然环境条件改良利用区各改良利用类型面积及其比例如表3所示。

表3　　阳谷县耕地自然环境条件改良利用分区面积统计表

改良利用分区	Es	Ei	非改良区	总计
面积(hm²)	3223.45	360.31	68215.65	71799.41
百分比(%)	4.49	0.5	95.01	100

由图2和表3可以看出,阳谷县耕地自然环境条件比较理想,地形平坦,灌溉条件较好,盐渍化现象相对较轻。在对阳谷县耕地自然环境条件分析的基础上得出,不需改良的耕地面积为68215.65hm²,占总耕地面积的79.95%。需要改良的耕地呈块状分布在阳谷县境内。自然条件需要改善中,灌溉保证水平需提高的耕地面积为360.31hm²,仅占总耕地面积的0.5%;盐渍化需要治理的耕地面积为3223.45hm²,占总耕地面积的4.49%。可见,阳谷县耕地自然环境条件较好,基本不需要改良,仅需要防止土壤的次生盐渍化。

(三)耕地土体整治改良利用分区面积统计及问题分析

阳谷县耕地土体整治改良利用区各改良利用类型面积及其比例如表4所示。

表4　　阳谷县耕地土体整治改良利用分区面积统计表

改良利用分区	Pc	PtPc	非改良区	总计
面积(hm²)	26022.14	12916.19	32861.08	71799.41
百分比(%)	36.24	17.99	45.77	100

由图3和表4可以看出,阳谷县耕地土体结构状况一般。需要改良的耕地成块状分布在阳谷县境内,主要是沙质土壤或土壤中含有夹沙层。土体构型需要改良的面积为38938.33hm²,占总耕地面积的54.23%。两种条件都较差的耕地面积为12916.19hm²,占总耕地面积的17.99%。所以,阳谷县土体整治的重点应着力改善土壤偏沙的特点,宜采取秸秆还田、增施有机肥料、深耕等措施,改良偏沙的土壤表层质地及不良的土体结构,这将是阳谷县耕地土体整治改良的主要方向。

五、耕地改良利用对策及措施

(一)增加经济投入,加大耕地保护力度

农业是既要承担自然风险又要承担市场风险的弱质产业,保护农业是国民经济发展中的重大问题。由于调控体制不健全,受比较利益驱使,各层次资金投入重点向非农业倾斜，资金投入不足已成为农业生产发展的主要制约因素。要达到农业增产的目的就要增加耕地投入，加强中低产田改造，不断提高耕地的质量，从而提高耕地利用的经济效益。阳谷县宜进一步加强对耕地改良利用的投入，通过对耕地的改良逐步消除制约耕地生产力的限制因素，培肥地力，改善农业生产条件和农田生态环境。

(二)平衡施肥，用养结合，增施有机肥料，培肥地力

长期以来，阳谷县在耕地开发利用上重利用、轻培肥，重化肥、轻有机肥，虽然全县化肥的施用量逐年增加，但有机肥相对投入量却逐年减少，引起土壤养分特别是有机质含量的相对缺乏和矿质养分的比例失衡，导致相对耕地肥力下降。因此，要持续提高中低产耕地的基础地力，为农作物生长创造高产基础，必须将用地与养地妥善结合起来，广辟有机肥源，重视有机肥的施用，提倡开发种植绿肥及豆科作物和使用有机、无机复混肥。同时，应利用中低产耕地调查评价成果，科学指导化肥的调配，采用科学优化平衡施肥，重视合理增施有机肥、钾肥及微肥，不断培肥地力，实现中低产耕地资源的持续提高和有效利用。

(三)采用农业措施改良土壤质地，改善土体结构

阳谷县耕地土壤限制性因素主要为耕层土壤沙化，可以采用以肥改沙的方法，一方面增加土壤中养分含量，另一方面增加土壤中的有机胶体，对改良土壤沙化和提高土壤肥力有显著的作用。此外，选择适宜性的作物种植，既能改善土壤性质又能获得较好的经济效益。因地制宜地发展当地名优产品，是适应自然、提高经济效益的有效措施。

(四)集约化利用耕地资源，发展生态型可持续现代农业，改善生态环境，发展低碳农业

耕地生态环境质量的高低是保证农作物持续高产、稳产、优质、安全、高效的重要前提。根据阳谷县资源优势以及生态环境的特点，因地制宜地利用耕地资源，通过合理轮作、科学间套种等措施，提高复种指数，努力提高耕地资源的利用率；注重多物种、多层次、多时序、多级质能、多种产业的有机结合，农、林、牧、副、渔并举，建立生态型可持续农业系统，达到经济、生态和社会效益的高度统一。此外，应重新审视耕地承包到户政策所致的耕地经营权分散在新形势下出现的不利于耕地资源规模集约经营的缺点，努力探讨建立“公司＋农户”和各种专业化合作组织等耕地规模集约经营模式，提高全县耕地资源的集约经营和经济效益。

专题二　阳谷县陶城铺引黄灌渠沉沙池区土壤次生盐渍化的发生与防治对策

陶城铺引黄灌区开发是山东省黄淮海平原开发项目的重要部分，是世界银行贷款项目，位于聊城市西南部、阳谷县的东南部。灌区基本控制了阳谷县70%以上的耕地和莘县仲子庙、道口两乡镇的灌溉用水，极大地改善了灌区的灌溉条件，经济效益、社会效益异常显著。引黄灌溉的同时造成了县内陶城铺沉沙池区土壤次生盐渍化的发生，在一定程度上影响了作物产量的提高，总面积达1718hm^2，使耕地综合生产能力相对降低，部分地块盐碱危害程度加剧。结合本次耕地资源调查和地力评价，对阳谷县陶城铺灌区沉沙池区内侧土壤发生次生盐渍化的原因和危害状况进行探讨研究，并制定了相应的防治对策。

一、引黄灌区建设发展状况

阳谷县引黄灌溉始于1958年，随着灌区兴建而开始。1958年，引黄灌溉面积为663hm^2，1959年，引黄灌溉面积为10472hm^2，1960年，引黄灌溉面积为7786hm^2，1961年，引黄灌溉面积为1246hm^2。1958～1960年的引黄灌溉由于工程不配套，贯彻"以蓄为主"的方针，实行大引、大灌、大蓄，只灌不排，打乱了地面径流的自然流向，致使地下水埋深由3m左右迅速提高到1～2m，造成土地大面积发生次生盐渍化，并有日渐扩大的趋势，1962年3月停止引黄灌溉。

至1964年撤销寿张县，把金堤以南划归河南省范县，这样，黄河仅流经阳谷县东南部阿城镇陶城铺村。为了充分利用丰富的黄河水资源，1971年，阳谷县在阿城镇陶城铺村修建虹吸工程，这是阳谷县首次修建的，也是唯一的既能灌溉又能淤积固堤、放淤改土的引黄虹吸工程，到1986年引黄已有15年之久。由于该虹吸设计标准低，黄河底高变化大，在黄河2000m^3/s流量时管口即被淹没，不能满足防洪要求，加之年久失修，渗径短，背河渗水严重，铁管锈蚀，接头漏水，空气室老化漏气，已有两管无法引水，成为阳谷县临黄堤防上的严重险工，1986年，虹吸拆除改建引黄闸。至1988年随着山东省黄淮海平原综合开发项目的实施，阳谷县对陶城铺引黄灌渠进行了再次引黄闸开发，1987年2月开工，1987年9月竣工，投资340万元。

引黄灌区地形西高东低，引黄渠首位于灌区东侧，干渠系统均为逆坡送水，支、斗渠多利用原引金灌区渠道，顺坡送水。为保证灌溉用水，根据灌区地形特点，渠首引黄闸下设输沙渠一条，长1.63km，沿陶城铺村北偏东方向至沉沙池入口。针对沉沙池区的地形特点，为达到良好的沉沙效果，并结合黄河北金堤淤背防汛的要求，沿北金堤自东向西依次建设Ⅰ、Ⅱ、Ⅲ级沉沙池，沉沙池总面积为 989hm^2，使用年限为 20 年以上。在沉沙池出口处，建设泄水闸及小运河穿涵各一座，下接 2.88km 长的输水渠，输水渠以下分设南、北两条干渠。南干渠长 35.37km，控制灌溉面积为 3.29×10^4 hm^2，其中正式灌区 1.15×10^4 hm^2，抗旱补源区 2.14×10^4 hm^2，并在南徐北（干渠桩号 16＋434 处）建扬水站一座（南徐扬水站），装机 6 台（1560kW），净扬程为 4.3m，提水流量为 14.3m^3/s，控制灌溉面积为 2.67×10^4 hm^2；北干渠长 56.57km（含莘县），控制灌溉面积为 3.71×10^4 hm^2，其中正式灌区 1.51×10^4 hm^2，抗旱补源灌区 2.2×10^4 hm^2，并在骆驼巷东（干渠桩号 10＋000 处）处建扬水站 1 座（骆驼巷扬水站），装机 8 台（1680kW），提水流量为 23.11m^3/s，设计净扬程 3.3m，控制灌溉面积为 3.04×10^4 hm^2。灌区设有支渠 31 条，长 254.27km；斗渠 596 条，长 921.02km；农渠 2466 条，长 2211km。1989 年，工程边运行边施工，开始引黄灌溉。经过 7 年放水运行Ⅰ级沉沙池，池内过水断面明显减小，起不到沉沙效果。为使沉沙池能良好沉沙，保持灌区正常的运行，1995 年，陶城铺灌区在原Ⅰ级池左岸另辟新池，位置自后铺村北至东堤，全长 3800m，池宽平均为 750m。工程于 1995 年 10 月 10 日全面开工，历时 51 天，于 1995 年 11 月 30 日全部竣工。灌渠建设情况如表 1 所示。

表 1　　陶城铺灌区基本情况一览表

工程名称		流量(m^3/s)	底宽(m)	长度(m)	条数	座数
输沙渠		50～70	22.5	1.63	1	
沉沙池	Ⅰ		200	4.83		
	Ⅱ		200	3.159		
	Ⅲ		200	3.457		
输水渠		45～53.4	18	2.878	1	
干渠	北干渠	4.8～23.5	3～9	56.572		
	南干渠	5～20.5	3～8	35.372		
支渠					31	
斗渠					596	
提水门						3
渡槽						2
进水闸						2
干渠建筑物						244
配套建筑物						2886

通过引黄灌渠引黄水的引水运行，由于灌区地形为西高东低，引黄灌渠渠首位于灌渠东侧，干渠输水均为逆坡送水，Ⅰ、Ⅱ、Ⅲ级沉沙池建设为蓄堤内侧，为地上河建设，池底平均高于池区内侧耕地 2.2m，引黄灌水期间，池区内侧耕地地下水位上升明显，再加春季地表蒸发量大，造成地表积盐，使沉沙池区内侧耕地发生了不同程度的次生盐渍化。

二、次生盐渍化发生状况及变化

大型引黄灌区是在1988年建成并开始运行的，至今已有二十多年的时间，沉沙池建设分别为Ⅰ、Ⅱ、Ⅲ级，沉沙池总长度为11.45km。经调查，沿沉沙池内侧侧渗宽度为1500m左右，总面积为1718hm^2，发生了不同程度的次生盐渍化。主要村庄为阿城镇的陶城铺、东堤、刘什庄、颜营、赵店、海会寺、皋门及张秋镇的王营、董营、五里营、豆营、东街、南街、孟海、袁庄、史塘等村庄，该地型属浅平洼地，土壤质地黏重，地下水位较高，地下水质属弱矿化水和矿化水型，矿化度为0.5～5g/L。

(一)陶城铺灌渠沉沙池区土壤次生盐渍化发生面积状况

经统计，沉沙池区发生次生盐渍化主要为阿城镇和张秋镇沿池区域的村庄，共计17个村庄，其面积及发生程度如表2所示。

表2 池区侧渗土壤次生盐渍化发生面积统计表

乡 镇	村庄	面积(hm^2)	重度面积(hm^2)	中度面积(hm^2)	轻度面积(hm^2)
阿城镇	陶城铺	122	41	45	36
	东堤	165	70	57	38
	海会寺	63	21	29	13
	刘什庄	69	23	34	12
	皋门	49	16	28	5
	颜营	113	39	45	29
	赵店	141	28	68	45
张秋镇	王营	171	73	53	45
	董营	114	57	36	21
	五里营	120	44	42	34
	豆营	118	55	34	29
	东街	45	13	21	11
	南街	28	7	15	6
	孟海	116	15	64	37
	史堂	136	23	72	41
	沙窝	81	21	32	28
	袁庄	55	12	31	12
合计		1706	558	706	442

(二)土壤潜水埋深历年变化情况

历年土壤潜水埋深均以3月枯水期测量值计算，池区Ⅰ、Ⅱ、Ⅲ级沉沙池附近村庄耕地地下水埋深主要变化统计如表3所示，变化趋势如图1所示。

表 3　　历年地下水位埋深监测值　　单位:m

乡　镇	村　庄	1980 年	1988 年	1990 年	1995 年	2000 年	2005 年	2010 年
阿城镇	陶城铺	1.4	1.3	1.1	1.1	1	1	0.9
	东堤	1.3	1.3	1.2	1.1	1.1	1.1	1
	刘什庄	1.3	1.2	1	1	1	0.9	0.9
	颜营	1.2	1.2	1	1	0.9	0.9	0.8
	王营	1.3	1.3	1.1	1.1	0.9	0.8	0.9
张秋镇	董营	1.4	1.3	1.1	1.1	0.9	0.9	0.9
	五里营	1.3	1.3	1.1	1	1	1	1
	豆营	1.3	1.2	1	0.9	0.9	0.8	0.8
	东街	1.2	1.2	1	1	0.9	0.9	0.9
	南街	1.4	1.4	1.2	1.1	1.1	1.1	1.1
	平均	1.31	1.27	1.08	1.04	0.97	0.94	0.92

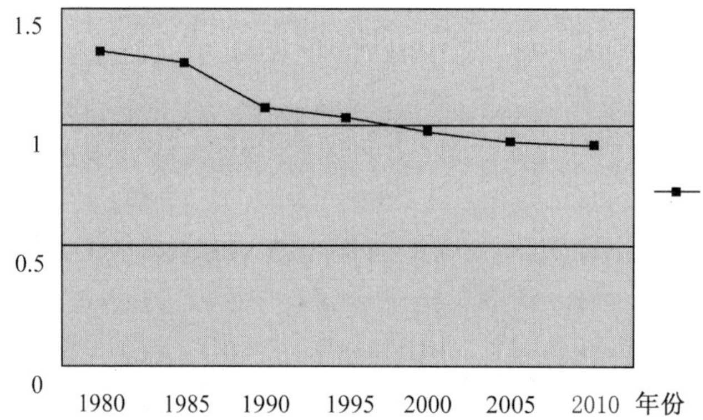

图 1　历年地下水埋深变化趋势

从历年地下潜水埋深监测变化情况来看，1980 年第二次土壤普查时沉沙池区地水埋深为 1.31m，至 1988 年未引黄河水前地下水位上升了 0.04m，基本没有多大变化，1998～1990年 2 年时间引黄放水池区地下水提高了 0.19m，至 1995 年 7 年时间提高了 0.23m，至 2000 年 13 年时间提高了 0.29m，至 2005 年 18 年时间提高了 0.33m，至 2010 年 23 年时间提高了 0.35m。从图 1 可以看出，在 1988～1990 年 2 年时间使池区地下水迅速提高了 0.19m，平均每年提高 0.095m，1990～2010 年 20 年时间水位提高了 0.16m，平均每年提高 0.008m。由此可见，沉沙池周边地下水埋深由引黄灌区修建运行前两年迅速提高近 0.2m，其后地下水位趋于稳定，呈稍升高趋势，地下水埋深年度内受灌水和降水的不均影响，年度间变化有一定差异。

（三）耕层盐分含量变化

灌渠沉沙池周边村庄土壤耕层含盐量调查情况如表 4 所示，含量变化趋势如图 2 所示。

表 4　　耕层盐分含量变化　　单位：%

乡　镇	村　庄	1980 年	1988 年	1990 年	1995 年	2000 年	2005 年	2010 年
阿城镇	陶城铺	0.24	0.25	0.27	0.3	0.32	0.33	0.32
	东堤	0.2	0.2	0.26	0.3	0.32	0.34	0.34
	刘什庄	0.23	0.23	0.26	0.3	0.3	0.32	0.34
	颜营	0.23	0.25	0.27	0.3	0.32	0.35	0.36
	王营	0.24	0.26	0.28	0.35	0.38	0.39	0.4
张秋镇	董营	0.21	0.24	0.3	0.37	0.39	0.39	0.39
	五里营	0.21	0.23	0.32	0.37	0.4	0.43	0.44
	豆营	0.18	0.2	0.32	0.36	0.38	0.4	0.41
	东街	0.22	0.22	0.25	0.3	0.34	0.35	0.36
	南街	0.24	0.24	0.28	0.32	0.34	0.36	0.36
	平均	0.22	0.23	0.28	0.33	0.35	0.37	0.37

注：耕层含盐量为春季浇水前取样测定，2010 年以前数据为第二次土壤普查和水利部门监测获得。

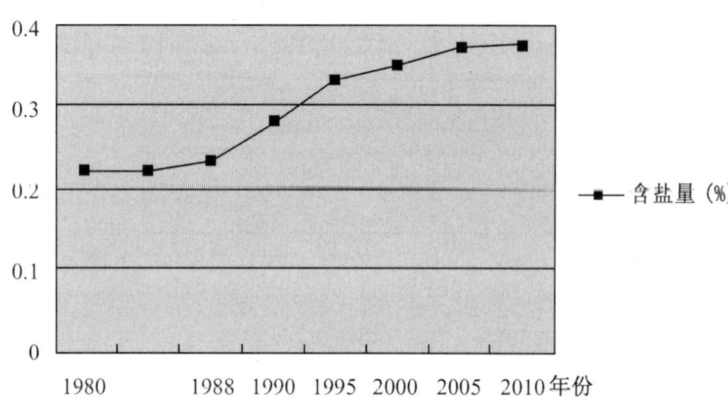

图 2　耕层含盐量变化趋势

由表 4 和图 2 可以看出，沉沙池周边村庄土壤耕层含盐量随着引黄灌溉时间的延长呈增加趋势。自第二次土壤普查至 1988 年引黄河水时，土壤耕层含盐量持平稍有增加，1988 年引黄灌溉后至 1990 年 2 年的时间，池区土壤耕层含盐量迅速增加了 0.05g/kg，平均年增长量为 0.025g/kg。1990～2010 年池区耕层土壤含盐量增加了 0.09g/kg，平均每年增长量为 0.0045g/kg。随着农业综合改良措施的进一步开发实施，预计今后几年耕层含盐量将会降低。

(四)主要作物产量状况

池区村庄主要作物产量状况统计如表 5 所示,变化趋势如图 3 所示。

表 5　　历年作物产量水平

年　份	1980	1988	1990	1995	2000	2005	2010
池区小麦(kg/667m²)	264	314	306	330	366	414	432
全县平均(kg/667m²)	286	301	308	324	350	408	447
池区玉米(kg/667m²)	323	344	350	361	372	430	470
全县平均(kg/667m²)	320	339	310	352	379	433	467.7
池区棉花(kg/667m²)	60	66	62	68	71	65	
全县平均(kg/667m²)	54	66	64	70	75	67	78

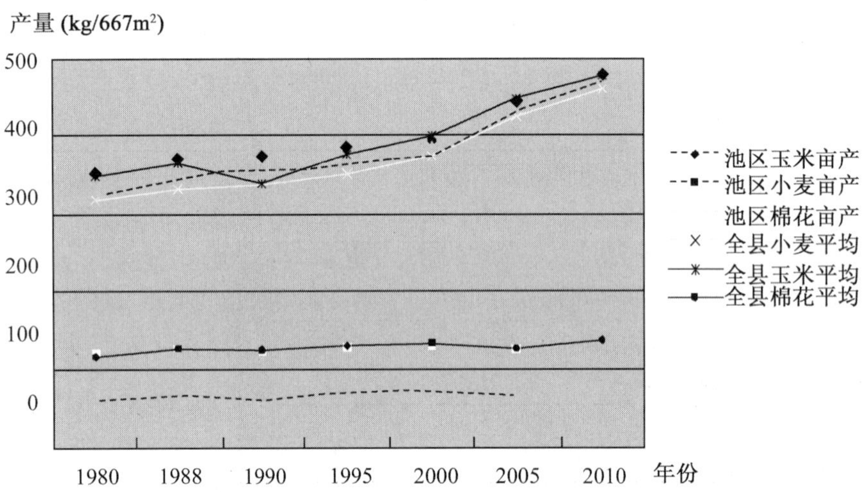

图 3　主要作物产量变化趋势

由表 5 和图 3 可以看出,池区小麦、玉米、棉花三种作物产量在 1988 年未引黄河水之前为持续上升,1988～1990 年作物产量小麦、棉花表现为下降,玉米表现为上升,自 1990 年后三种作物产量均表现增长,玉米产量增加较大,而且高于全县平均产量,小麦产量亦有增加,至 2010 年产量低于全县平均水平,棉花由于种植面积逐年减小,产量表现不稳定,增长幅度不大。

(五)主要土壤养分变化状况

池区平均养分变化及全县主要养分变化统计如表 6 所示,变化趋势如图 4 所示。

表 6 土壤养分历年监测值

年 份	1980	1990	1995	2000	2005	2010
池区有机质(g/kg)	8	8.9	10.7	11.2	12	12.9
全县有机质(g/kg)	7.9	8.8	10.7	11.4	12.2	13.3
池区碱解氮(mg/kg)	60	69	71	76	78	83
全县碱解氮(mg/kg)	58	67	71	76	79	84
池区有效磷(mg/kg)	8.2	12.8	16.9	19.3	21	22.2
全县有效磷(mg/kg)	7.6	12.6	16.8	19.5	22	23.8
池区速效钾(mg/kg)	99	112	118	126	138	144
全县速效钾(mg/kg)	76	88	95	104	114	122

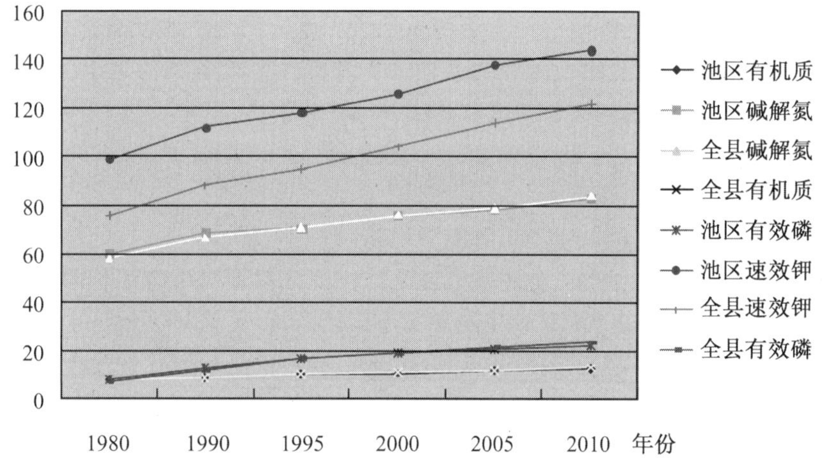

图 4 变化趋势见图

从表 6 和图 4 可以看出，池区村庄土壤养分变化为有机质、碱解氮、有效磷和速效钾均有不同程度的增加，有机质、碱解氮和有效磷在 1980～1988 年未引黄之前平均含量均高于全县水平，1988～1995 年引黄以来池区三种养分含量均有增加，但不如全县增长快，而且与全县平均水平接近，1995～2010 年三种养分均有不同程度增加，但不如全县平均水平增长快，至 2010 年三种养分平均含量已低于全县平均值。从速效钾含量来看，由于池区内渗村庄土壤质地黏重，速效钾含量较高，高于全县平均值。

(六)池区侧渗村庄横向地下水埋深和含盐量变化状况

通过对池区侧渗村庄横向、垂直方向地下水和含盐量的调查发现，距池区越远的地方次生盐渍化程度越轻，一般 1500～2000m 处基本没有次生盐渍化情况发生。其原因主要是随着现代农业建设排灌渠道不断完善，受地下水活动影响较小，次生盐渍化程度较轻，变化趋势如图 5 所示。

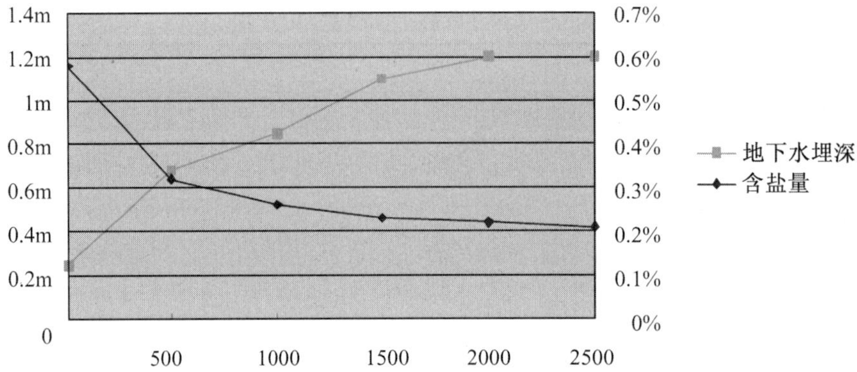

图5 地下水及含盐量横向变化趋势

(七)池区侧渗村庄纵向变化状况

通过调查研究发现,池区侧渗村庄沿引黄池区顺水方向地下水及含盐量变化不明显,均表现一定程度的次生盐渍化。因灌渠Ⅰ、Ⅱ、Ⅲ级沉沙池设置均为地上河引黄沉沙,侧渗村庄处于同一区域内,发生次生盐渍化程度基本一致。

三、防治对策

(一)改造沉沙池建设,增建防渗、防侧漏设施

改造沉沙池建设,增建防渗、防侧漏设施是防止池区耕地次生盐渍化的重要措施。因引黄灌渠沉沙池区均为地上河,下渗和侧渗现象比较严重,是使池区地下水位升高的主要原因。再加春季蒸发量大,造成地表积盐现象严重,导致次生盐渍化的发生。

目前Ⅰ、Ⅱ、Ⅲ级沉沙池底宽均为200m,坡长30m,全长11.45km,需衬砌铺设总面积为$264\times10^4m^2$,建议有关部门应尽快实施。沉沙池衬砌一方面阻止引黄水的渗漏、侧漏,阻止池区的地下水位提高和地表积盐现象发生,另一方面也便于沙池的清淤,延长引黄灌渠的使用年限,为保证引黄灌区合理用水提供有利条件。

(二)疏挖侧渗排盐沟渠,阻止地下水位上升和及时洗盐排盐

为防止池区侧渗,降低地下水位,应沿背池堤坝增挖排水洗盐沟渠,现已建成从王营至豆营的排盐沟渠。但沿池堤坝全线还未建成,要增挖排盐防渗沟渠,在堤坝内侧30～50m处,建设一条底宽3～5m、口宽10～20m、深3～5m的沟渠,以便于季节排水洗盐,并做到排盐沟渠及农田支斗沟渠主河流相通,保证季节洗盐的顺利进行。

(三)加强农田水利基本建设,合理利用水资源,抑制盐分聚集

近年来随着现代农业综合项目实施开发,不断加大对池区侧渗村庄农田水利基本建设,使侧渗池区村庄沟渠路林配套,分别建设了运东支渠、赵店沟,疏挖了小运河汊和部分农田支斗沟渠,使池区排灌沟渠相配套。便于引黄灌区浇灌,及时排除积水,同时池区新建机井22眼,便于季节性浇盐、浇灌,降低地下水位,防止盐分上升。

一方面实施合理的灌溉制度,以井保丰,灌水压盐,建立完善的灌溉系统,使地下水位下降到可能引起土壤次盐渍化的地下水的深度,平均下降1.5～2m。张秋镇豆营村的洗

盐试验表明，次生盐渍地每年灌淡水 200～300m^3，水冲 3～4 次，脱盐深度可达 1m 左右。用河水灌溉掌握看天、看地、看庄稼的原则，要采取三不用的做法：一是地下水的临界深度以上不用；二是汛前、雨季不用；三是土地易返盐季节不用。在作物生长关键期如拔节、抽穗、灌浆期灌水效果最佳，速灌速排，灌完排净，严格控制地下水。

另一方面采用节水防盐的灌溉技术。目前，阳谷县 95%以上的灌溉面积是常规的地面灌溉。近年来的研究表明，在地膜栽培基础上，地膜侧沟内水流改为膜水流，可节水 70%以上。同时推广水平地块灌溉法，代替传统沟畦灌溉，改长畦为短畦，改宽畦为窄畦，采用适当的单宽流量，可达到节水 30%～50%。这些措施可减少灌溉的渗漏损失与蒸发，从而防止大水漫灌引起的地下水位抬高。根据在该灌区的试验，亩灌溉定额为 290m^3，其中冬灌 100m^3/667m^2，就能满足高产要求。池区如有条件，可逐步推广滴灌、喷灌等先进灌溉技术。

（四）增施有机肥，大力推广作物秸秆还田，培肥地力，增强土壤蓄保能力

增施有机肥，大力推广作物秸秆还田，不断增加土壤有机质含量，增强土壤胶体的吸收代换能力，将土壤中有害盐分吸附聚集，提高速效养分的代换量，有利于作物对有效养分的选择吸收，同时能够改变池区耕地的不良结构，增加团粒结构，增强蓄保能力，减轻盐碱危害，是改良池区次生盐渍化的有效措施。

（五）科学施用化肥，实施测土配方施肥

为防止池区土壤次生盐渍化对作物养分含量的吸收比例影响，减轻盐分的危害，在作物种植上要时刻关注土壤盐分含量的变化状况，化验测定土壤速效养分的含量状况，掌握季节水盐运动变化规律，科学施用速效化肥，氮肥应以有机态的尿素为主，增施硝态氮肥，磷肥最好以过磷酸钙为主，一方面提供磷营养，另一方面含有大量酸性物质，可中和部分盐离子，降低 pH，促进养分的有效释放，增强速效养分的当季利用率，同时根据作物需肥规律配施适量的钾肥和微量元素肥料。

专题三　阳谷县粮食生产潜力分析专题报告

一、发展粮食生产的重要性

民以食为天，食以粮为先，粮食是社会稳定和谐的基础，是国家安全的物质保障，事关改革发展、政治社会稳定的大局，甚至关系到国家存亡的重大问题。阳谷县是全国重要商品粮基地，是产粮大县，近年来的粮食安全生产对山东省乃至全国作出了重大贡献。但也有需求不容忽视的问题。随着人口的增长，城镇化、工业化的发展，耕地减少，水资源短缺和气候变暖对粮食生产的制约日益增长，对粮食需求大大增长，粮食的供给亦成为稳产发展的首要问题。粮食能否长期稳定、持久发展，关系到国家经济发展、社会和谐稳定、政治安全，甚至对推进社会主义新农村建设都有十分重要的影响。所以，正确应用耕地地力评价成果，对充分挖掘粮食生产潜力、提高粮食单产和总产具有重大历史意义。

二、阳谷县粮食生产现状及影响产量因素分析

（一）粮食生产现状

阳谷县总耕地面积为 71799.41hm^2，常年粮食总播面积达 99333hm^2，种植的粮食作物主要为小麦、玉米。近年来，中央相继出台了一系列惠农支农政策，如取消农业税、林特产品税、牧业税和屠宰税，实行了农业补贴：粮食直补、良种补贴、农机购置补贴和农资综合直补政策，农业和农民得到“休养生息”，初步建立了符合我国国情、财政综合补贴与财政专项补贴相结合、管理逐渐规范的农业政策补贴体系，实施并建立了农业和粮食生产投入增长机制，对小麦等实施最低收购价政策，加大对粮食主产区转移支付力度等，这些政策和机制大大提高了农民种粮的积极性。因此，阳谷县的粮食单产和总产量出现同步增长，粮食生产发展由恢复发展到稳定发展。阳谷县历年粮食种植面积产量情况如表 1 所示，单产变化趋势如图 1 所示。

表 1　　阳谷县历年粮食产量种植统计表

年份	播种面积(hm^2)	粮食总产(吨)	粮食单产(kg/hm^2)
1998	95521.6	459937	4815
1999	94392.1	501222	5310
2000	81620	443197	5430
2001	77362.7	431684	5580

续表

年份	播种面积(hm^2)	粮食总产(吨)	粮食单产(kg/hm^2)
2002	75557.3	412543	5460
2003	66810.3	358771	5370
2004	67154.4	391846	5835
2005	86274.5	542235	6285
2006	85236.5	543383	6375
2007	92725.1	598077	6450
2008	91177.1	600401	6585

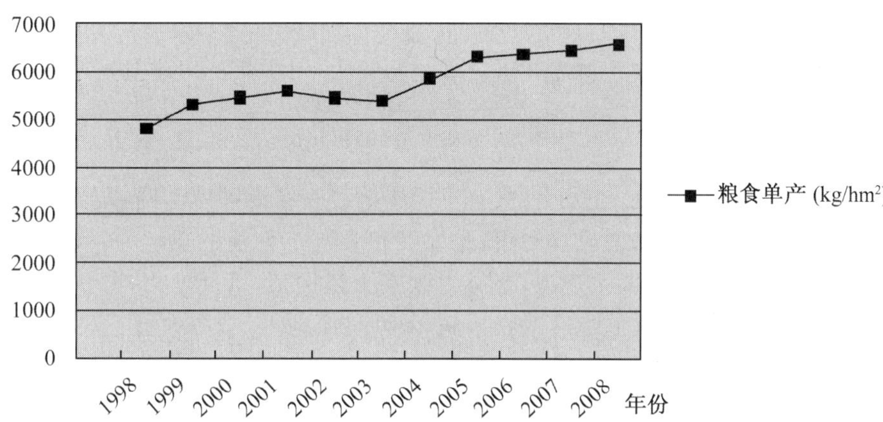

图 1　阳谷县粮食单产变化趋势图

从表 1 和图 1 可以看出，作物单产呈逐年增加趋势，只是个别年份受气候影响出现稍降，但总体来看单产水平还是增加的。1988～2008 年单产增加了 1770kg/hm^2，年均增加 160.9kg/hm^2，增加幅度为 0.33%。

（二）不同耕地粮食产量状况

通过耕地地力调查分析可知，目前阳谷县耕地共分为 6 个级别，其养分变化限制因子及利用措施均不同，对粮食生产的挖掘潜力也不同，主要耕地及产量生产状况统计如表 2 和图 2 所示。

表 2　　**耕地及产量生产状况**

项　目	一级地	二级地	三级地	四级地	五级地	六级地	合计
面积(hm^2)	12728.76	16858.33	14476.8	14723.5	7921.21	5090.8	71799.4
所占比例(%)	17.73	23.48	20.16	20.51	11.03	7.09	
粮田面积(hm^2)	12131.47	16126.86	14180.53	14510.02	7854.53	5062.16	69865.57
占粮田比例(%)	17.36	23.08	20.3	20.77	11.24	7.25	
粮食单产(kg/hm^2)	9105	7440	6330	5445	4965	4560	

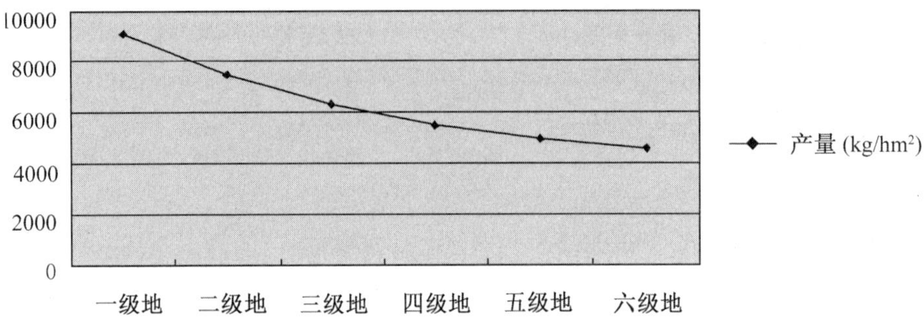

图 2　不同级别耕地产量趋势

从表 2 可以看出，不同级别耕地产量表现差异较大，对中低产田改造是挖掘粮食增产潜力的主要因素。

（三）影响因素分析

（1）不同级别耕地对粮食生产潜力具有不同影响。一级地种植基础和土壤条件较好，要提高投资效益，尤其是水肥的合理利用，是发展粮食高产创建的耕地；二级地主要特点是土体构型夹沙，存在漏肥、漏水现象，要努力改变土体构型，培肥地力，防止土壤次生盐渍化的发生；其他各级地要实施综合改良措施，不断培肥地力，坚持测土配方施肥技术，是挖掘粮食生产潜力的主要耕地。

（2）粮食需求日趋增长，迫切需求增加粮食安全生产。粮食消费结构主要由口粮消费、饲料用粮、工业用粮和种子用粮这几部分组成，其中种子用粮占整个粮食消费的比例很小，对粮食需求影响不大。一是生活用粮：人口不断自然增加，随着居民生活水平的提高，食物结构的改变，消费食物的多样化、优秀化趋势，将加大消费量。二是饲料用粮：畜牧业作为发展的战略不会改变，由此对饲料用粮的需求将日益增大。三是工业用粮：粮食价格低廉，酿造、制药、副食品等加工企业也将会增加粮食的消费量。

（3）种粮效益低，影响农民种粮积极性。由于煤炭、石油等能源化工材料价格上涨，种子、农药、机械等农业生产资料价格也全线上扬，农民种粮成本大幅增加，农业比较效益下降，随着城市化、工业化快速发展，农村外出务工人员增多，农业劳动力出现结构性紧缺，种粮效益和外出打工相比，种粮效益明显偏低，严重影响了农民的种粮积极性。

（4）自然灾害的发生，威胁粮食生产的发展。近年来自然灾害有加重发生的趋势，尤其是近两年阳谷县冬春干旱无有效降水，麦田土壤墒情较差，后期出现的干热风给小麦生产带来严重影响，种植玉米季节时，雨水集中，出现涝害，又对秋季粮食作物不利。此外，病虫害对粮食作物产生的危害，也是不可忽视的。

（5）乱占耕地，使耕地面积减小，制约了粮食生产的发展。阳谷县现有耕地面积为 71779.41hm^2，人均耕地面积为 0.091hm^2，低于全国人均水平（0.093hm^2）。随着社会加速发展城镇化，人口增加较快，非农建设用地与耕地矛盾突出，不断减缩的耕地面积是阳谷县粮食生产的一个重要制约因素。对一至三级地要充分挖掘潜力，对四至六级地要不断培肥改良，使低产变中产、中产变高产、高产更高产。

三、阳谷县粮食生产增长潜力分析

粮食产量是粮食播种面积与单位面积粮食产量两者的乘积，要得出比较科学的粮食生产潜力预测结果，需要对其影响因素进行科学合理的分析和预测，所以，首先对粮食面积、粮食产量作出分析，在此基础上再得出粮食生产增长潜力预测数值。

（一）粮食生产面积

阳谷县地处华北平原，地势平坦，易于耕种，也有利于机械化推广，气候有利于农作物生长，夏季日照时间长，高温多雨，为粮食作物生长提供了良好条件，秋季光照充分，多晴少雨，有利于粮食作物营养积累，玉米淀粉和蛋白质含量较高，适宜作饲料和工业原料，这些都是发展粮食生产所需要的得天独厚的优势。但是随着社会发展，城市化和工业化仍将相互促进，这必然造成大量的耕地非农化，使耕地面积继续不断缩减。为保障粮食的播种面积，必须提高复种指数。复种指数指某一地区全年总播种面积和总耕地面积之比，是衡量耕地利用程度的重要指标。

从表 3 可以看出，阳谷县耕地复种指数是递增的，1998～2008 年递增了 8.2%，即年递增 0.75%。按目前的递增情况，2020 年阳谷县复种指数达到 200%，2020 年后递增缓慢情况下，2030 年阳谷县复种指数达到最大，为 210%。

表 3　　阳谷县复种指数历年变化表

年　份	1998	1999	2000	2001	2002	2003	2004	2005	2006	2007	2008
复种指数(%)	183.6	185.8	183.5	184.8	185.0	184.1	184.5	191.0	191.7	191.8	191.8

在此预测结果的基础上，如果按照粮食面积比例占农作物播种面积的 70%(2008 年粮食播种面积比例为 71.2%)来计算，可以对阳谷县 2020 年、2030 年的耕地面积及粮食播种面积作出预测(见表 4)。

表 4　　阳谷县耕地面积和粮食播种面积预测表

年　份	2008	2020	2030
耕地面积(hm^2)	71799	71800	71900
复种指数(%)	191.8	200	210
农作物总面积(hm^2)	137710	143600	150990
粮食面积比例(%)	71.2	74	76
粮食面积(hm^2)	98050.9	106264	114752.4

（二）粮食单产

阳谷县把粮食生产作为农业生产的重中之重，狠抓小麦、玉米等作物种植，注重提单产、扩总量。从耕地面积下降趋势来看，要保持粮食的总产稳定，一个最重要的措施就是提高单产，尤其提高三至五级地单产，努力提高土地的生产率。通过多年专家论证发现，单产的提高不仅抵消了粮食播种面积减少而引起的粮食总产量的减少，而且使总产量有较大幅度的增长。目前，阳谷县粮食单产还有巨大的潜力。粮食单产进一步提高的潜力在于不断培肥地力，消除障碍因子，改进品种的基本特性，改善地理环境条件，提高品种对环境条件的适应能力。科学技术是第一生产力，依靠农业科研和技术推广提高粮食单产是粮食增产的最基本源泉。目前，从粮食作物实际产量与潜在产量之间的“产量差”看，小麦、玉米、大豆等主要粮食作物实际单产仅为品种区试产量的58%～78%、区域高产示范水平的48%～63%，粮食单产提高潜力很大。从优良品种、栽培措施及耕作制度等技术进步潜力看，主要粮食作物单产提高潜力较大。

阳谷县常年种植小麦、玉米98000hm^2，其中小麦53333hm^2，玉米44667hm^2。近几年建设的高产创建试验示范基地面积达2600hm^2，主要开展了新品种的引进、示范、推广及配套栽培技术模式试验。随着科技的发展及农田条件的改善，试验结果显示：目前阳谷县小麦、玉米平均单产为6592kg/hm^2，其中小麦6360kg/hm^2，玉米6870kg/hm^2，按粮食单产潜力有待挖掘的30%计算，2020年阳谷县小麦单产能够平均达到8268kg/hm^2，玉米达到8931kg/hm^2，粮食平均达到8570kg/hm^2，若2030年达到生产试验平均水平，产量提高按65%计算，小麦单产能够达到10176kg/hm^2，玉米达到10992kg/hm^2，粮食平均达到10547kg/hm^2。

四、阳谷县潜在的粮食产量

综合以上对阳谷县粮食播种面积、单位面积产量的分析，可以对2020年、2030年的粮食潜在生产量进行预测（见表5）。

表5　　阳谷县粮食生产潜力预测结果表

年　份	2008	2020	2030
粮食面积（hm^2）	98050.4	106264	114752.4
产量（kg/hm^2）	6592	8286	10547
总产量（万吨）	64.63	88.05	121.03

五、挖掘粮食生产潜力对策

（一）加强耕地资源维护，使耕地地力水平不断提高升级，努力提高粮食单产和总产

阳谷县耕地地力水平较好，前三级地面积和占总耕地面积的61.37%，一级地和二级地分布比较集中，主要分布在阳谷县东北部，该区域农业基础设施完善，属测土配方施肥首推区域，是高产创建实施的主要区域；三级地和四级地分布相对较分散，主要分布在西部和中部，属于只要加大资金投入，完善基础设施，改善生产条件，产量就会大幅度提高，存在较大的改良利用潜力，是提高粮食增产潜力的主要区域；五级地和六级地面积相对较少，集中分布在阳谷县的西部和南部，这部分耕地以沙壤为主，肥力较低，灌溉条件较差，属于低产田，应加大投资，积极采取多项综合措施进行改造，可发展为较好的粮田，对提高粮食单产具有一定的作用和意义。

（二）坚持稳定基本农田制度

粮食问题是关系经济发展、社会稳定甚至国家存亡的重大问题，耕地是粮食生产的重要宝贵资源。保证足够的粮食生产面积，才能稳定提高粮食生产能力，确保粮食增产，切实保障国家粮食安全，维护农民权益。划定基本农田保护区，对优良耕地实行特殊保护，促进经济社会全面协调可持续发展，严格控制非农建设占压耕地，加强对非建设占用耕地的管理，切实遏制耕地过快减少的势头，不断优化耕地利用结构，合理调整土地利用布局，促进土地集约节约用地机制的形成，加强水资源保护和管理，严格控制河源污染，引导农户科学正确使用化肥、农药及农膜，大力推广使用有机肥料、生物肥、生物农药，减少对耕地和水资源的污染，保护和改善粮食耕地环境，推进城乡建设用地合理科学利用。

（三）促进科技创新，提高生产的科技含量

提高农业生产科技含量。区域的资源状况决定粮食的生产潜力，但生产潜力的挖掘要依靠科技水平，必须大力促进科技创新，强化农业生物技术和信息技术的应用，加强科研攻关，实施新品种选育、粮食丰产等科技工程，提高生物育种的研发能力和扩繁能力。同时建立和创新科技支撑体系，对粮食进行深加工，提升粮食附加值，增加农民收入，要建立农业和粮食的良种体系、安全储备体系、精深加工开发转化体系、质量标准体系等保障粮食增产、质量提高的重要措施，推进调整产业结构和品种结构、改造优化产业和形成新的经济增长等方面，促使经济社会全面协调可持续发展。

（四）做好国家扶持政策

为保证粮食产量的有增无减，稳定提高粮食生产，必须有国家全面持久的政策支持。一是要加强农业基础设施，建设对粮食生产的投入政策，下大力气加强农业基础设施，特别是农田水利设施建设，狠抓农田水利建设，加大农业供水灌溉改造，推进低产田整治、土地复垦，提高农田利用率，建设稳定高产、旱涝保收、节水高效的规范农田，解决人畜饮水困难，修建乡村道路，组织科技培训和推广农业实用技术。农机购置补贴政策落实到位，要形成农机化服务体系，使服务领域不断扩大，不断创新。同时加强农业气象监测，加大农作物病虫害防治的投入。二是进一步完善粮食直补、良种补贴政策，积极扶持农民粮食生产。三是完善产业化支持政策，构筑以粮食为中心的产业化加工，加大储运设施建设扶持力度，提供政策保障，促进粮食产量的提高。

（五）健全粮食市场体系建设

充分发挥粮食市场机制配置粮食资源的基础性作用，高效、灵活，低成本地保证粮食供应，建立以国家粮食批发市场为龙头、区域批发市场为骨干、粮食期货流通为先导的完整粮食市场体系，着力解决品种结构性矛盾、区域性粮食供需矛盾，活跃粮食市场，确保有效供给，健全粮食零售市场网络，加强市场管理，建立市场信用制度，强化行业协会和民间组织的行业自我管理和维护市场秩序的作用，完善多层次粮食批发市场体系，调整市场布局和结构，建设粮食市场信息体系，发挥市场信息对粮食生产和流通的引导，促进形成合理布局、渠道稳定、运行规范的粮食收购网络，保护农民利益，促进粮食生产稳定发展。

（六）坚持和完善现行储备体系

地方储备粮食是国家粮食储备体系中的重要组成部分，是地方政府宏观调控的实物手段，是促进粮食生产、稳定粮食市场、保障粮食安全的重要措施。健全和完善中央储备，政府储备、企业商品最低库存以及家庭储备相结合，以解决区域性供求失衡、突发性事件的需要和居民口粮应急需求，地方粮食储备应定位在调节地方粮食供求、保持地方粮食价格基本稳定、保护广大粮农和消费者的利益、承担区域粮食安全，发展思路应是“确立基数，适度参与”。将地方储备粮的一部分稳定下来，保持不动，另将部分储备粮适度的参与市场建立经营网络，建立政府储备和社会储备相结合的综合储备模式，实行静态储备与动态储备相结合的储备模式，建立和完善地方储备粮管理制度，保证存储规模，创新管理模式，优化运行模式，发挥其应有的宏观调控作用。

（七）合理引导，提高粮食生产潜力开发程度

前述分析可见，冬小麦和夏玉米模式下蕴藏着巨大的开发潜力，但同时存在技术力量、社会经济发展、资源紧缺对生产潜力的开发及实现产生的影响，技术力量包括栽培技术、良种技术、管理技术、物质投入、人工投入等方面，社会经济发展包括政策、市场等方面，资源则包括水、地、气候等因素，只有协调各方面的关系，合理引导，共同开发，才能有效提高粮食生产潜力的开发力度。

附　图

阳谷县土地利用现状图

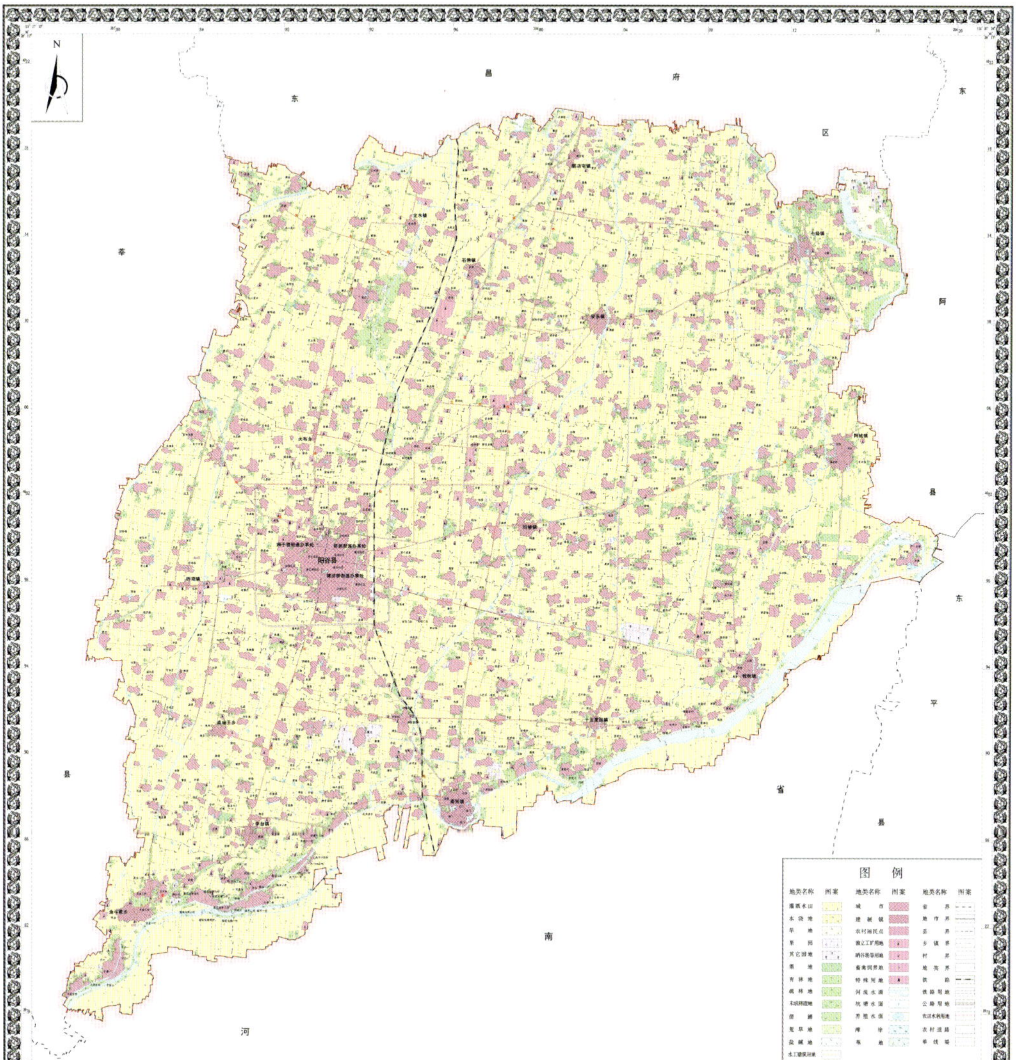

1954年北京坐标系
1956年黄海高程系

比例尺:1:350000

山东天地亚太国土遥感有限公司
山东农业大学资源与环境学院
二〇一〇年十月

阳谷县耕地地力评价等级图

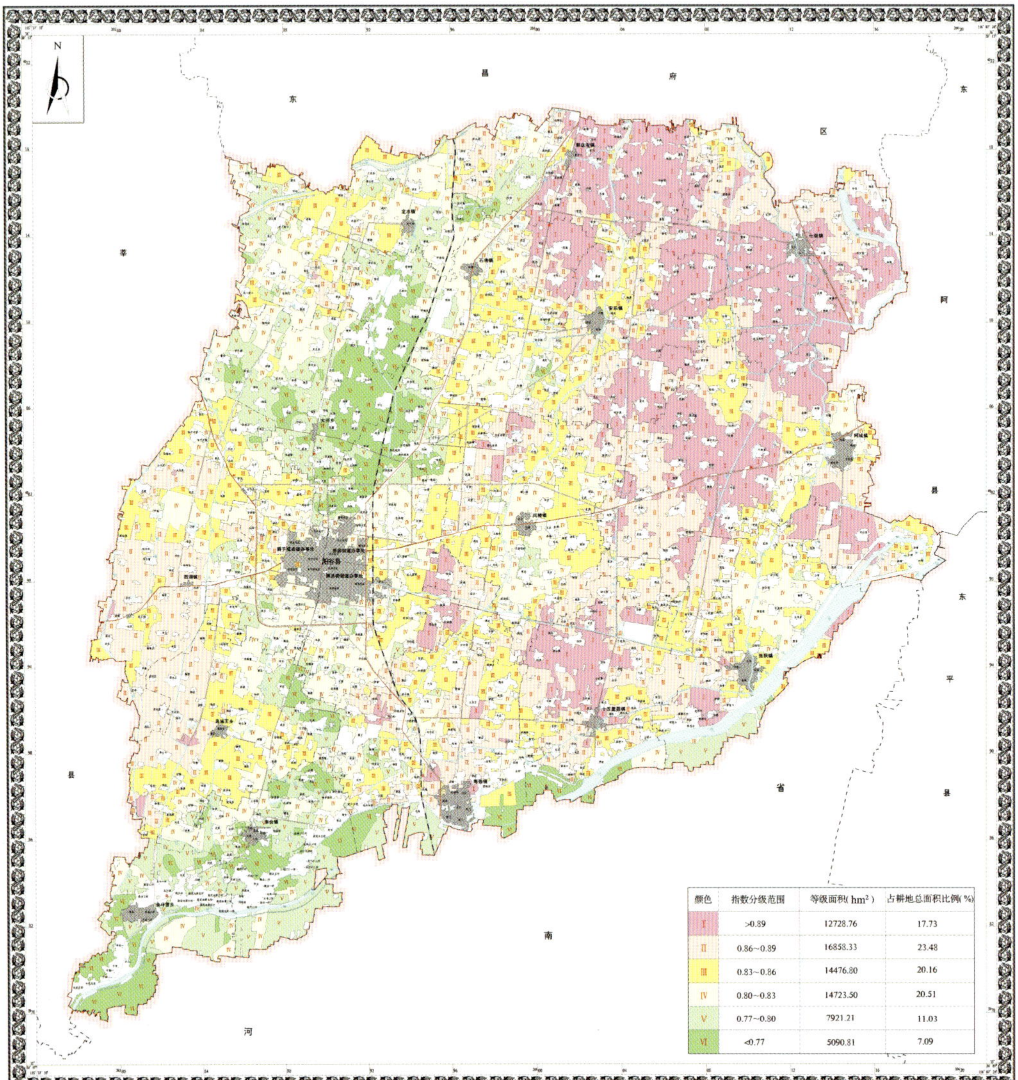

颜色	指数分级范围	等级面积(hm^2)	占耕地总面积比例(%)
Ⅰ	>0.89	12728.76	17.73
Ⅱ	0.86~0.89	16858.33	23.48
Ⅲ	0.83~0.86	14476.80	20.16
Ⅳ	0.80~0.83	14723.50	20.51
Ⅴ	0.77~0.80	7921.21	11.03
Ⅵ	<0.77	5090.81	7.09

1954年北京坐标系
1956年黄海高程系

比例尺:1:350000

山东农业大学资源与环境学院
山东天地亚太国土遥感有限公司
二〇一〇年十月

阳谷县耕地地力调查点点位图

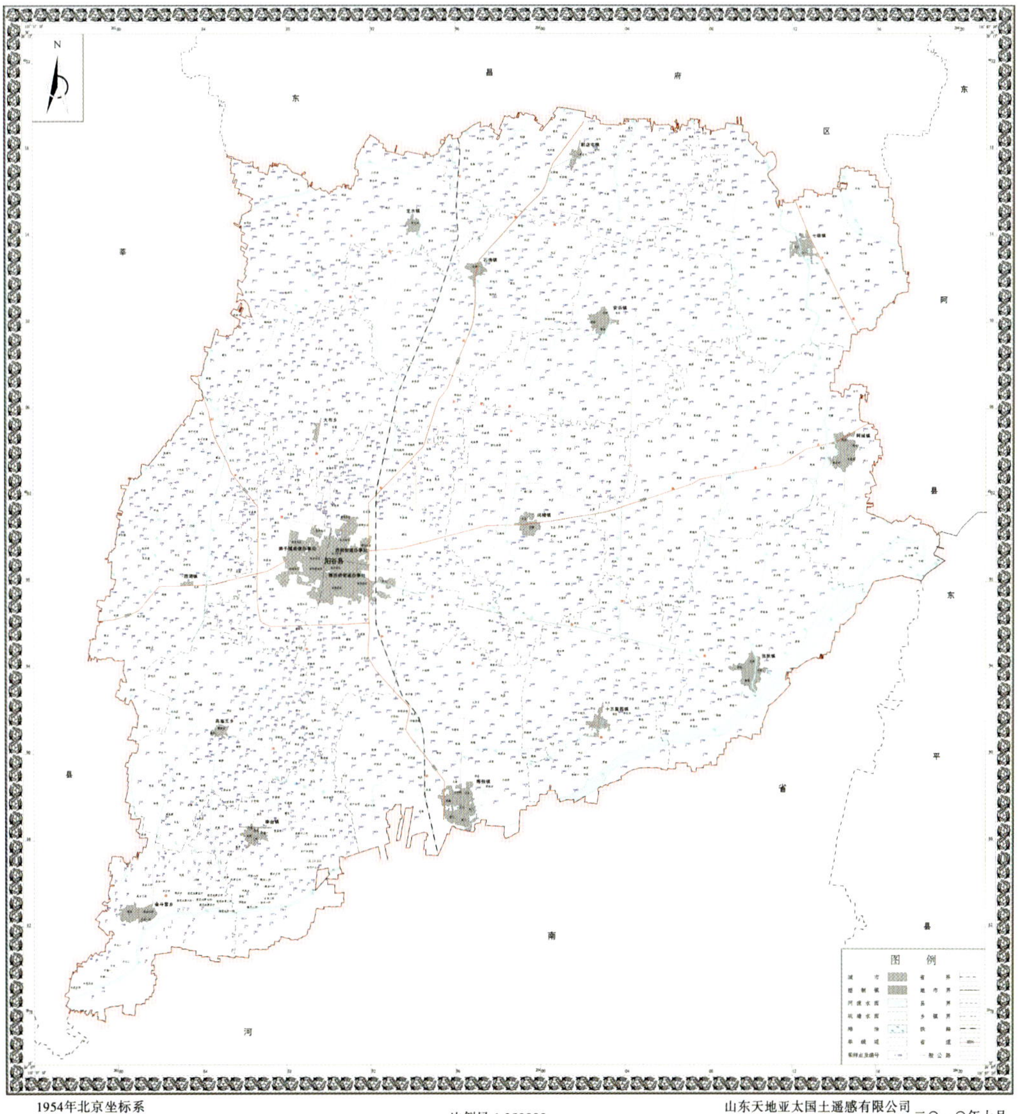

1954年北京坐标系
1956年黄海高程系

比例尺:1:350000

山东天地亚太国土遥感有限公司
山东农业大学资源与环境学院 二〇一〇年十月

阳 谷 县 地 貌 图

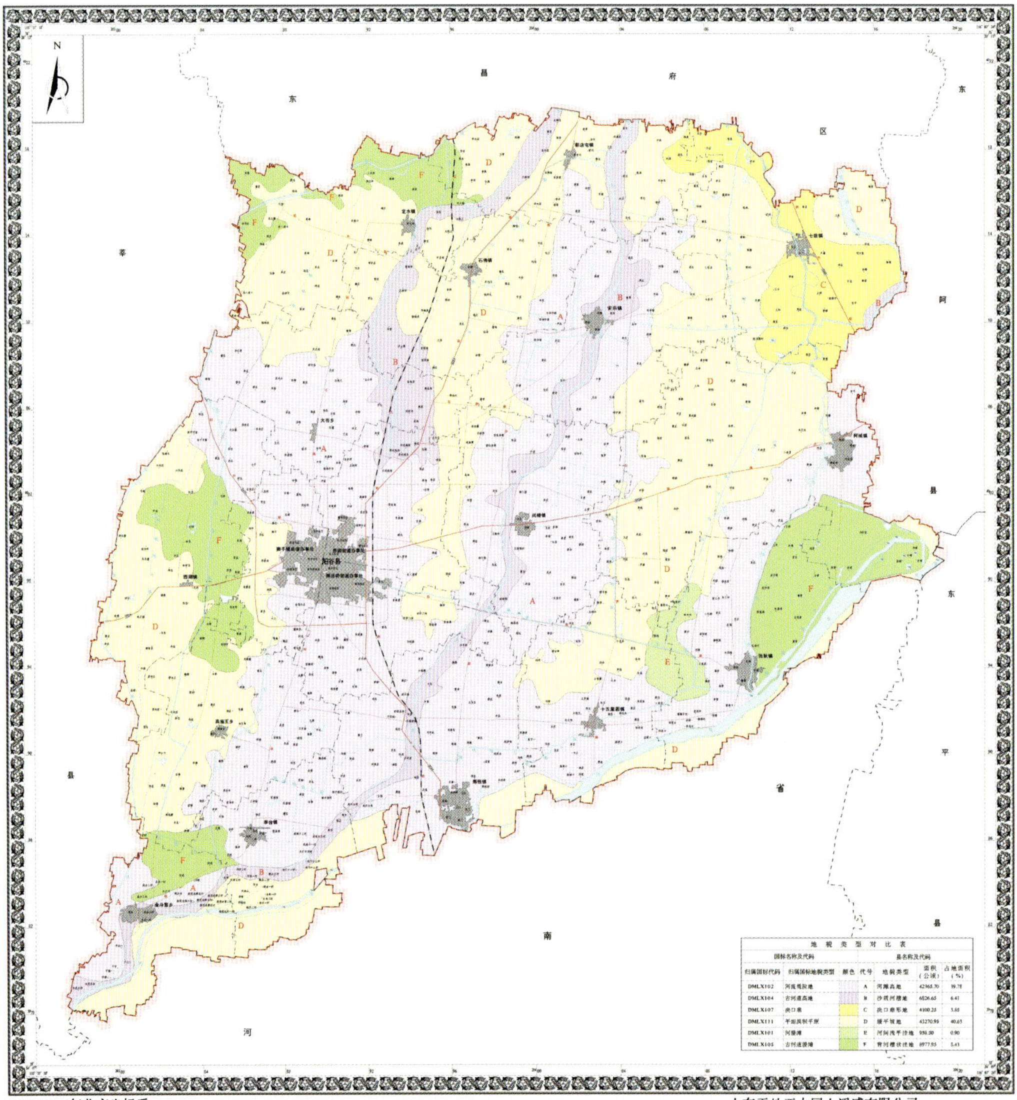

1954年北京坐标系
1956年黄海高程系

比例尺:1:350000

山东天地亚太国土遥感有限公司
山东农业大学资源与环境学院
二〇一〇年十月

阳谷县灌溉分区图

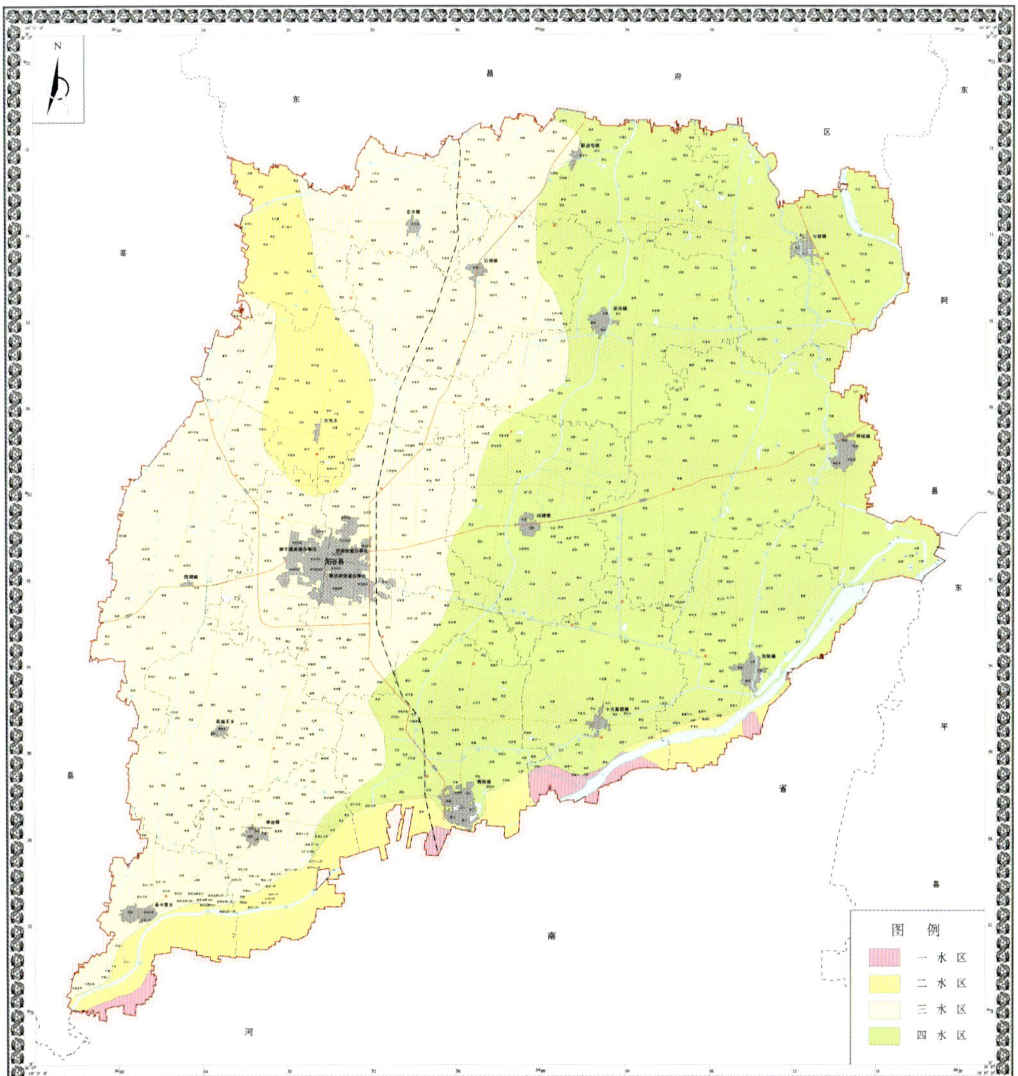

1954年北京坐标系
1956年黄海高程系

比例尺:1:350000

山东天地亚太国土遥感有限公司
山东农业大学资源与环境学院
二〇一〇年十月

阳 谷 县 土 壤 图

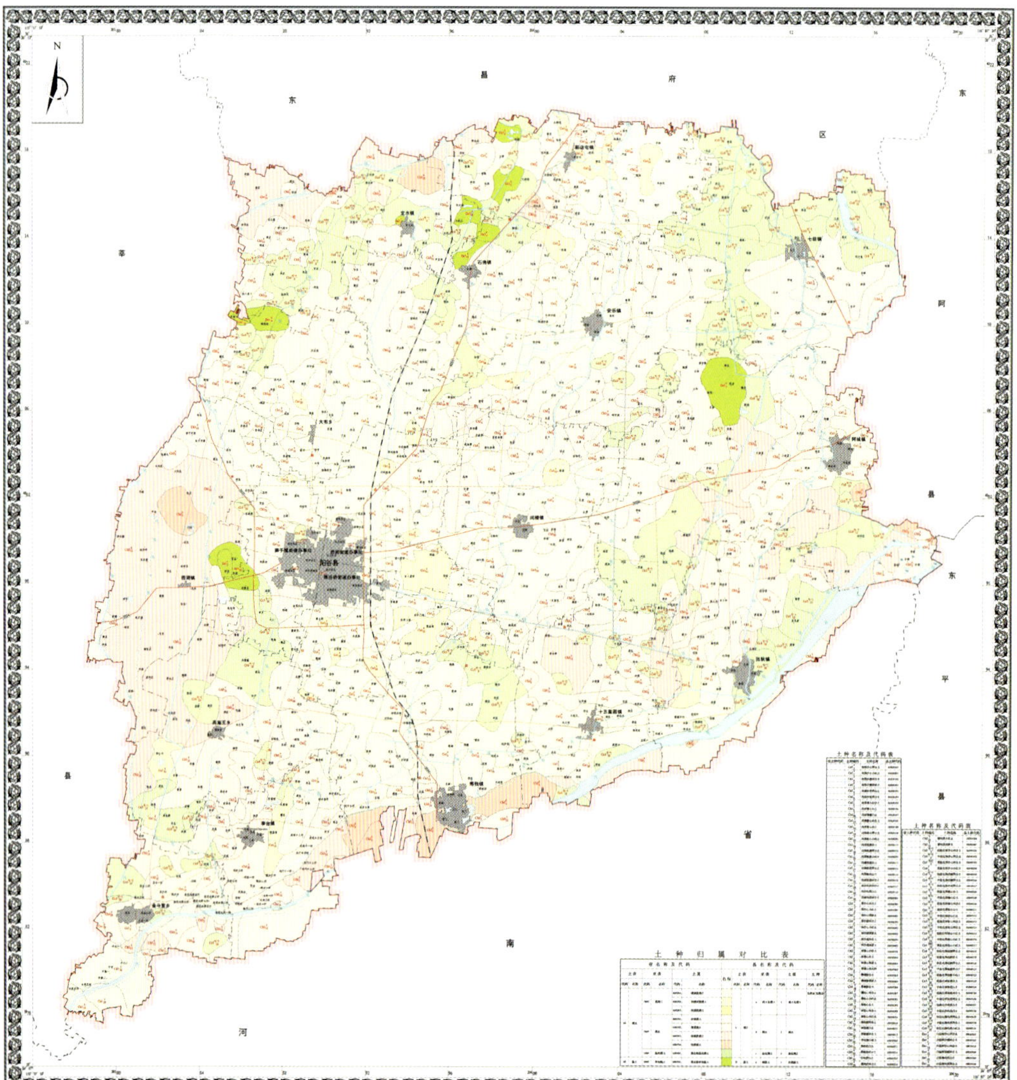

1954年北京坐标系
1956年黄海高程系

比例尺:1:350000

山东天地亚太国土遥感有限公司
山东农业大学资源与环境学院
二〇一〇年十月

阳谷县矿化度含量分布图

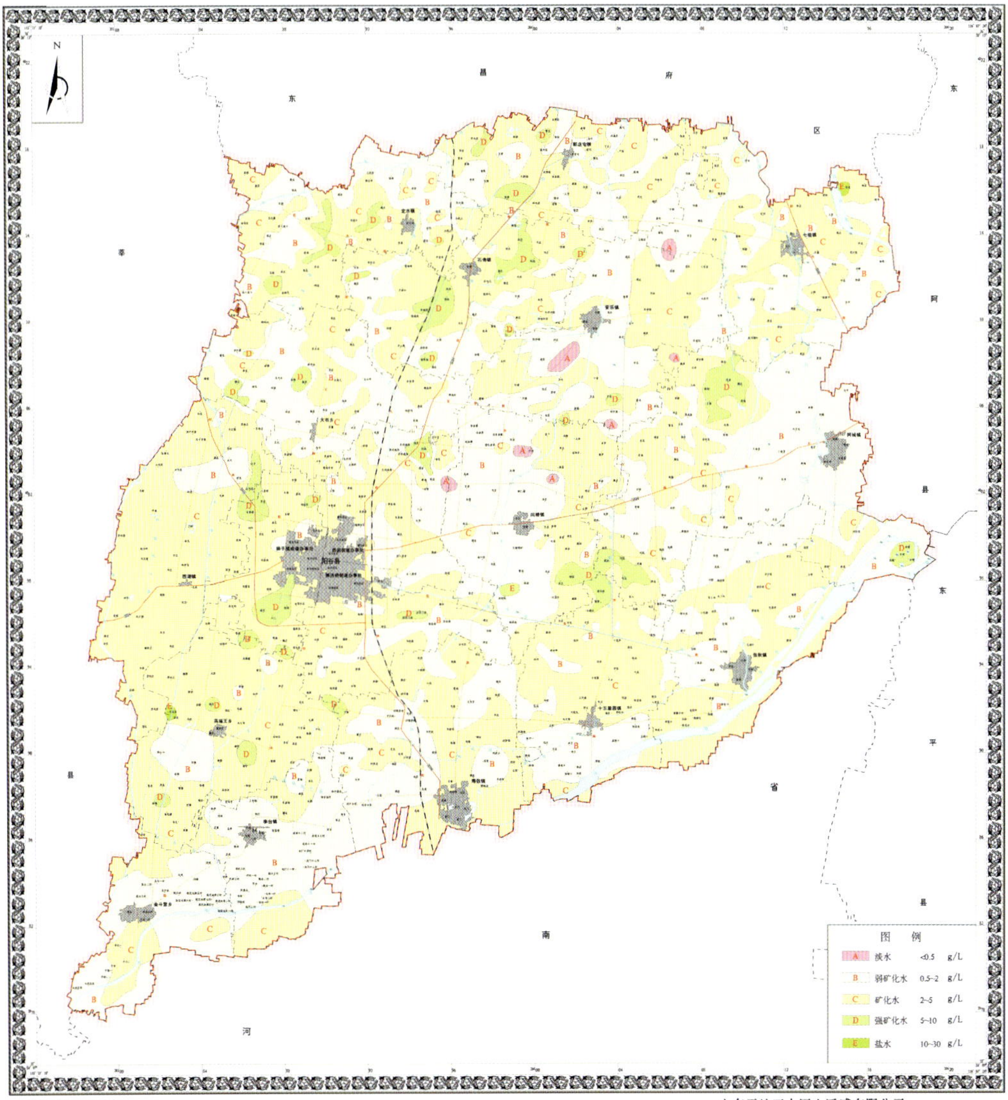

1954年北京坐标系
1956年黄海高程系

比例尺:1:350000

山东天地亚太国土遥感有限公司
山东农业大学资源与环境学院
二〇一〇年十月

阳谷县土壤有机质含量分布图

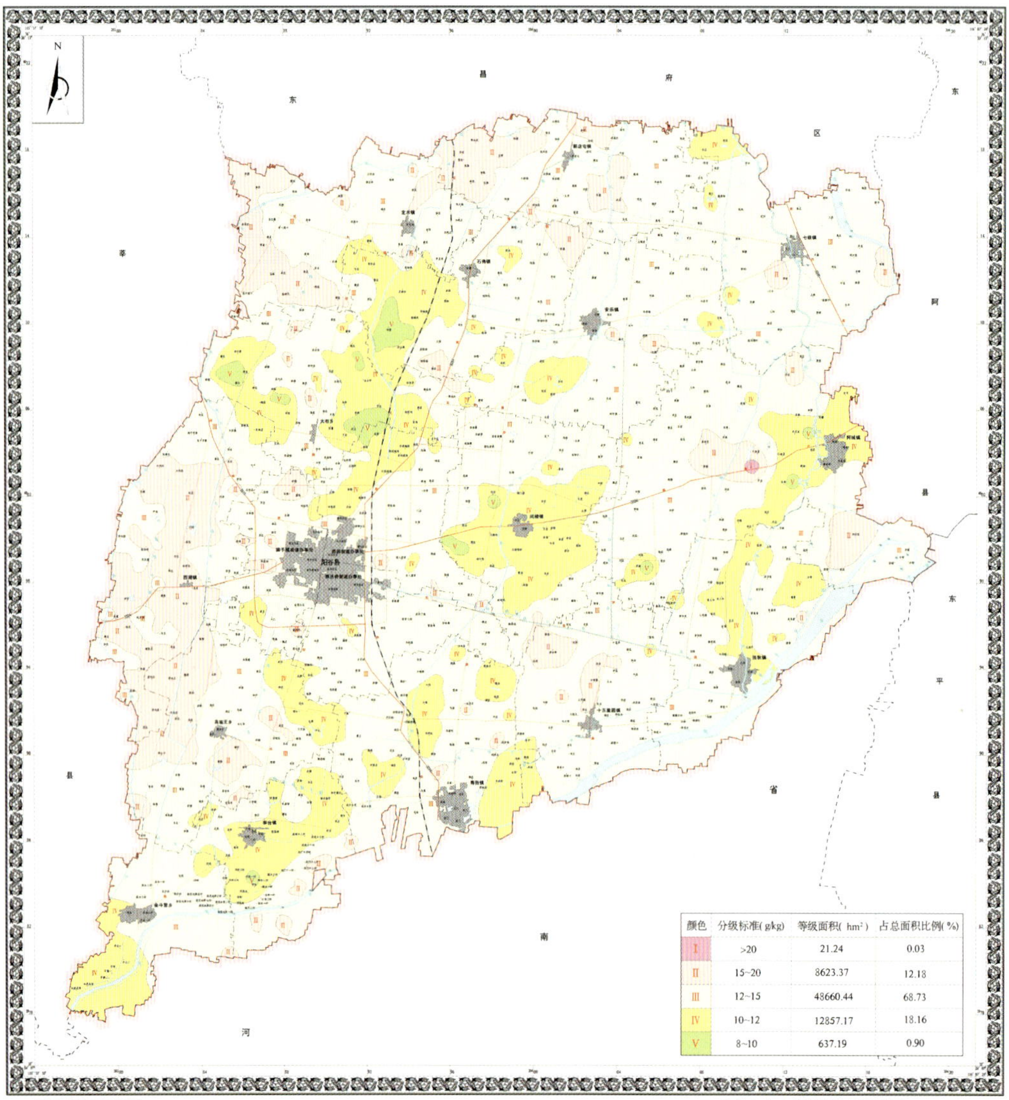

颜色	分级标准(g/kg)	等级面积(hm²)	占总面积比例(%)
Ⅰ	>20	21.24	0.03
Ⅱ	15~20	8623.37	12.18
Ⅲ	12~15	48660.44	68.73
Ⅳ	10~12	12857.17	18.16
Ⅴ	8~10	637.19	0.90

1954年北京坐标系
1956年黄海高程系

比例尺:1:350000

山东农业大学资源与环境学院
山东天地亚太国土遥感有限公司
二〇一〇年十月

阳谷县土壤pH分布图

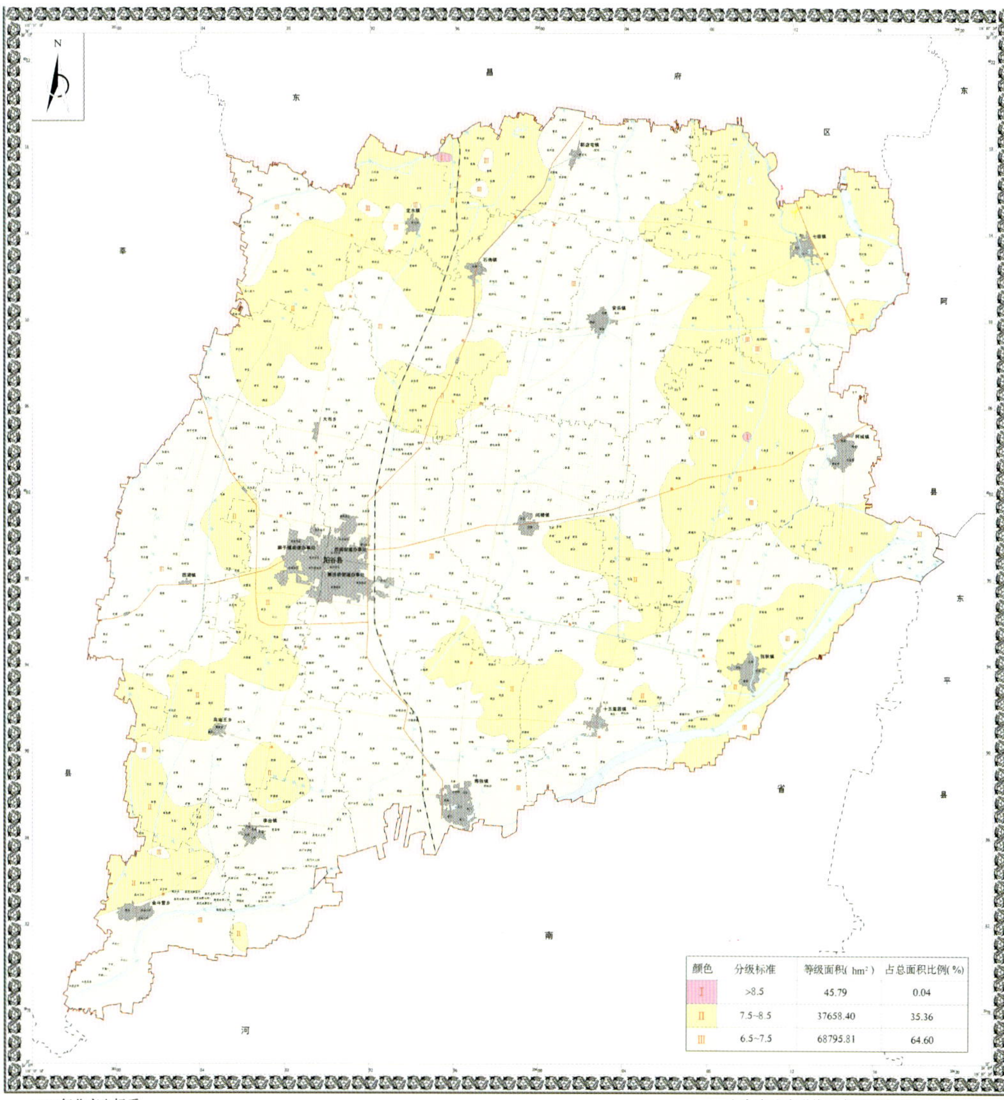

颜色	分级标准	等级面积(hm²)	占总面积比例(%)
Ⅰ	>8.5	45.79	0.04
Ⅱ	7.5~8.5	37658.40	35.36
Ⅲ	6.5~7.5	68795.81	64.60

1954年北京坐标系
1956年黄海高程系

比例尺:1:350000

山东农业大学资源与环境学院
山东天地亚太国土遥感有限公司
二〇一〇年十月

阳谷县土壤全氮含量分布图

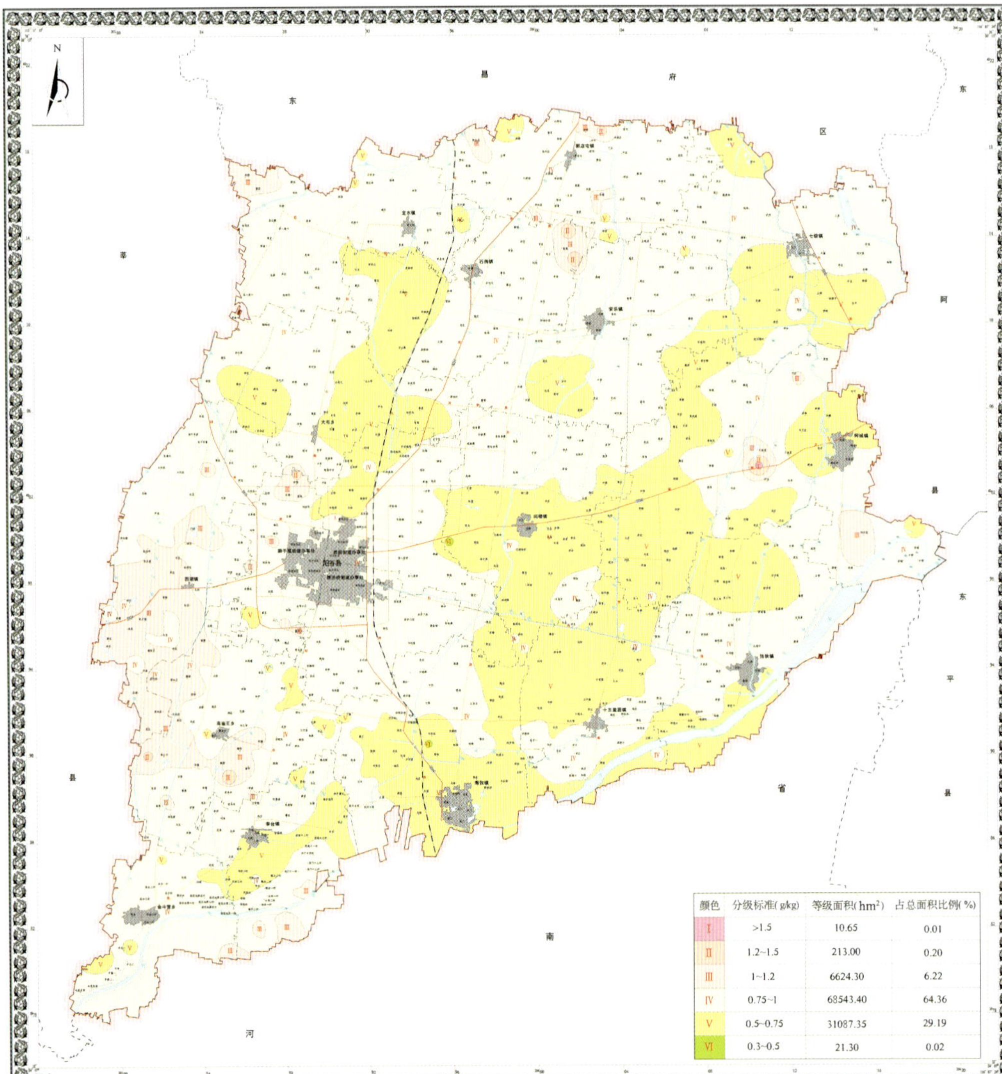

颜色	分级标准(g/kg)	等级面积(hm^2)	占总面积比例(%)
Ⅰ	>1.5	10.65	0.01
Ⅱ	1.2~1.5	213.00	0.20
Ⅲ	1~1.2	6624.30	6.22
Ⅳ	0.75~1	68543.40	64.36
Ⅴ	0.5~0.75	31087.35	29.19
Ⅵ	0.3~0.5	21.30	0.02

1954年北京坐标系
1956年黄海高程系

比例尺:1:350000

山东农业大学资源与环境学院
山东天地亚太国土遥感有限公司 二〇一〇年十月

阳谷县土壤碱解氮含量分布图

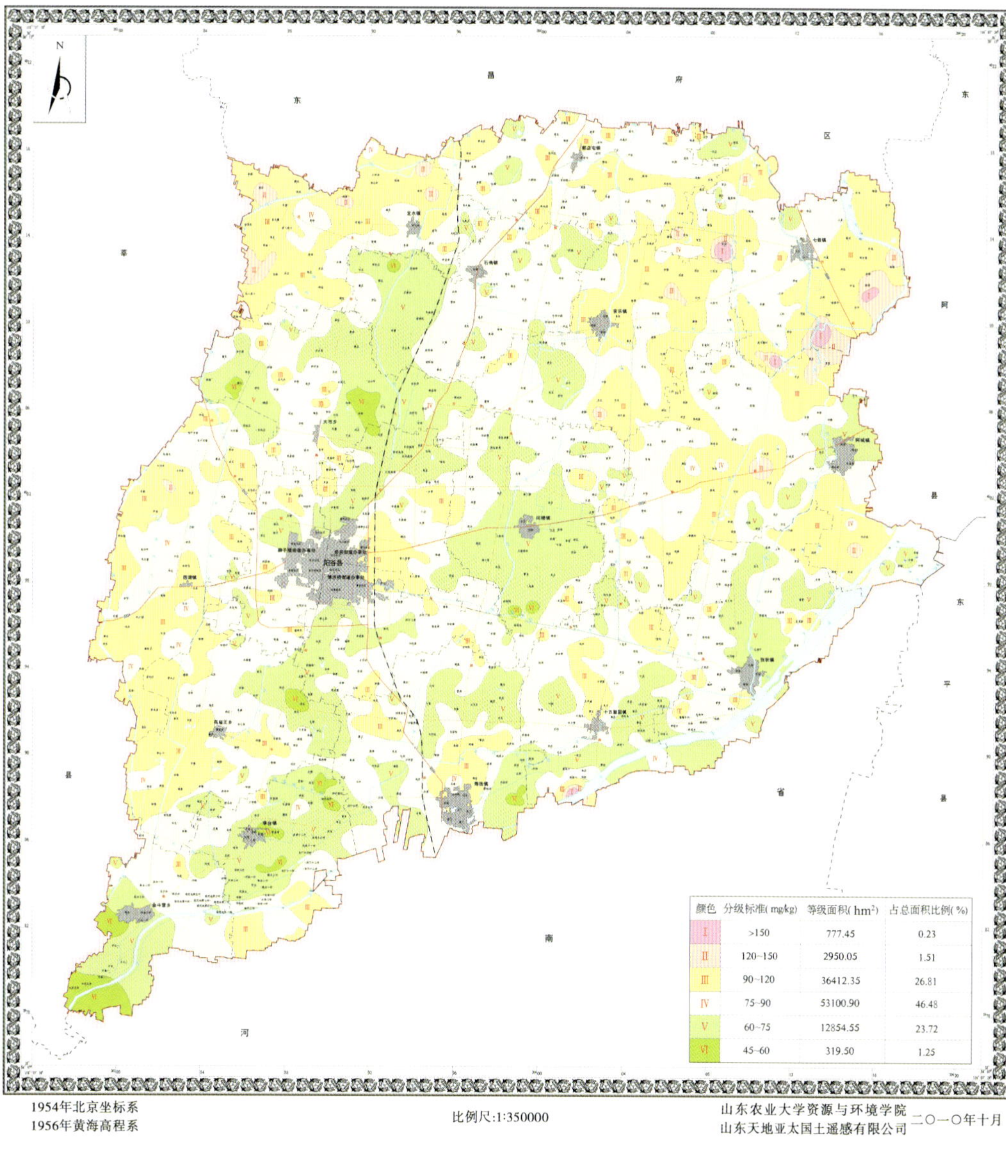

颜色	分级标准(mg/kg)	等级面积(hm^2)	占总面积比例(%)
Ⅰ	>150	777.45	0.23
Ⅱ	120~150	2950.05	1.51
Ⅲ	90~120	36412.35	26.81
Ⅳ	75~90	53100.90	46.48
Ⅴ	60~75	12854.55	23.72
Ⅵ	45~60	319.50	1.25

1954年北京坐标系
1956年黄海高程系

比例尺:1:350000

山东农业大学资源与环境学院
山东天地亚太国土遥感有限公司 二〇一〇年十月

阳谷县土壤有效磷含量分布图

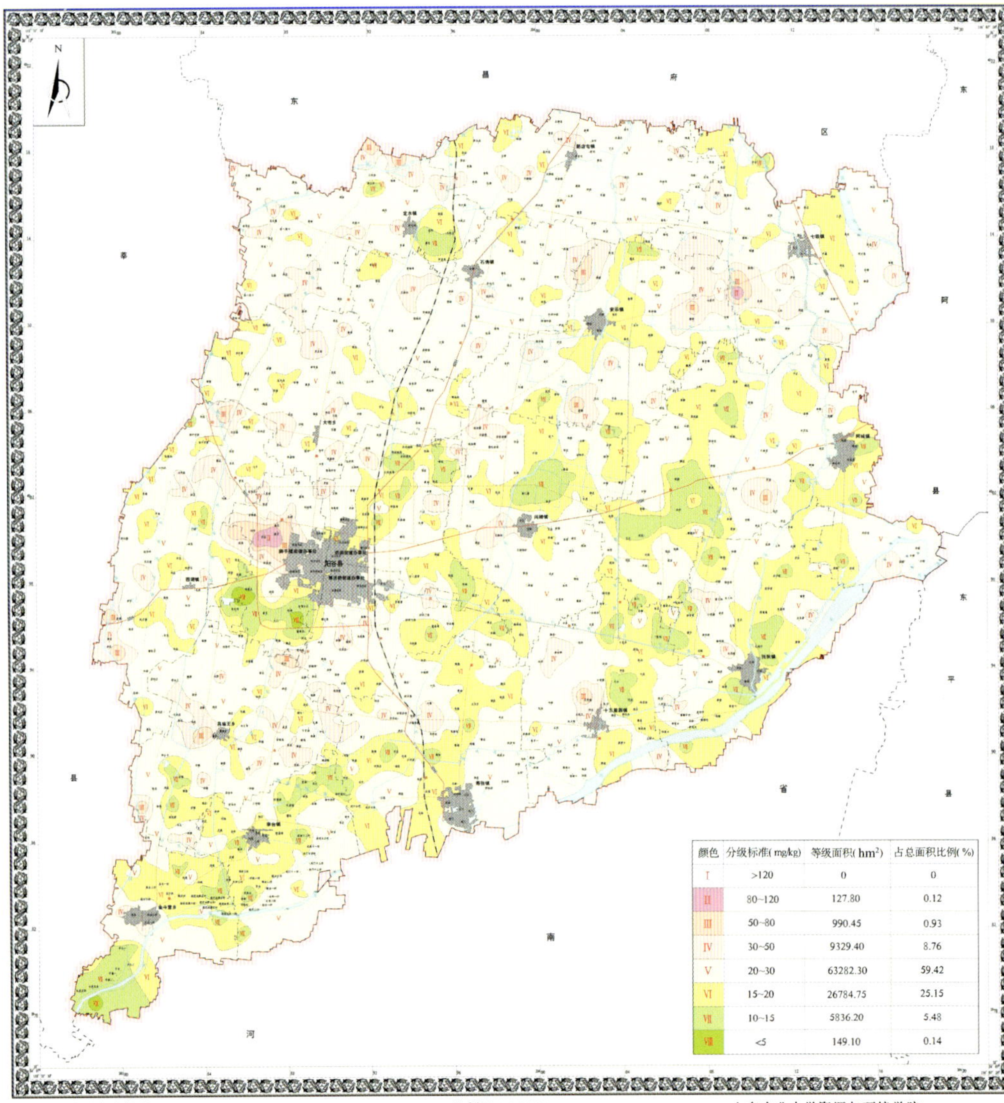

颜色	分级标准(mg/kg)	等级面积(hm²)	占总面积比例(%)
Ⅰ	>120	0	0
Ⅱ	80~120	127.80	0.12
Ⅲ	50~80	990.45	0.93
Ⅳ	30~50	9329.40	8.76
Ⅴ	20~30	63282.30	59.42
Ⅵ	15~20	26784.75	25.15
Ⅶ	10~15	5836.20	5.48
Ⅷ	<5	149.10	0.14

1954年北京坐标系
1956年黄海高程系

比例尺:1:350000

山东农业大学资源与环境学院
山东天地亚太国土遥感有限公司
二〇一〇年十月

阳谷县土壤缓效钾含量分布图

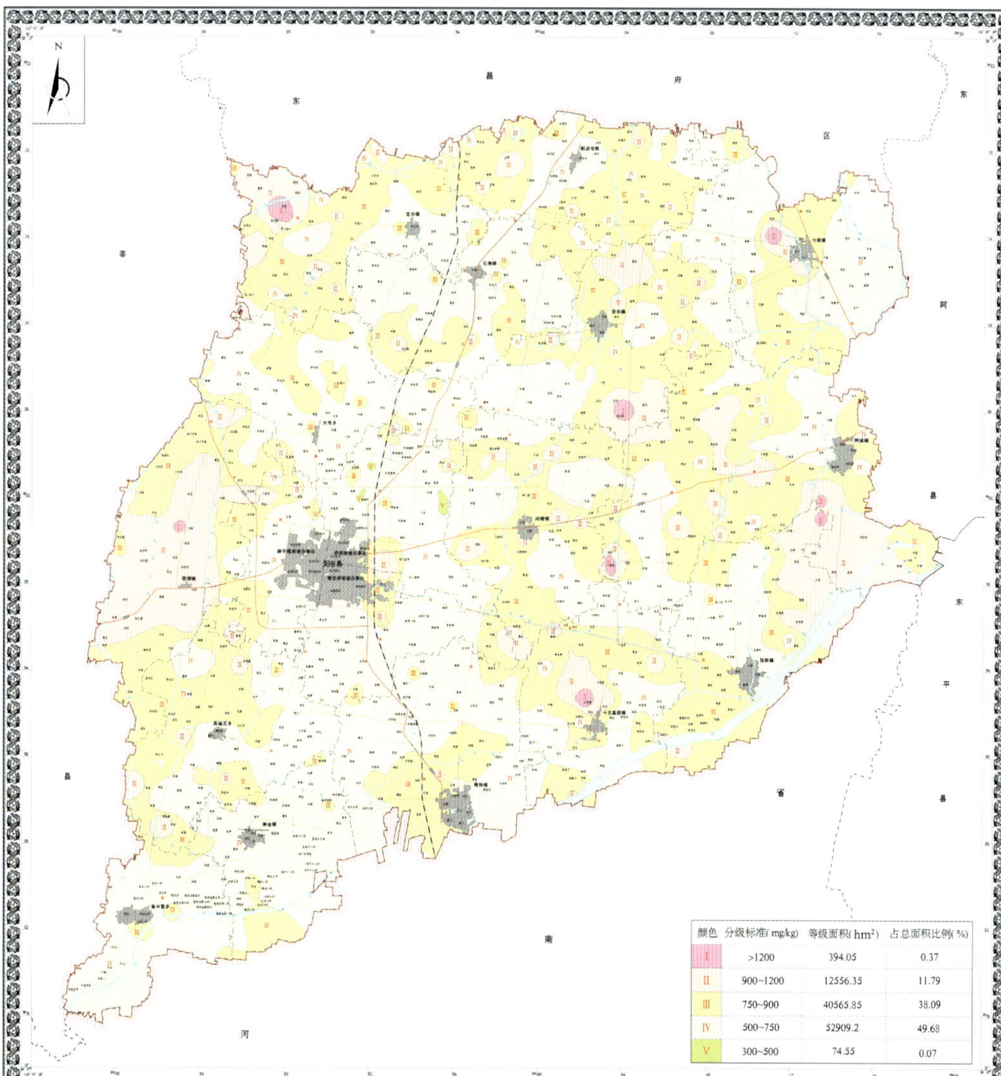

颜色	分级标准(mg/kg)	等级面积(hm²)	占总面积比例(%)
Ⅰ	>1200	394.05	0.37
Ⅱ	900~1200	12556.35	11.79
Ⅲ	750~900	40565.85	38.09
Ⅳ	500~750	52909.2	49.68
Ⅴ	300~500	74.55	0.07

1954年北京坐标系
1956年黄海高程系

比例尺:1:350000

山东农业大学资源与环境学院
山东天地亚太国土遥感有限公司 二〇一〇年十月

阳谷县土壤速效钾含量分布图

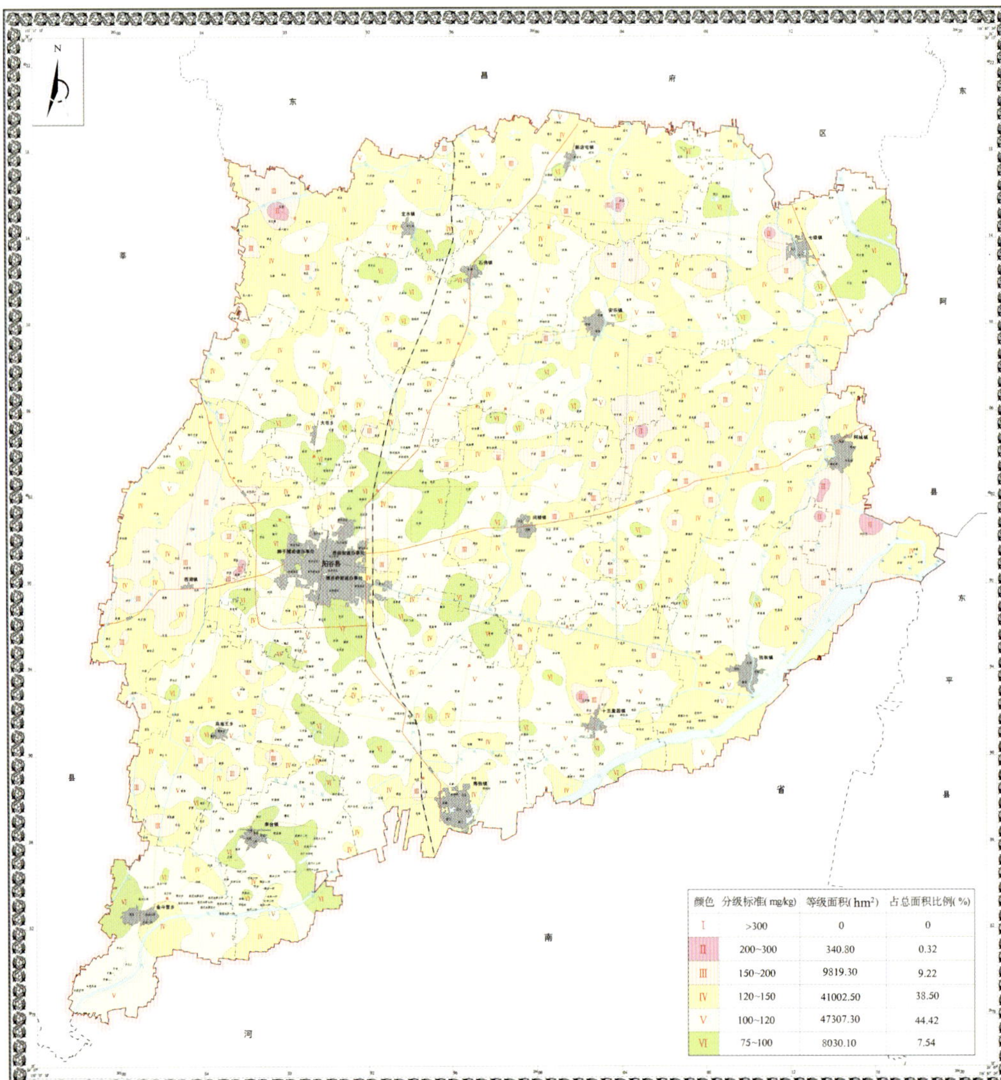

颜色	分级标准(mg/kg)	等级面积(hm²)	占总面积比例(%)
Ⅰ	>300	0	0
Ⅱ	200~300	340.80	0.32
Ⅲ	150~200	9819.30	9.22
Ⅳ	120~150	41002.50	38.50
Ⅴ	100~120	47307.30	44.42
Ⅵ	75~100	8030.10	7.54

1954年北京坐标系
1956年黄海高程系

比例尺:1:350000

山东农业大学资源与环境学院
山东天地亚太国土遥感有限公司
二〇一〇年十月

阳谷县土壤交换性钙含量分布图

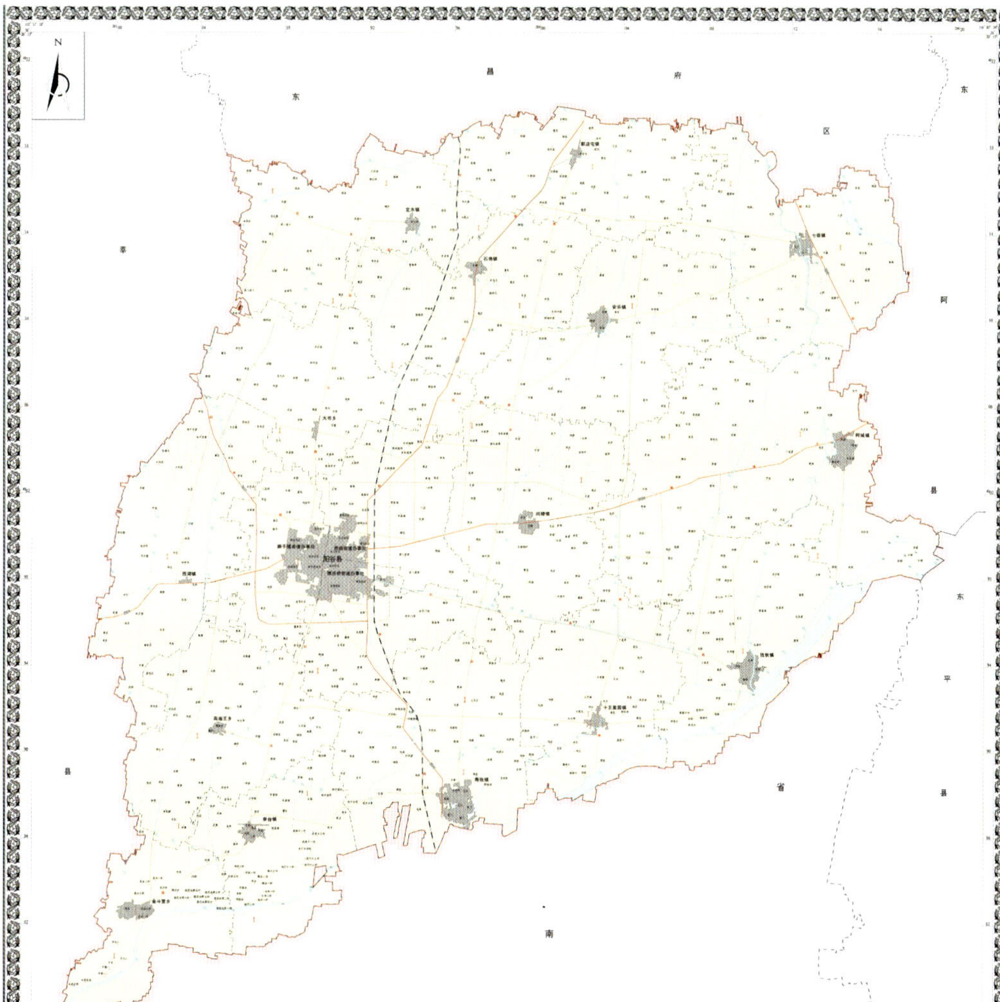

1954年北京坐标系
1956年黄海高程系

比例尺:1:350000

山东农业大学资源与环境学院
山东天地亚太国土遥感有限公司 二〇一〇年十月

阳谷县土壤交换性镁含量分布图

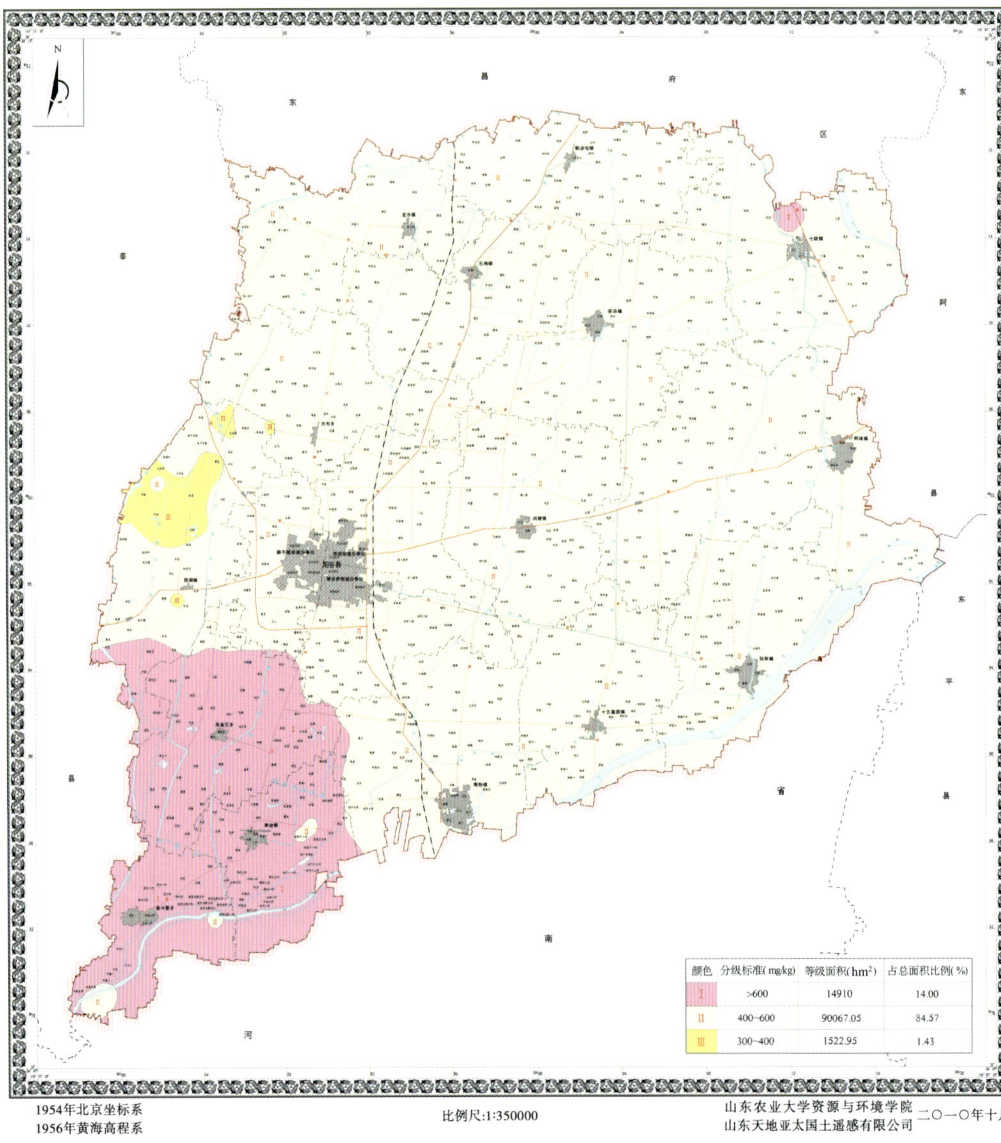

颜色	分级标准(mg/kg)	等级面积(hm²)	占总面积比例(%)
Ⅰ	>600	14910	14.00
Ⅱ	400~600	90067.05	84.57
Ⅲ	300~400	1522.95	1.43

1954年北京坐标系
1956年黄海高程系

比例尺:1:350000

山东农业大学资源与环境学院
山东天地亚太国土遥感有限公司
二〇一〇年十月

阳谷县土壤有效硫含量分布图

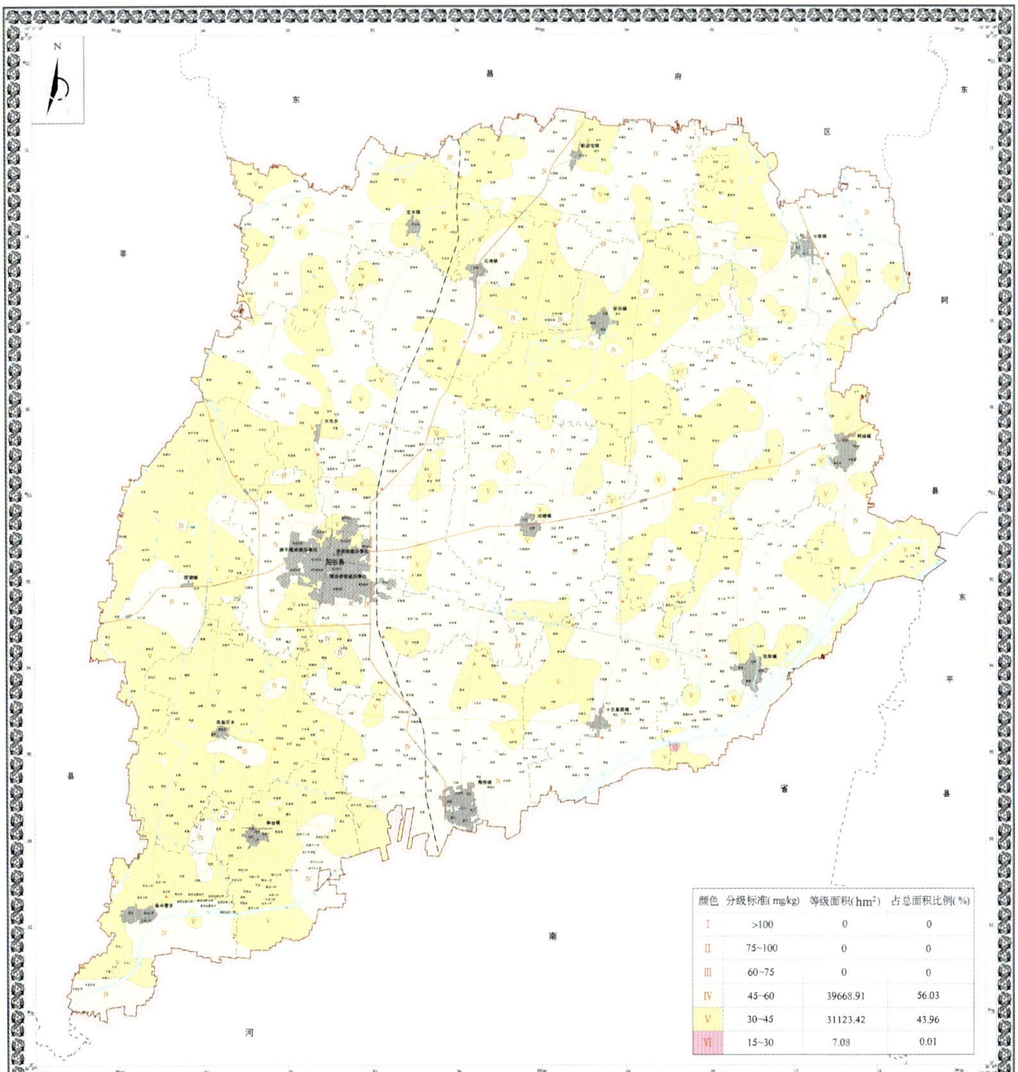

颜色	分级标准(mg/kg)	等级面积(hm²)	占总面积比例(%)
I	>100	0	0
II	75~100	0	0
III	60~75	0	0
IV	45~60	39668.91	56.03
V	30~45	31123.42	43.96
VI	15~30	7.08	0.01

1954年北京坐标系
1956年黄海高程系

比例尺:1:350000

山东农业大学资源与环境学院
山东天地亚太国土遥感有限公司 二〇一〇年十月

阳谷县土壤有效锰含量分布图

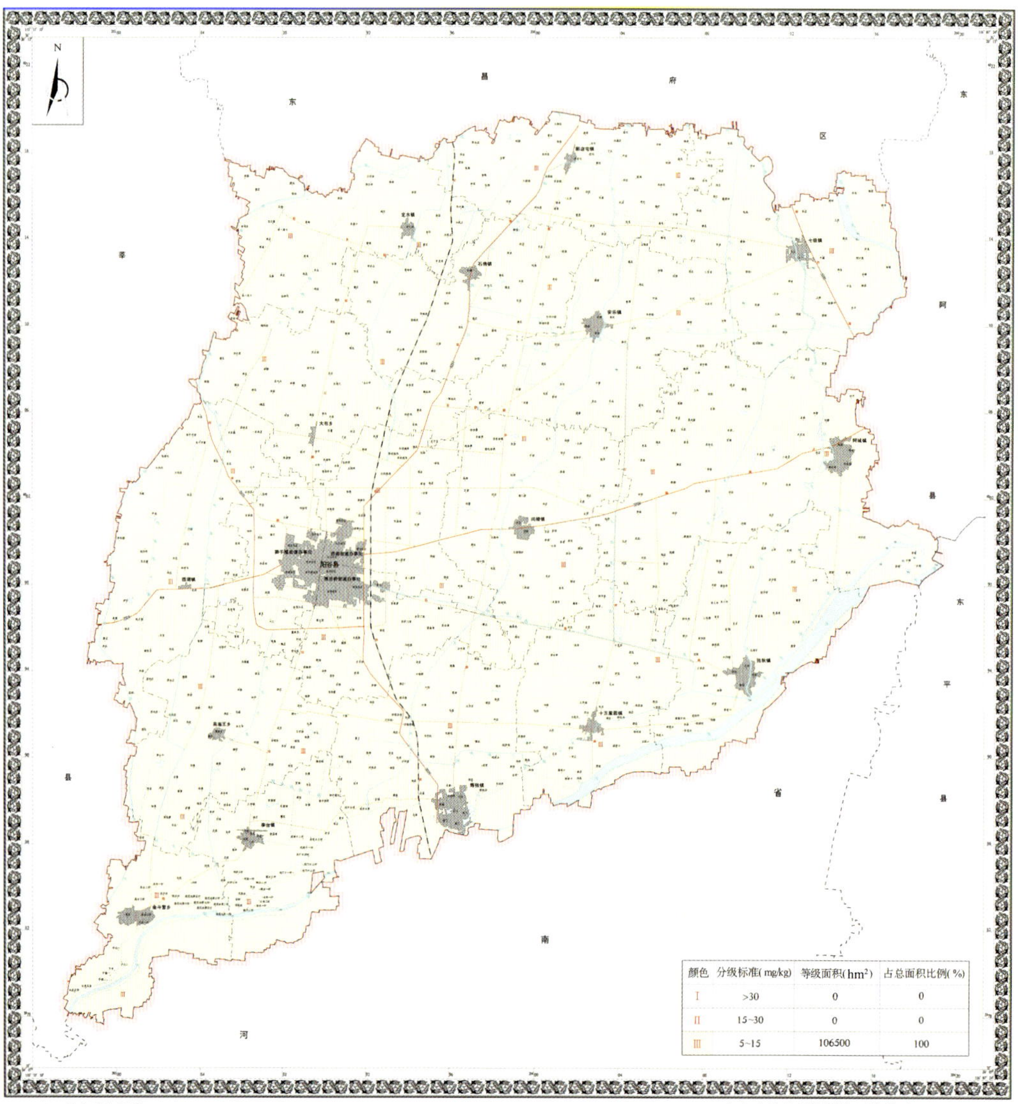

1954年北京坐标系
1956年黄海高程系

比例尺:1:350000

山东农业大学资源与环境学院
山东天地亚太国土遥感有限公司
二〇一〇年十月

阳谷县土壤有效钼含量分布图

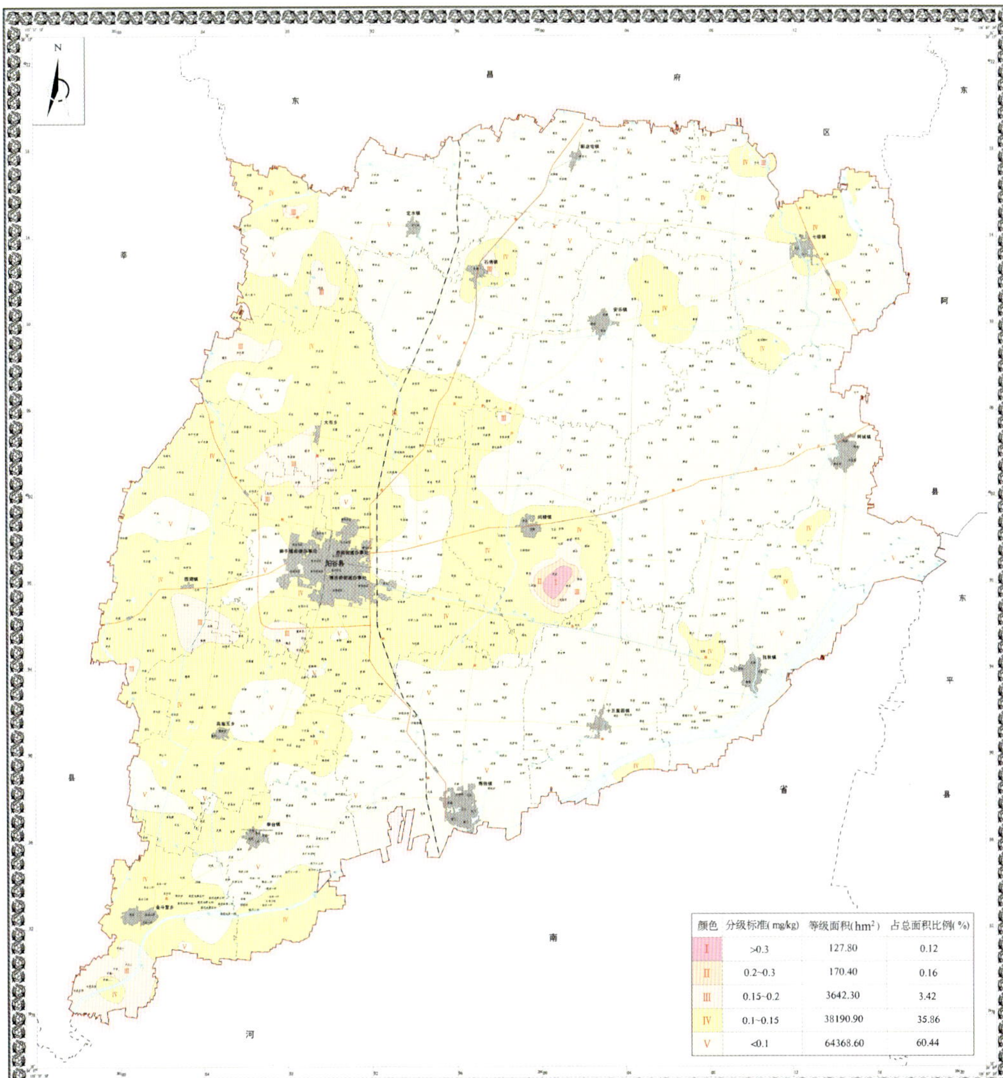

颜色	分级标准(mg/kg)	等级面积(hm²)	占总面积比例(%)
Ⅰ	>0.3	127.80	0.12
Ⅱ	0.2~0.3	170.40	0.16
Ⅲ	0.15~0.2	3642.30	3.42
Ⅳ	0.1~0.15	38190.90	35.86
Ⅴ	<0.1	64368.60	60.44

1954年北京坐标系
1956年黄海高程系

比例尺:1:350000

山东天地亚太国土遥感有限公司
山东农业大学资源与环境学院
二〇一〇年十月

阳谷县土壤有效硼含量分布图

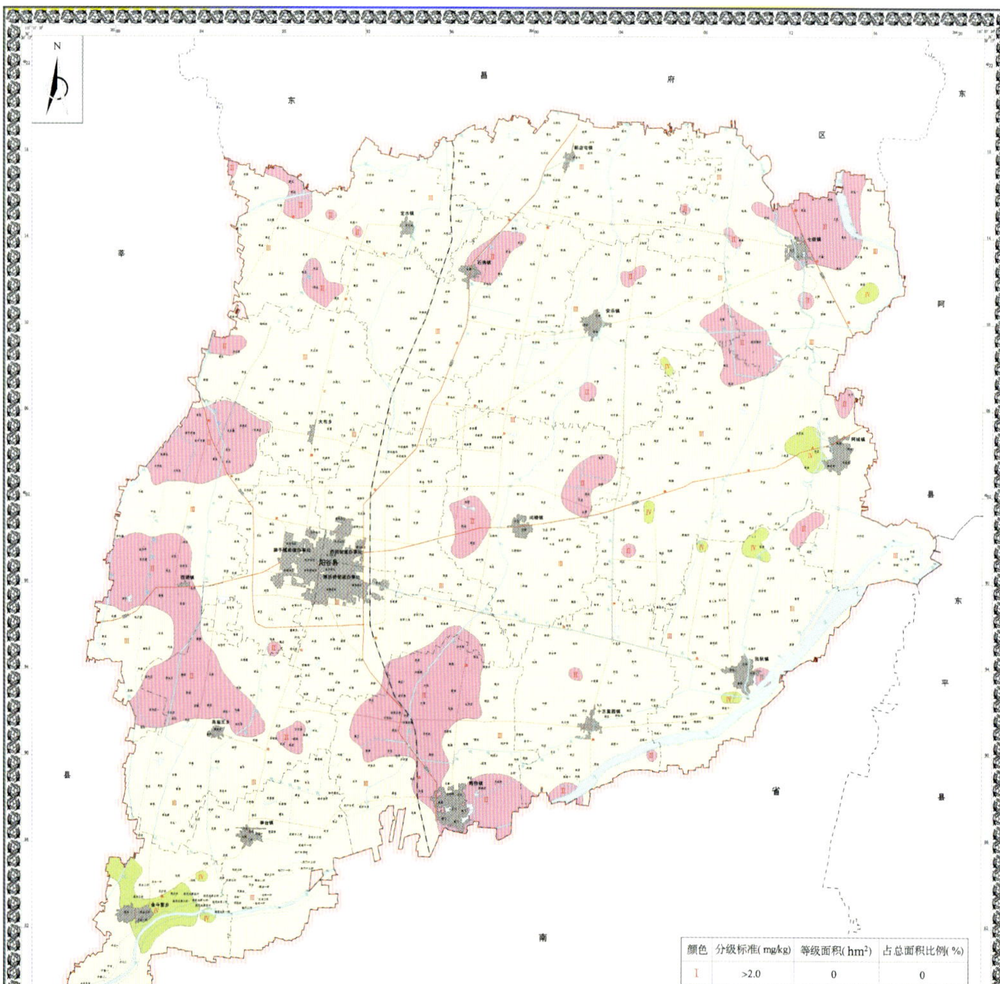

1954年北京坐标系
1956年黄海高程系

比例尺:1:350000

山东农业大学资源与环境学院
山东天地亚太国土遥感有限公司
二〇一〇年十月

阳谷县土壤有效铁含量分布图

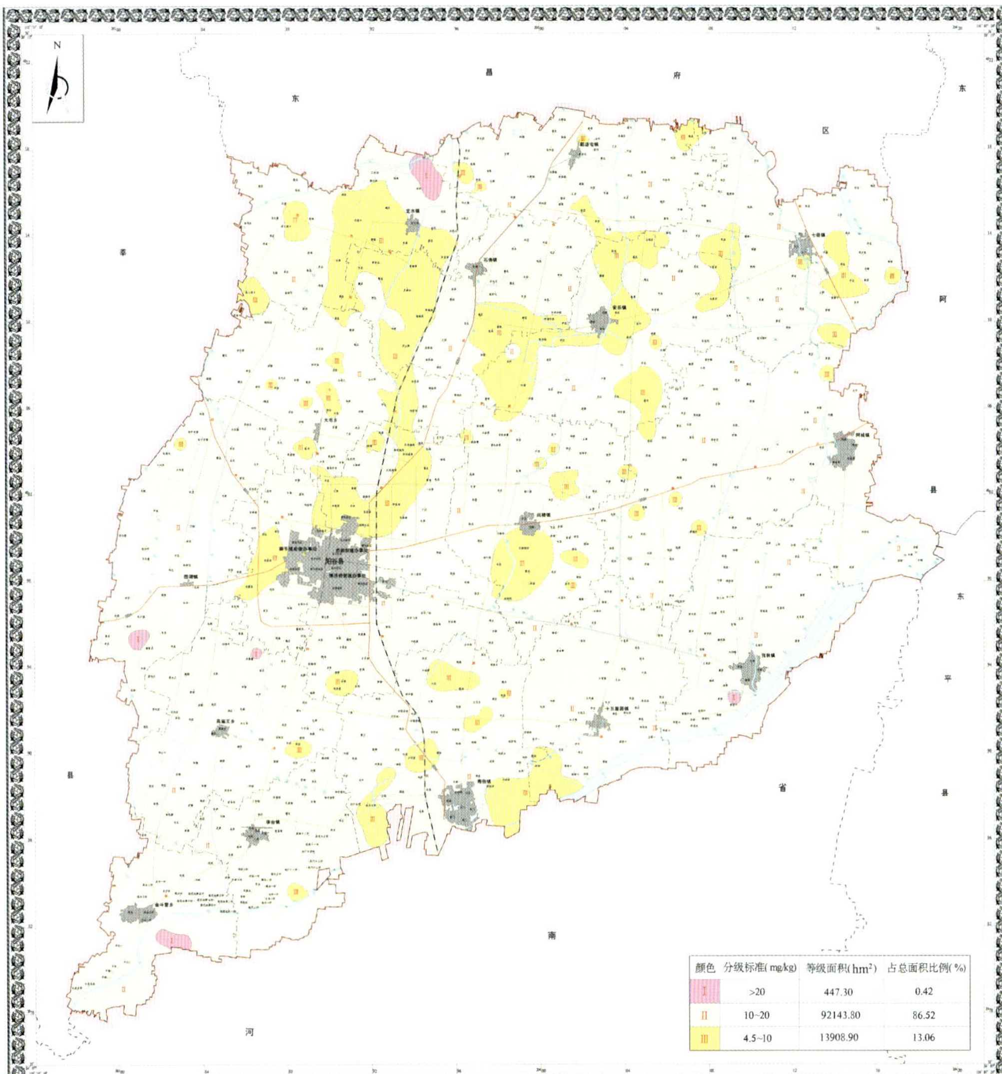

颜色	分级标准(mg/kg)	等级面积(hm^2)	占总面积比例(%)
Ⅰ	>20	447.30	0.42
Ⅱ	10~20	92143.80	86.52
Ⅲ	4.5~10	13908.90	13.06

1954年北京坐标系
1956年黄海高程系

比例尺:1:350000

山东农业大学资源与环境学院
山东天地亚太国土遥感有限公司 二〇一〇年十月

阳谷县土壤有效铜含量分布图

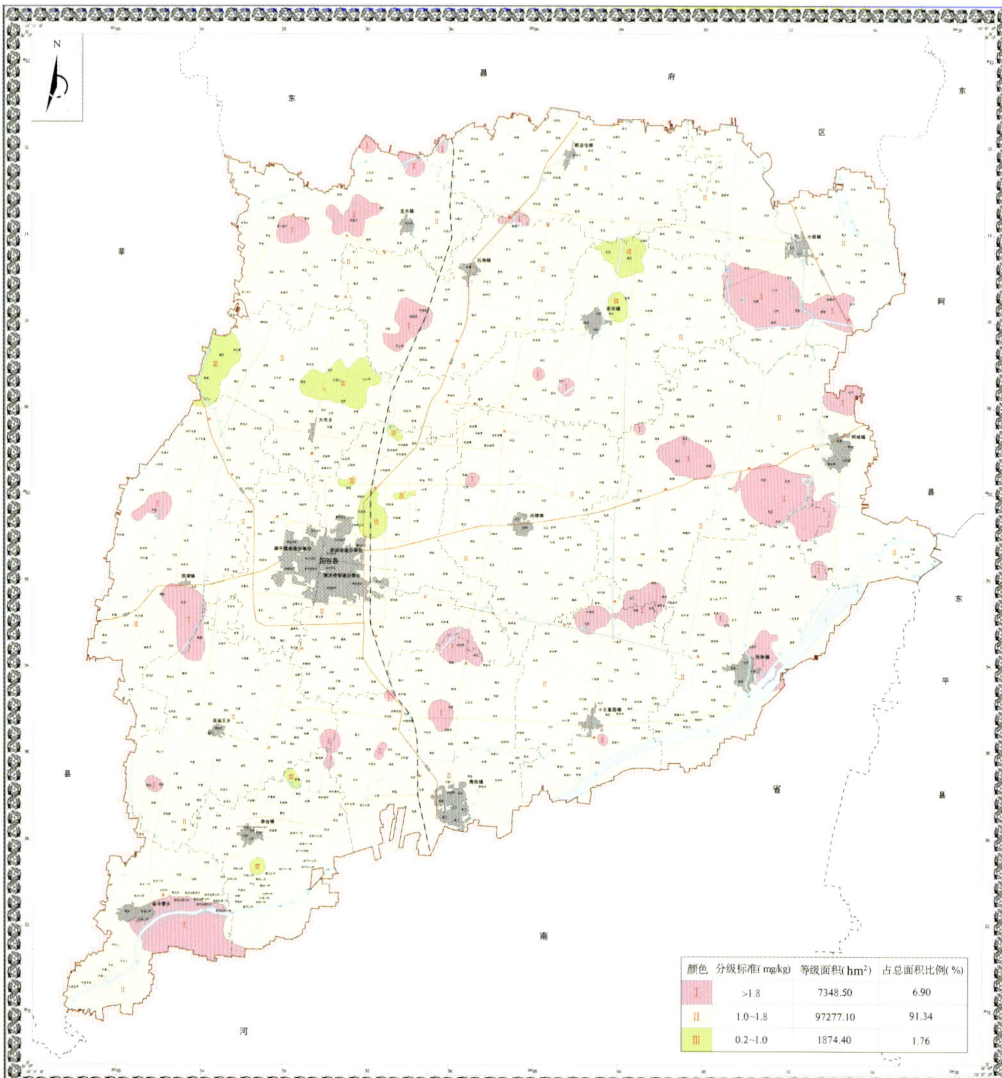

颜色	分级标准(mg/kg)	等级面积(hm^2)	占总面积比例(%)
Ⅰ	>1.8	7348.50	6.90
Ⅱ	1.0~1.8	97277.10	91.34
Ⅲ	0.2~1.0	1874.40	1.76

1954年北京坐标系
1956年黄海高程系

比例尺:1:350000

山东农业大学资源与环境学院
山东天地亚太国土遥感有限公司 二〇一〇年十月

阳谷县土壤有效锌含量分布图

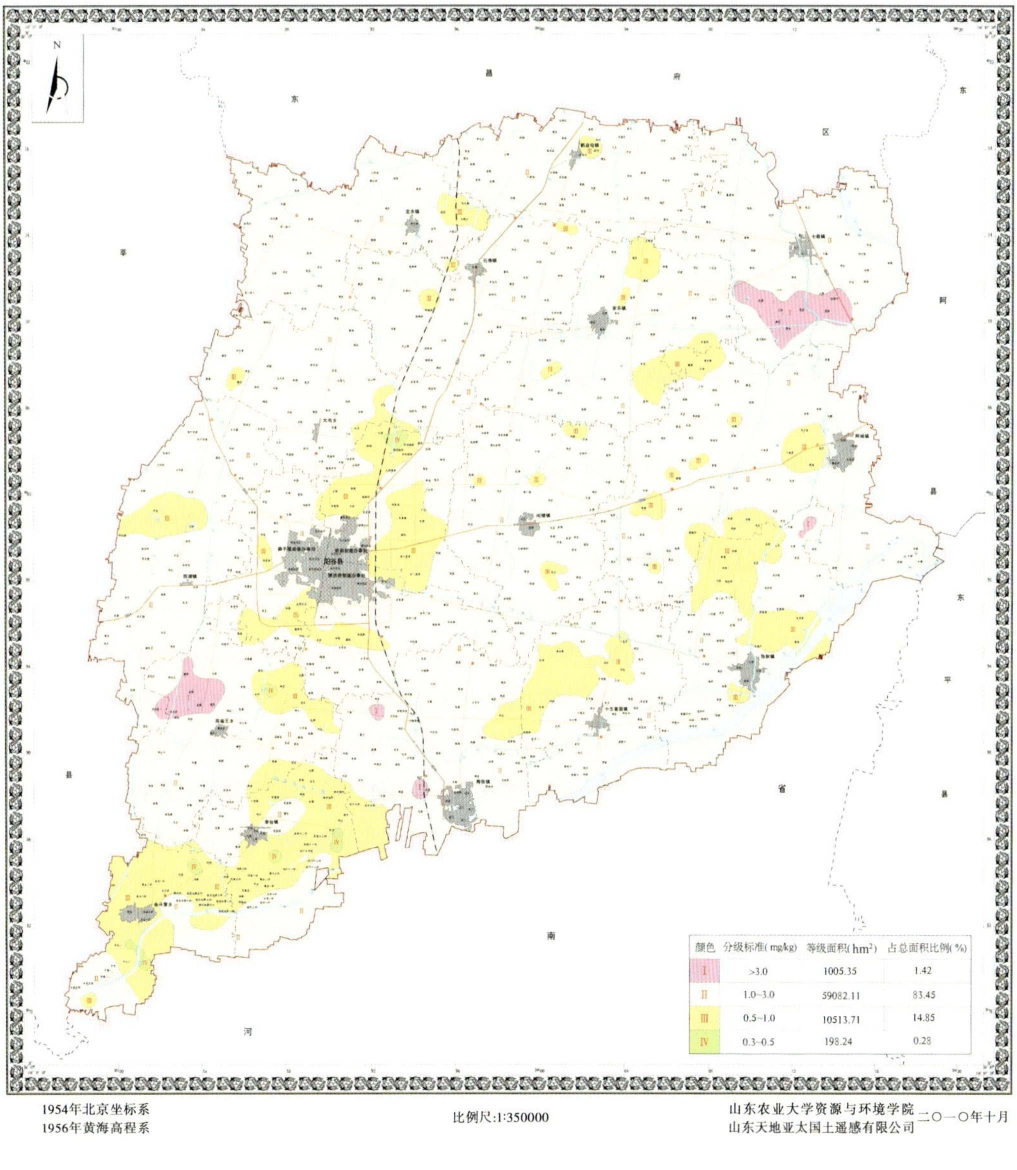

颜色	分级标准(mg/kg)	等级面积(hm²)	占总面积比例(%)
Ⅰ	>3.0	1005.35	1.42
Ⅱ	1.0~3.0	59082.11	83.45
Ⅲ	0.5~1.0	10513.71	14.85
Ⅳ	0.3~0.5	198.24	0.28

1954年北京坐标系
1956年黄海高程系

比例尺:1:350000

山东农业大学资源与环境学院
山东天地亚太国土遥感有限公司 二〇一〇年十月

图书在版编目(CIP)数据

阳谷耕地/高祥军,高希华主编.—济南:山东大学出版社,2013.10
ISBN 978-7-5607-4926-6

Ⅰ.①阳… Ⅱ.①高… ②高… Ⅲ.①耕地资源—资源评价—阳谷县 Ⅳ.①F323.211

中国版本图书馆 CIP 数据核字(2013)第 269964 号

责任策划:赵 岩
责任编辑:李 港
封面设计:张 荔

出版发行:山东大学出版社
社 址 山东省济南市山大南路 20 号
邮 编 250100
电 话 市场部(0531)88364466
经 销:山东省新华书店
印 刷:山东鸿杰印务集团有限公司
规 格:787 毫米×1092 毫米 1/16
9.75 印张 12 插页 242 千字
版 次:2013 年 10 月第 1 版
印 次:2013 年 10 月第 1 次印刷
定 价:45.00 元